BURKHARD BOHNE

NACHHALTIG GÄRTNERN

Biologisch – ressourcenschonend
und klimafreundlich

BURKHARD BOHNE

NACHHALTIG GÄRTNERN

Biologisch – ressourcenschonend
und klimafreundlich

VORWORT   6

KAPITEL 1
VORBILD NATUR

WAS IST NACHHALTIGKEIT?   10
   Nachhaltig Gärtnern ist nicht neu   12
   Nachhaltigkeit in modernen
   Gartenbewegungen   14
   Special: Bioqualität & Biosiegel 18

KAPITEL 2
DAMIT ES WÄCHST

DAS IST ZUM WACHSEN NÖTIG   22
   Licht ist für Pflanzen lebenswichtig   24
   Die Basis fürs Wachstum:
   Böden & Erden   26
   Special: Gründüngung hält den Boden fit 32

DIE PFLANZENNÄHRSTOFFE   34
   Nachhaltig düngen: Gesunde
   Pflanzennahrung   38
   Special: Terra Preta: Altes Wissen
   neu entdeckt   42

WASSER IST LEBEN   44
   Wasser im Garten nachhaltig nutzen   46

KAPITEL 3
PFLANZENPRAXIS

LEBENSDAUER VON PFLANZEN   52
   Nachhaltigkeit beim Pflanzenkauf   54
   Special: Was heißt eigentlich
   »sortenrein«?   58
   Praxis: Aussaat   60
   Pflanzen selbst vermehren   62
   Praxis: Stecklinge   68
   Praxis: Ausläufer & Teilung   70
   Nachhaltige Pflanzenwahl   72
   An den richtigen Standort pflanzen   76
   So wird ein bestehender Garten
   nachhaltig   78

KAPITEL 4
GERÄTE & ZUBEHÖR

SCHAUFEL, HARKE & CO.   82
   Pflanzgefäße: Töpfe, Kästen & Schalen   86
   Special: Upcycling mit Pflanzgefäßen   88
   Hilfsmittel aus Naturmaterialien   90
   Energiesparen im Garten   92

KAPITEL 5
DER NUTZGARTEN

DEN KREISLAUF SCHLIESSEN   98
    Clevere Beete: Lernen von der
    Permakultur   102
    Praxis: Ein Europaletten-Hochbeet 104
    Praxis: Ein Hügelbeet anlegen   106
    Die Anbauzeit verlängern   108
    Pflanzen biologisch schützen   110
    Gemüse richtig lagern   114
    Nachhaltiger Genuss: Obstbäume &
    Obststräucher   116

KAPITEL 6
DER ZIERGARTEN

NACHHALTIG VON ANFANG AN   120
    So lockt man Vögel & Insekten
    in den Garten   122
    Nachhaltige Pflege: Weniger ist mehr   128

KAPITEL 7
PFLANZENPORTRÄTS

    Einjährige Blumen   130
    Zweijährige Blumen   132
    Stauden   134
    Kleine Heckenpflanzen   140
    Vögelgehölze/Wildobst   142
    Ziergehölze   146
    Ein- und zweijährige Kräuter   148
    Ausdauernde Kräuter   150
    Gemüse   154
    Gründüngung   160
    Wiesenblumen   162
    Jauchepflanzen   166

ANHANG

    Service & Adressen   168
    Register   170
    Bildnachweis   174
    Impressum   176

Ressourcen schonen, gesundes Obst und Gemüse ernten und die Vielfalt von Tieren und Pflanzen fördern – so sieht nachhaltiges Gärtnern aus!

Wir leben heute in einer Zeit des Umbruchs. Viele Jahrzehnte galt die Devise »Wachstum über alles«. Hohe Produktivität, niedrige Kosten, ein bequemer Lebensstil, das waren die wichtigsten Kriterien einer sich immer schneller entwickelnden (Industrie-)Gesellschaft. Produktionsbetriebe wuchsen stetig, schufen Arbeitsplätze und versorgten die Bevölkerung mit preiswerten Konsumartikeln. Die Werbeindustrie förderte die Nachfrage und sorgte so für mehr und mehr Konsum. Das ist seit Jahren das erklärte Ziel.

Doch mittlerweile wird immer klarer, dass dieser Weg auch viele Nachteile bringt. Die Themen Umweltschutz, schonender Umgang mit Ressourcen und Nachhaltigkeit wurden viel zu lange kaum beachtet. Der Natur wurde stets viel zu viel entnommen, ohne über die Konsequenzen nachzudenken. Luftverschmutzung, verunreinigte Gewässer, kranke Wälder, abnehmende Bodenqualität, Versiegelung der Landschaft, Artensterben und Klimawandel sind ein viel zu hoher Preis, den wir dafür letztendlich alle zahlen müssen.

Inzwischen sind sich jedoch immer mehr Menschen dieser Missstände bewusst und steuern ihnen gezielt entgegen. Weniger Konsum, Verzicht auf Verpackungen, fairer Handel und nachhaltig produzierte Waren sind heute ein Mega-Trend. Da ist es nur konsequent, auch den Garten nachhaltig zu bewirtschaften. Biobauern und -gärtner machen es uns schon lange vor. Sie legen größten Wert auf die Produktion von gesunden Nahrungsmitteln und gleichzeitig auf die Verbesserung der Böden und den Erhalt der Artenvielfalt. Höchste Zeit, dass wir alle die Prinzipien des Bioanbaus, der Permakultur und des Urban Gardenings aufgreifen und so konsequent wie möglich in unseren Gärten umsetzen.

Burkhard Bohne

KAPITEL 1

VORBILD NATUR

Wer nachhaltig gärtnern möchte, findet Inspiration in der Natur: Nichts wird verschwendet oder geht verloren. Böden, Pflanzen, Tiere und Klima hängen voneinander ab und beeinflussen sich gegenseitig. Im besten Fall entsteht ein stabiles ökologisches Gleichgewicht.

WAS IST NACHHALTIGKEIT?

Die Natur ist das perfekte Vorbild für Nachhaltigkeit. Fast alle Prozesse laufen in Kreisläufen ab, sodass alle Stoffe erhalten bleiben. Einer der wichtigsten Naturkreisläufe ist der CO_2-Kreislauf: Er sorgt für stabile Lebensbedingungen.

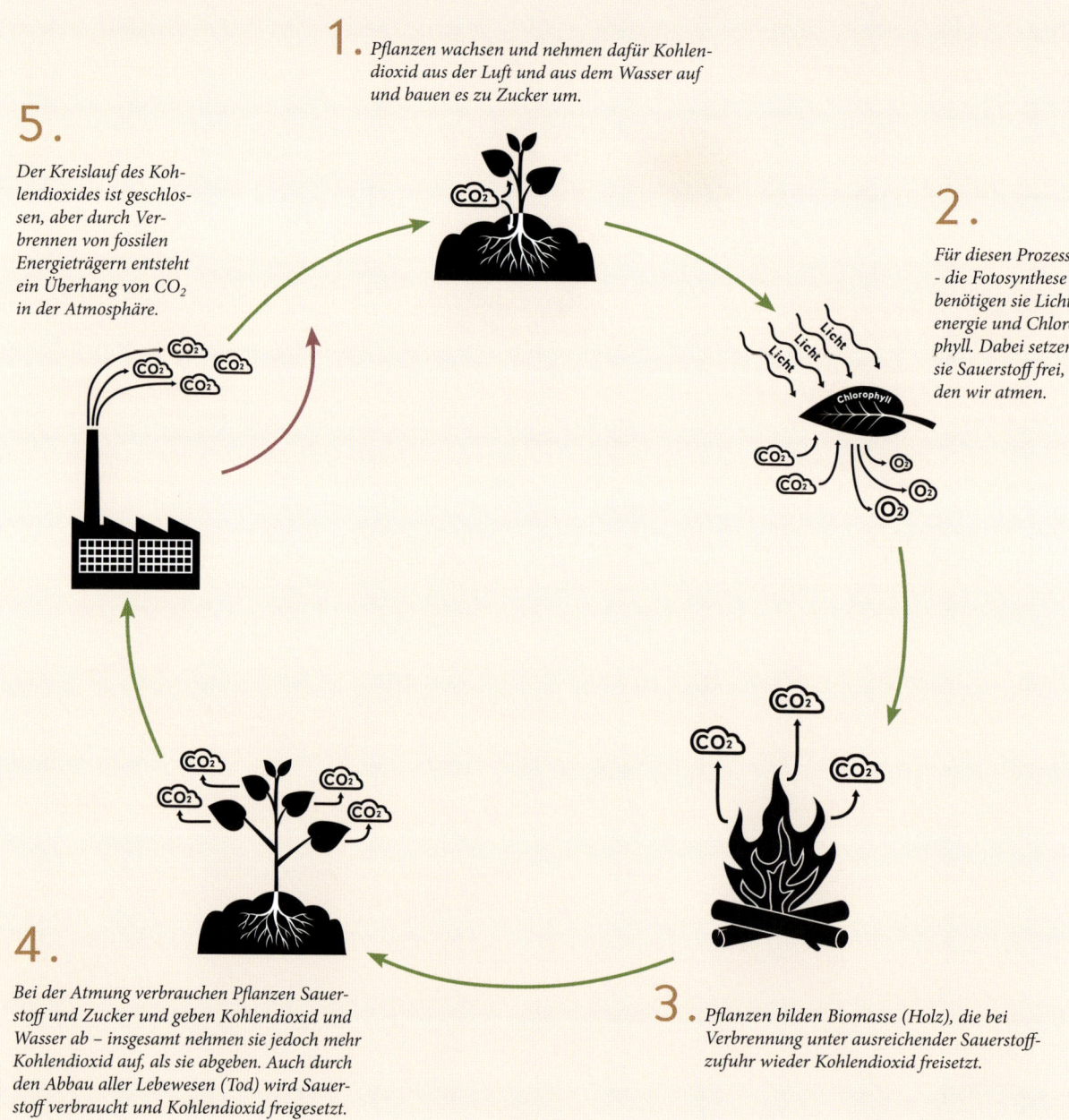

1. *Pflanzen wachsen und nehmen dafür Kohlendioxid aus der Luft und aus dem Wasser auf und bauen es zu Zucker um.*

5. *Der Kreislauf des Kohlendioxides ist geschlossen, aber durch Verbrennen von fossilen Energieträgern entsteht ein Überhang von CO_2 in der Atmosphäre.*

2. *Für diesen Prozess - die Fotosynthese - benötigen sie Lichtenergie und Chlorophyll. Dabei setzen sie Sauerstoff frei, den wir atmen.*

4. *Bei der Atmung verbrauchen Pflanzen Sauerstoff und Zucker und geben Kohlendioxid und Wasser ab – insgesamt nehmen sie jedoch mehr Kohlendioxid auf, als sie abgeben. Auch durch den Abbau aller Lebewesen (Tod) wird Sauerstoff verbraucht und Kohlendioxid freigesetzt.*

3. *Pflanzen bilden Biomasse (Holz), die bei Verbrennung unter ausreichender Sauerstoffzufuhr wieder Kohlendioxid freisetzt.*

Das Werden und Vergehen von Pflanzen und Tieren stellt einen perfekten Kreislauf dar. Dieser macht unser Leben auf der Erde erst möglich: Er bietet uns Wasser und Nahrung und lässt, weil die CO_2-Bilanz in diesem Kreislauf ausgeglichen ist, ein Klima entstehen, in dem wir leben können. Die Böden versorgen die Pflanzen mit Wasser und Nährstoffen und lassen sie wachsen. Sterben die Pflanzen ab, verwandeln Kleinlebewesen die Pflanzenreste in Humus, der wiederum die Böden verbessert und mit Nährstoffen anreichert.

Lange Zeit regulierte sich dieses System selbst. Unsere frühen Vorfahren hatten ein Gespür für die Vorgänge in der Natur. Vermutlich war ihnen bewusst, dass alle Lebewesen – Menschen, Tiere und Pflanzen – voneinander abhängig sind und dass nur eine gesunde Kreislaufwirtschaft ihre Lebensgrundlagen bewahren und verbessern konnte.

Ackerbau und Tierzucht lieferten Nahrung und Kleidung für die Menschen. Der Ackerbau war nachhaltig. Zum Beispiel hielten Bauern nur so viele Nutztiere, wie ihr Land ernähren konnte – schließlich konnten sie nicht, wie heute, beliebig Futter zukaufen. In der Folge stand ihnen auch nur eine begrenzte Menge tierischer Exkremente als organischer Dünger für die Felder zur Verfügung, eine Überdüngung war kaum möglich. Fruchtfolge und die Dreifelderwirtschaft halfen zusätzlich dabei, die Fruchtbarkeit der Böden zu erhalten und zu verbessern. Die Bauern ernährten ihre Familien, ohne ihre Lebensgrundlagen zu zerstören.

DAS SYSTEM GERÄT AUS DEM GLEICHGEWICHT

Doch schließlich begann der Mensch, durch den Ackerbau der Natur mehr zu entnehmen, als ihr zurückzugeben. Damit war der Grundstein für einen Prozess gelegt, der zu einer Verarmung der Böden und u. a. zu dem sich bis heute immer weiter beschleunigenden Artensterben führte. Denn in den letzten 150 Jahren änderte sich die Sicht der Dinge grundlegend. Die Industrialisierung versprach den Menschen Erleichterung im Alltag – mithilfe von Maschinen, deren Entwicklung, Bau und Betrieb riesige Mengen an Rohstoffen und fossiler Energie verbrauchten und verbrauchen. Der Fortschritt machte auch vor der Landwirtschaft nicht halt. Schwere Maschinen, Hybridsaatgut, synthetische Pflanzenschutzmittel und Dünger führten rasch zu höheren Erträgen. Doch sehr schnell wurden die negativen Auswirkungen sichtbar. Die natürliche Bodenfruchtbarkeit nimmt kontinuierlich ab, Wildpflanzen werden verdrängt, der Lebensraum für Insekten und andere Wildtiere schwindet.

Es ist höchste Zeit, diesem Prozess gegenzusteuern. Seit vielen Jahren steigt das Bewusstsein für den Naturschutz und für gesunde Lebensmittel, der Bioanbau ist in der Landwirtschaft auf dem Vormarsch. Auch im heimischen Garten findet ein Umdenken statt, hin zu einer nachhaltigen Kreislaufwirtschaft mit gesunden Böden, Kompostwirtschaft, regionaler Sortenvielfalt und Wildwiesen. So entstehen in den Gärten Kleinbiotope zum Schutz von Wildpflanzen und Wildtieren wie Biene & Co.

Das Leberblümchen blüht im zeitigen Frühjahr und wächst in der Humusschicht lehmiger, kalkhaltiger Böden.

NACHHALTIG GÄRTNERN IST NICHT NEU

Nachhaltiges Gärtnern ist das Gebot der Stunde. Das haben auch immer mehr Hobby-Gärtner verinnerlicht und greifen alte Anbaumethoden wie Fruchtfolge und Mischkultur wieder auf.

Vor vermutlich mehr als 10 000 Jahren wurde der Mensch sesshaft und begann im soge-nannten fruchtbaren Halbmond im Nahen Osten mit dem Ackerbau. Dieser gelangte vor rund 7000 Jahren nach Mitteleuropa. Es wurden Wälder gerodet, um Äcker anzulegen, die die Ernährung der Menschen sicherten. Man sammelte Saatgut in der Natur, brachte es auf gerodeten Flächen aus

Der Klatschmohn ist typischer Kulturbegleiter in Getreidefeldern, und Pionierpflanze an Wegen und auf Schuttflächen.

und kultivierte die Pflanzen. Wenn die Ernte gut war und die Pflanzen gesund, ließ man einen Teil der Pflanzen stehen, um aus ihnen neues Saatgut zu gewinnen. Im Lauf der Jahrhunderte wurden die Anbautechniken verfeinert und die Ernten wurden in der Regel reicher. Meist ging es damals nur um die Selbstversorgung: Jede Sippe bestellte nur so viel Land, wie sie zum Leben benötigte.

NEUE IMPULSE AUS KLÖSTERN

Im Mittelalter begann ein Prozess, der vieles veränderte. Ausgehend von Italien wurden bei uns zahlreiche Klöster gegründet, und das brachte Fortschritte auch in der Landwirtschaft. Die Klöster lagen über das ganze Land verstreut, Mönche und Nonnen waren ganz auf sich gestellt. Um sich mit ausreichend Nahrung versorgen zu können, mussten sie das Land kultivieren. Oft wandelten sie mit eigenen Händen Natur- in Kulturlandschaft um und legten Äcker und Gärten an.

Etwa um das Jahr 800 erließ zudem Karl der Große zahlreiche Reformen. Dabei legte er ein besonderes Augenmerk auf den Pflanzenbau. Er befahl auf seinen Landgütern den Anbau zahlrei-cher Nutzpflanzen, die zur Sicherung der Ernäh-rung und zur Erhaltung der Gesundheit der Bevöl-kerung von großer Bedeutung waren. In der »Ca-pitulare de villis«, einer Verordnung zur Verwaltung seiner Güter, waren knapp 100 Pflanzen – Kräuter, Obst und Gemüse – aufgeführt, die teilweise

Aus den Klostergärten verbreitete sich das Wissen um den Anbau von Heilkräutern und Gemüse sowie die Obstkultur und vieles mehr.

heimisch waren, zum Teil aber aus dem Mittelmeerraum von den Mönchen und Nonnen der entstehenden Klöster eingeführt worden waren. Beispiele sind mediterrane Kräuter wie Salbei, Andorn oder Echter Thymian, die als Heilkräuter bei uns Verbreitung fanden. Aber auch Gemüse wie Rettich, Salat oder Zwiebeln hielten damals Einzug in Gärten und auf Feldern. Auch die Obstbaumveredelung wurde bekannt, was eine ungeahnte Vielfalt an Obstsorten nach Mitteleuropa brachte.

Die Bewohner der Klöster legten Gärten und Ackerflächen in erster Linie an, um sich selbst zu versorgen. Doch Mönche und Nonnen schrieben ihre Erfahrungen im Pflanzenbau auf, und weil sie regen Kontakt zur Bevölkerung hielten, fanden ihre Erfahrungen und Kenntnisse im Landbau rasch weite Verbreitung. So wusste man damals schon, wie man Saatgut gewinnt, und kannte die Prinzipien von Mischkulturen, Fruchtfolge und Dreifelderwirtschaft. Auch das Mulchen und Hügel- und Hochbeete waren bekannt. Als besonders erfolgreich galt der Landbau der Zisterzienser. Sie

wandelten große Naturflächen in Kulturland um und mit ihren Klöstern verbreitete sich ihr Wissen in ganz Europa. Neben dem Ackerbau betrieben sie oft auch Fischzucht. Sie produzierten sogar Überschüsse, die die Ernährung der damals stark wachsenden Bevölkerung sicherten.

WAS KÖNNEN WIR DARAUS LERNEN?

Um die Verarmung der Böden und das Artensterben zu stoppen und unsere Lebensgrundlagen langfristig zu erhalten, bleibt uns nichts anderes übrig, als umzudenken – ob in der Landwirtschaft oder im Garten. Oberstes Gebot ist das Handeln nach dem Prinzip der Nachhaltigkeit, sodass Ressourcen geschont werden und die Regenerationsfähigkeit der Ökosysteme erhalten bleibt. Die Pflege der Böden und Bioanbau müssen selbstverständlich werden. Bei diesem Wandel können wir viel von den Methoden unserer Vorfahren, wie zum Beispiel Mischkultur und Fruchtfolge, lernen.

NACHHALTIGKEIT IN MODERNEN GARTENBEWEGUNGEN

Seit den 1980er-Jahren rücken die Themen gesunde Ernährung, Bioanbau und Umweltschutz immer mehr in den Fokus der Gesellschaft. Es wächst die Erkenntnis, dass nur nachhaltiges Wirtschaften gut für alle Lebewesen ist.

In den letzten Jahren haben sich viele biologisch wirtschaftende Betriebe etabliert, die hochwertige Lebensmittel anbauen. Neben dem Wissen unserer Vorfahren nutzt man dort auch moderne Erkenntnisse und kümmert sich verstärkt um einen schonenden Umgang mit dem Boden. Biologischer Land- bzw. Gartenbau bedeutet nicht nur, auf Pestizide und synthetische Düngemittel zu verzichten, sondern vor allem Kreisläufe der Natur zu nutzen. So achteten Biobauern von Anfang an auf eine nachhaltige Versorgung der Böden. Anstatt Pflanzen gezielt synthetisch zu düngen, zielen alle Bodenpflegemaßnahmen darauf ab, das Bodenleben zu fördern. Dadurch steigt die Fruchtbarkeit des Bodens und zugleich kann reich geerntet werden. Abgesehen davon führt der Verzicht auf chemische Pflanzenschutzmittel und synthetische Dünger dazu, dass die Qualität der Nahrung zunimmt.

PERMAKULTUR

Im Rahmen dieser Entwicklung findet auch die Philosophie der Permakultur große Aufmerksamkeit. Permakultur bedeutet nicht nur, mit der Natur zu gärtnern, sie beschäftigt sich vielmehr mit allen Lebensbereichen, die uns Menschen betreffen, wie zum Beispiel die nachhaltige Energieversorgung und einen fairen Umgang im sozialen Miteinander.

Im Garten versteht man unter Permakultur eine Kreislaufwirtschaft, bei der mit einfachen Mitteln positive Standortfaktoren gestärkt und negative

minimiert werden. Permakulturgärtner versuchen, ihren Garten in ein robustes, dauerhaft produktives Ökosystem zu verwandeln. Alle Ressourcen werden mehrfach genutzt und biologische Anbaumethoden sorgen für ausreichende Erträge.

Die wichtigsten Prinzipien der Permakultur sind klar definiert: Man achtet die Kreisläufe der Natur und greift nur ein, wo es notwendig ist. Ziel ist ein

Hochbeete gibt es schon seit Jahrhunderten. Durch die aktuelle Urban-Gardening-Bewegung erleben sie eine Renaissance.

Mulchen und Mischkulturen sind typisch für nachhaltige Gemüse-beete. Die Pflanzen helfen sich gegenseitig, der Boden bleibt aktiv.

frei nach dem Motto: Eine andere Welt ist pflanz-bar! Das ist kein Wunder, denn die Lust auf Grün wächst auch in der Stadt seit Jahren rasant. Zentral wohnen in großen Städten ist angesagt, denn hier pulsiert das Leben und die Wege sind kurz. Nur Gärten gibt es meistens nicht. Die Lösung: Überall tun sich Menschen zusammen, um bislang gar nicht oder anderweitig genutzte Areale in Gartenflächen umzuwandeln. Nicht nur in Metropolen wie New York, London oder Berlin gibt es zahlreiche Garten-projekte, sondern mittlerweile in fast jeder größe-ren Stadt und Jahr für Jahr kommen neue Gemein-schaftsgärten dazu. Sie entstehen auf brachliegen-den Grundstücken, auf Dächern oder auch in Hinterhöfen. Kräuter und Gemüse wachsen dort in mobilen Kisten oder Hochbeeten. Auf diese Weise lassen sich auch gepflasterte Flächen und sogar manche Orte, deren Böden mit Schadstoffen belas-tet sind, zum Gärtnern nutzen.

hoher Grad an Selbstversorgung und Autarkie – und das bei möglichst geringem Zeitaufwand und dem Einsatz von möglichst wenig Ressourcen. Abfall wird weitestgehend vermieden und organi-sche Stoffe werden in den Nährstoffkreislauf zurückgegeben. Mit Wasser und Energie wird so schonend wie möglich umgegangen. Zum Düngen und für den Pflanzenschutz verwendet man Pflanzenjauchen, mit Gartenabfällen wird gemulcht oder sie werden kompostiert und bleiben so den Kreisläufen im Garten erhalten. Das Gießen wird durch geschicktes Pflanzen und Mulchen minimiert und man gewinnt nach Möglichkeit eigenes Saatgut. Außerdem beherbergt ein Permakultur-garten eine große Vielfalt an Wildpflanzen, die Bestäubern und Nützlingen als Nahrung dienen. So versorgt er nicht nur den Menschen, sondern auch Nützlinge und andere Lebewesen.

URBAN GARDENING

Nachhaltiges Gärtnern findet längst nicht mehr nur auf dem Land statt, wie der starke Zulauf zu den vielfältigen Urban-Gardening-Projekten beweist –

UPCYCLING ALS TEAMWORK

Stadtgärtner sind Meister im Upcycling. Alte Gebrauchsgegenstände wie Holzpa-letten oder Bäckerkisten – die im besten Fall nachhaltig produziert wurden – verwandeln sich in ihren geschickten Händen in große und kleine Hochbeete. Die Erde für die Beete wird von regio-nalen Anbietern bezogen oder selbst produziert (Kompost, Terra Preta). Nicht mehr gebrauchte alte Dinge werden zu Pflanztöpfen, Rankgerüsten oder sogar zu Sitzmöbeln umfunktioniert. Anregun-gen für solche Ideen und zu ihrer Um-setzung bieten Kreativ-Workshops.

Neben nachhaltigen und biologischen Methoden kommt beim Urban Gardening noch ein weiterer wichtiger Aspekt dazu: Der Gedanke des gemein-samen Tuns! Jeder kann kommen und mitmachen. Durch gemeinsame Gartenarbeit entsteht ein soziales Miteinander und die Ernte wird zum Schluss geteilt. Dabei werden die gemachten Erfahrungen ausgetauscht und jeder lernt dazu. Viele dieser Gärten sind mittlerweile zu beliebten Treffpunkten geworden und sie schaffen Raum für alle möglichen anderen Aktivitäten. Gemeinsam kochen und essen, verschiedene Workshops zum Thema Gärtnern, Upcyclingprojekte und auch Stadtteilpolitik gehören dazu.

Schnittlauch ist gesund, auch seine Blüten sind essbar. Zur Blütezeit ist die Pflanze ein Magnet für Hummeln.

WAS KANN ICH BEWIRKEN?

Fast jeder weiß, dass unsere moderne Lebensart nicht nachhaltig ist. Man redet sehr viel über Umweltschutz und über den Zustand unseres Planeten – meist mit der Erkenntnis, dass in vielen Bereichen einiges geschehen muss, um eine bessere Welt zu schaffen. Viele sehen die Hauptverantwortung dafür in der Wirtschaft oder Politik, was im Prinzip auch stimmt. Und doch ist der Gedanke etwas kurz gegriffen. Denn jeder von uns kann

etwas Positives bewirken, wenn er nur will. Dazu gehört ein klares Bewusstsein, die Bereitschaft zum Handeln, Konsequenz und auch etwas Mut. Jeder von uns kann anfangen, die Welt ein kleines Stück besser zu machen!

Nachhaltig einkaufen

Ein besonders wichtiger Schritt bei diesem Prozess ist, sein eigenes Konsumverhalten kritisch zu hinterfragen. Wo, wie und wann kaufe ich zum Beispiel Lebensmittel ein und wo kommen diese her? Natürlich möchte sich jeder mit hochwertigen Lebensmitteln gesund ernähren. Für den ökologischen Fußabdruck macht es jedoch wenig Sinn, wenn Nahrungsmittel unter miserablen Arbeitsbedingungen in fernen Ländern angebaut werden, um sie dann mit dem Schiff, schlimmer noch mit dem Flugzeug, zu uns zu transportieren. Frisches Obst oder Gemüse wird in den Anbauländern meist unreif gepflückt, reift beim Transport nach und muss lange frisch gehalten werden. Damit das funktioniert, werden Sorten gezüchtet und angebaut, die besonders homogene und zeitgleich reifende Früchte bilden. Zusätzlich müssen diese lange lagerfähig sein. Doch die Früchte der sogenannten Hochleistungssorten schmecken häufig fad – ein Beispiel dafür ist die Tomate.

Die Alternative ist der Kauf von saisonalen und regionalen Nahrungsmitteln in Bioqualität. Denn Biolandwirte und -gärtner setzen gern auf alte Regionalsorten. Sie sind an die jeweiligen Standorte besser angepasst und kommen oft mit weniger Dünger und Pflanzenschutzmaßnahmen aus.

Vom cleanen Ziergarten zum lebendigen Biogarten

Gerade wer einen Garten oder wenigstens einen Balkon hat, kann einiges bewegen. Denn egal ob Balkon, Terrasse, Hinterhof, Haus- oder Schrebergarten, überall ist Platz zum Anbau von Nahrungsmitteln. Und wer einmal selbst angebautes Gemüse, Obst oder Kräuter genossen hat, wird nicht mehr gern im Supermarkt einkaufen.

Allerdings sind manche Gärten oft sehr »aufge-räumt« und wenig nachhaltig, nicht zuletzt, um keinen Ärger mit Nachbarn oder dem Gartenverein zu bekommen. Statt Gemüsebeeten und insekten-freundlichen Wildblumen gibt es Kiesflächen mit hochgezüchteten Zierpflanzen oder einen Rasen. Oft werden im Herbst alle Pflanzen abgeschnitten und die Erde wird umgegraben. Inzwischen weiß man jedoch, dass Umgraben das Bodenleben stört und nur in speziellen Fällen nötig ist. Genauso wenig muss man die Frucht- und Samenstände von Stauden im Herbst abschneiden, denn sie bieten Insekten und anderen Kleintieren im Winter Nahrung und Unterschlupf.

Wer sich ein wenig mit den Prinzipien des Biogärtnerns beschäftigt, kann aus einem konven-tionellen Garten in kurzer Zeit einen Biogarten machen und so das Bodenleben und die Arten-vielfalt fördern. Voraussetzung ist die Auswahl standortgerechter Pflanzen, die zahlreichen Tieren Nahrung und Lebensraum bieten, und ihre optima-le Versorgung. Statt chemischer Spritzmittel sorgen Mischkulturen dafür, dass weniger Schädlinge auftreten. Kommt es doch einmal zu starkem Befall, greift man zu biologischen Maßnahmen (→ Seite 110–113). Zum Beispiel wirken manche Pflanzen-jauchen gegen Schädlinge, andere stärken die Pflanzen und machen sie widerstandsfähig. Und im schlimmsten Fall kommen auch biologische Pflanzenschutzmittel aus dem Fachhandel infrage.

Wer die Ansprüche der verschiedenen Pflanzen kennt, kann schnell seine individuelle Auswahl treffen und Pflanzpläne für seine Gemüsebeete erstellen, möglichst nach den Prinzipien von Mischkultur und Fruchtfolge (→ Seite 98/99). Ist alles gesät oder gepflanzt, heißt es dann, die Pflanzen gut zu pflegen und vor allem: rechtzeitig ernten! Gibt es trotzdem eine Ernteschwemme, lagert man die Genüsse fachgerecht oder macht sie als Wintervorrat ein (→ Seite 114/115).

Fast alle Kräuter und viele Gemüse wachsen sehr gut im Topf. Sie schmecken gut, sind gesund und locken obendrein Insekten an.

BIOQUALITÄT & BIOSIEGEL

Beim Einkauf von Lebensmitteln und Pflanzen geben Biosiegel eine gute Orientierung. Auch Saatgut und Erde werden immer häufiger in Bioqualität angeboten. Doch was bedeuten die verschiedenen Siegel?

EU-weit gibt es seit Juli 2010 ein einheitliches Biosiegel (EU-Öko-Verordnung). Es erleichtert die Entscheidung beim Einkaufen, denn mit ihm gekennzeichnete Lebensmittel oder Pflanzen unterliegen klaren EU-einheitlichen Regeln, was die Herstellung und die Herkunft der Rohstoffe angeht. So dürfen diese zum Beispiel nicht durch oder mit gentechnisch veränderten Organismen erzeugt werden. Für den Pflanzenbau sind synthetische Pflanzenschutzmittel und leicht lösliche mineralische Dünger tabu. Die Fruchtfolge ist zu beachten und für Tiere sind ökologisch produzierte Futtermittel und eine Mindestgröße für Stall- und Freiflächen vorgegeben. Je nach Tierart gibt es Vorgaben zur Haltung, wie Einstreu, Sitzstangen, schonende Beleuchtung, Wühlflächen etc. Außerdem sind präventive Antibiotika-Gaben verboten. Gekennzeichnete Lebensmittel dürfen keine Süßstoffe, synthetischen Farbstoffe oder Stabilisatoren enthalten. Auch Konservierungsmittel oder Geschmacksverstärker sind untersagt. Die Einfuhr von Rohwaren aus Drittländern ist geregelt und wird streng kontrolliert.

In einigen europäischen Ländern gibt es auch staatliche Siegel, die älter sind als das europäische. So wurde im September 2001 das deutsche Biosiegel eingeführt. Mit ihm sind Lebensmittel und Produkte gekennzeichnet, die den Kriterien der EU-Öko-Verordnung genügen. Die ältesten bei uns verbreiteten Siegel sind jedoch die der Verbände Demeter, Bioland und Naturland.

DEMETER

Demeter e. V. ist der älteste deutsche Bioverband und steht seit 1924 für biologisch-dynamisch produzierte Lebensmittel. Aufgrund der lebendigen Kreislaufwirtschaft gilt die Demeter-Landwirtschaft als die nachhaltigste und geht weit über die Vorgaben der EU-Öko-Verordnung hinaus. Die biologisch-dynamische Wirtschaftsweise basiert auf der Philosophie von Rudolf Steiner und hat zum Ziel, für die harmonische Entwicklung der Lebenskräfte in den Pflanzen zu sorgen. Im Landbau nehmen biodynamische Präparate eine Schlüsselrolle ein, die für den Boden heilend und harmonisierend wirken. Die handwerkliche Verarbeitung der Lebensmittel geschieht ohne den Einsatz schädlicher Zusatzstoffe. Ganz wichtig: Die biologisch-dynamische Landwirtschaft umfasst neben der Feld- und Viehwirtschaft auch die Saatgutproduktion und Landschaftspflege. Jeder Hof wird individuell gestaltet und bezieht Menschen, Landschaft, Tiere und Pflanzen in sein Konzept mit ein. Ein geschlossener Betriebskreislauf gilt als erstrebenswert.

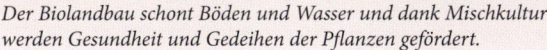
Der Biolandbau schont Böden und Wasser und dank Mischkultur werden Gesundheit und Gedeihen der Pflanzen gefördert.

Für den Boden ist eine üppige Humusschicht das A & O. Sie bietet Lebensraum für Kleinlebewesen und ernährt die Pflanzen.

BIOLAND UND NATURLAND

Bioland ist der größte ökologische Anbauverband in Deutschland und setzt sich für die Förderung des organisch-biologischen Landbaus ein. Ziel ist es u. a., die Fruchtbarkeit der Böden langfristig zu erhalten. Die Bioland-Marke ist seit 1978 als Warenzeichen eingetragen und wird in Deutschland für Fleisch- und Molkereiprodukte sowie für Gemüse, Eier, Obst, Getreide, Getränke, Honig und Pflanzen vergeben. Die ökologischen Standards gehen über die des EU-Biosiegels hinaus. Das betrifft die artgerechte Tierhaltung und bedeutet u. a., dass deutlich weniger Tiere pro Hektar Betriebsfläche gehalten werden dürfen. Außerdem muss Tierfutter zu 100 % aus biologischem Anbau stammen, während gemäß dem EU-Biosiegel 95 %

ausreichen. Bioland legt Wert auf Regionalität, es werden nur Betriebe in Deutschland und Südtirol ausgezeichnet. Südfrüchte werden nicht zertifiziert.

Den Naturland-Verband gibt es seit 1982, er arbeitet nicht nur in Deutschland, sondern weltweit und setzt ebenfalls höhere Standards als die EU-Öko-Verordnung und das deutsche Biosiegel. Das Label stellt unter anderem hohe soziale Anforderungen bei Südprodukten und punktet mit hohen Richtlinien in der Aquakultur. Seine Richtlinie deckt außerdem Bereiche ab, die in der EU-Öko-Verordnung nicht geregelt sind, etwa die ökologische Waldnutzung und die Textil- und Kosmetikherstellung. Seit 2010 bietet der Verband auch eine Fair-Zertifizierung für ökologisch erzeugte und gleichzeitig fair gehandelte Produkte an.

KAPITEL 2

DAMIT ES WÄCHST

*Jede Pflanze hat spezielle Ansprüche an den Stand-
ort. Sie benötigt eine bestimmte Menge an Licht,
Wasser und Nährstoffen sowie das für sie passende
Klima. Wenn wir dafür sorgen, dass die Bedingungen
im Beet diesen Bedürfnissen entsprechen, wachsen
die Pflanzen gut und bleiben gesund.*

DAS IST ZUM WACHSEN NÖTIG

Nachhaltiges Gärtnern beginnt mit der richtigen Pflanzenwahl. Pflanzen, die mit den örtlichen Bedingungen gut zurechtkommen, und ein schonender Umgang mit dem Boden sind die Basis für dauerhaften Erfolg im Garten.

Der passende Standort und die richtige Pflege sind das A & O für die erfolgreiche Kultur gesunder Pflanzen. Die Gemüse und Kräuter in diesem Beet brauchen einen sonnigen Platz, ausreichend Nährstoffe und, wenn es wenig regnet, öfter mal eine Kanne Wasser.

Jede Gartenpflanze wird durch ihre Herkunft geprägt und es ist spannend zu recherchieren, von welchen Wildpflanzen unsere Kulturpflanzen abstammen. Wildpflanzen wachsen fast immer in Gesellschaft. Es gibt Pflanzengesellschaften der Wiesen, Wälder, Gebirge, Gewässer, der Heiden und der Moore. Diese Standorte geben Hinweise auf die Ansprüche der Pflanzen an Boden, Wasser, Licht und die verschiedenen Klimafaktoren.

LICHT

Je nach Anzahl der Besonnungsstunden unterscheidet man sonnige, halbschattige und schattige Standorte (→ Seite 24/25). Zu den sonnenhungrigen Pflanzen gehören Ackerpflanzen und mediterrane Kräuter wie Rosmarin oder Thymian. Auch Obstbäume und die meisten Gemüse brauchen viel Sonne. Salat, Himbeeren und viele Stauden gedeihen an halbschattigen Standorten gut. Für schattige Standorte gibt es nur wenige Kulturpflanzen. Beispiele sind Waldpflanzen wie Farne, Waldmeister, Lerchensporn oder Bärlauch.

WASSER

Pflanzen benötigen für fast alle Lebensvorgänge Wasser. Es transportiert Nährstoffe, erhält die Pflanzengestalt und ist für viele Stoffwechselvorgänge unabdingbar. Manche Pflanzen brauchen mehr, andere weniger Wasser. Dies gilt es bei der Pflanzenwahl zu berücksichtigen (→ Seite 44/45).

BODEN

Je nach dem Gestein im Untergrund gibt es ganz unterschiedliche Böden. Häufig finden wir im Garten Sand-, Moor-, Lehm- oder Tonböden. Diese Böden speichern Nährstoffe ganz unterschiedlich, was man bei der Düngung der Beete berücksichtigen muss. Sandböden sind eher nährstoffarm, Lehmböden eher nährstoffreich. Auch der Säuregehalt (pH-Wert) des Bodens ist wichtig. Nur bei neutralem pH-Wert (6,5–7,5) sind alle im Boden vorhandenen Nährstoffe auch für die Pflanzen verfügbar (→ Seite 36/37).

KLIMA

Temperatur, Wind und Topografie (Hänge, Mulden) haben einen großen Einfluss auf die Pflanzen. In Deutschland herrscht gemäßigtes Klima. Allerdings gibt es erhebliche regionale Unterschiede. Das Klima im Westen ist geprägt von atlantischen Einflüssen mit typischer West-Wetterlage. Es zeichnet sich durch regenreiche Winter und mäßig warme Sommer aus. Im Osten und Südosten zeigt das Klima kontinentale Züge mit großen Temperaturunterschieden zwischen warmen bis heißen Sommern und kalten Wintern.

Außerdem gibt es das Klein- oder Mikroklima, das auf einem regional sehr begrenzten Stück Land herrscht und im Wesentlichen von der Beschaffenheit des Bodens, aber auch von der Himmelsrichtung abhängt sowie davon, ob ein Standort im Garten zum Beispiel windgeschützt ist oder nicht.

Wasser im Garten sorgt für ein ausgeglichenes Kleinklima und bietet Wasser- und Uferpflanzen einen speziellen Lebensraum.

LICHT IST FÜR PFLANZEN LEBENSWICHTIG

Pflanzen gewinnen Energie aus Sonnenlicht. Und weil Licht der einzige Standortfaktor ist, der sich kaum verändern lässt, sollten wir Gemüse, Stauden & Co. nur dort pflanzen, wo das Licht für sie stimmt.

Pflanzen brauchen das Sonnenlicht für ihren wichtigsten Lebensprozess, die Fotosynthese. Dazu nehmen sie über die Spaltöffnungen in ihren Blättern Kohlendioxid aus der Luft und über ihre Wurzeln Wasser aus dem Boden auf. Mithilfe des Sonnenlichts und des in den Pflanzenzellen vorhandenen Chlorophylls wandeln sie Wasser und Kohlendioxid in Zucker und Sauerstoff um.

Die meisten Gartenstauden bevorzugen einen sonnigen Standort. Hier wachsen sie üppig und bilden einen reichen Blütenflor.

Der Zucker liefert den Pflanzen die Energie für ihre Lebensvorgänge, den Sauerstoff geben sie in die Atmosphäre ab. Pflanzen liefern uns also nicht nur Nahrung, sondern auch Sauerstoff.

Der Faktor Licht steht bei der Gartenplanung an erster Stelle, denn alle Pflanzen brauchen einen Platz mit den für sie passenden Lichtverhältnissen. Dabei unterscheidet man zwischen sonnigen, halbschattigen und schattigen Standorten.

SONNIGE STANDORTE

Unter sonnigen Standorten verstehen wir Plätze auf freien Flächen, außer der Reichweite von Gebäuden, Mauern oder Gehölzen, die Schatten werfen. Charakteristisch für diese Standorte ist, dass die Pflanzen dort mehr als sechs Stunden pro Tag der Sonne ausgesetzt sind. In der Natur trifft das auf Steppen und Wiesen zu, in der Landwirtschaft auf Ackerflächen. Im Garten finden wir solche Standorte an sonnigen Hängen, vor Terrassen, die Richtung Süden ausgerichtet sind, oder auch im Zentrum freier Rasenflächen. Viele unserer Kulturpflanzen wachsen auf sonnigen Standorten am besten. Beispiele sind Obstbäume, die meisten Gemüse, Kräuter und Sommerblumen. Natürlich gedeihen sie auch an etwas lichtärmeren Plätzen, allerdings leidet darunter ihre Qualität. Kräuter sind dort weniger aromatisch, Gemüse weniger schmackhaft und der Blütenflor der Sommerblumen ist meist spärlich.

HALBSCHATTIGE STANDORTE

Als halbschattige Standorte bezeichnet man im Allgemeinen Plätze, die nur teilweise besonnt werden. Dabei gibt es erhebliche Unterschiede und es ist wichtig, diese genau zu kennen.

Unter dem Begriff »absonnig« versteht man zum Beispiel Standorte, die sehr hell sind, aber nicht direkt von der Sonne beschienen werden. Sie profitieren vom intensiven Streulichteinfall, wenn Sonnenlicht durch weiße Hauswände oder große Glasflächen reflektiert wird. In einem Innenhof mit hellen Wänden kann es zum Beispiel mittags so hell sein, dass lichthungrige Pflanzen hier noch gut gedeihen.

»Halbschattig« nennt man Standorte, die zeitweise auch im Vollschatten liegen. Sie bekommen vier bis sechs Stunden Sonne pro Tag, den Rest der Zeit liegen sie jedoch im Schatten. Solche Bereiche entstehen zum Beispiel durch den wandernden Schatten dichter Baumkronen.

Unter »lichtschattigen« Standorten, versteht man Plätze, die unter sehr lichtdurchlässigen Baumkronen – zum Beispiel von Birken – liegen. Lichtschattige Standorte können morgens oder abends voll besonnt sein, liegen im Gegensatz zu halbschattigen Standorten aber zu keiner Tageszeit im Vollschatten.

In der Praxis ist es nicht immer ganz einfach, zwischen diesen Standorten genau zu unterscheiden. Wichtig ist es, für solche Plätze Pflanzen auszuwählen, die nicht unbedingt sonnenhungrig sind. Bei Nutzpflanzen sind das Kohl- und Salatarten und -sorten sowie Mangold oder Spinat. Auf den Saatguttüten steht in der Regel dann: für sonnige bis halbschattige Standorte.

SCHATTIGE STANDORTE

Unter schattigen Standorten versteht man Plätze, die den größten Teil des Tages im Schatten von Mauern oder Gehölzen liegen. Schattige Beete unter Gehölzen haben meist humusreiche Böden, da herabfallende Blätter den Boden mit organi-

schen Materialien anreichern. Nutzpflanzen gibt es für schattige Bereiche kaum, doch einige (Wild-) Stauden gedeihen hier gut. Dazu gehören zum Beispiel Storchschnabel, Waldmeister, Lungenkraut, Elfenblumen oder Farne.

DER RICHTIGE PLAN

Für die nachhaltige Gartenplanung ist es wichtig, die verschiedenen Standorte genau zu analysieren

Der Fingerhut mag halbschattige Standorte und sucht sich seinen Platz am Gehölzrand am liebsten selbst.

und die für sie jeweils passenden Pflanzen auszuwählen. Kräuter- und Gemüsebeete gehören in der Regel an den sonnigsten Standort im Garten, denn die meisten Kräuter und Gemüse benötigen volle Sonne. Platziert man Gemüsebeete an halbschattigen Standorten, achtet man darauf, sie mit weniger lichthungrigen Pflanzen zu bepflanzen. An schattigen Standorten macht es jedoch in keinem Fall Sinn, ein Gemüsebeet zu planen.

DIE BASIS FÜRS WACHSTUM: BÖDEN & ERDEN

Der Boden speichert außer Wasser und Sauerstoff vor allem Nährstoffe und macht sie für Pflanzen verfügbar. Doch Pflanzen können nur gesund wachsen, wenn sie auf dem für sie geeigneten Boden stehen.

Boden ist nicht gleich Boden. Um zu verstehen, wie unterschiedlich Bodentypen sind, ist es notwendig, die verschiedenen Parameter zu kennen, die die Eigenschaften des Bodens ausmachen. Dabei spielt vor allem die Korngröße des Bodens eine wichtige Rolle. Sie beeinflusst die Bodenporen und die Bodenstruktur, ist maßgeblich für die Bodenentwicklung und seine Erosionsanfälligkeit verantwortlich und prägt nicht zuletzt seine Eignung als Pflanzenstandort.

DEN BODEN KENNENLERNEN

Man unterscheidet zwischen Grobboden und Feinboden. Als Grobboden bezeichnet man jene Partikel des Bodens, deren Durchmesser größer als 2 mm ist. Dazu zählen Feinkies, Mittelkies, Grobkies oder Geröll. Feinboden besteht aus Ton, Schluff oder Sand. Ton hat eine Korngröße von weniger als 0,002 mm, Schluff von 0,002–0,063 mm und Sand von 0,063–2 mm.

Unter der Bodenart verstehen wir die Körnungsklasse. Sie wird bestimmt vom Anteil der jeweiligen Korngrößen am Feinboden, also davon, wie viel Ton, Schluff oder Sand ein Boden enthält. So gibt es zum Beispiel die Bodenarten schluffiger Sand, toniger Schluff oder sandiger Ton. Hinzu kommt Lehm, der eine Mischung aus allen drei Komponenten ist, also aus Ton, Schluff und Sand.

Meist reicht es im Garten jedoch, wenn wir zwischen schweren und leichten Böden unterscheiden. Zwischen diesen Typen liegt sandig-lehmiger Boden – er ist der ideale Gartenboden.

Schwere Böden

Schwere, fette Böden enthalten viel Ton oder Lehm. Diese Böden sind sehr klebrig, oft verdichtet, neigen zu Staunässe und sind nicht für alle Pflanzen gut geeignet. Schwere Böden speichern

Sehr schwere Böden neigen zur Verdichtung und sollten für eine ausreichende Belüftung regelmäßig umgegraben werden.

Wasser speichern. Folglich muss man häufig gießen, wodurch zusätzlich Nährstoffe ausgewaschen werden. Kräuter und einige Gemüse wachsen auf Sandböden jedoch recht gut. Trotzdem empfiehlt es sich im Hausgarten, sandige Böden zu verbessern. Dazu bearbeitet man sie mit dem Sauzahn, um den Boden aufzulockern und zu durchlüften. Gründüngung, Mulchen und die regelmäßige Versorgung mit Tonmehl, Kompost oder Mist fördern die Humusbildung und liefern Nährstoffe. Bei extrem sandigen Böden arbeitet man am besten Lehm unter.

Sandiger Lehm

Der ideale Boden für die meisten Pflanzen ist sandiger Lehm. Er ist locker, die Nährstoffversorgung ist für die Pflanzen meist ausgeglichen und der Wasserhaushalt ist ideal. Die Wurzeln können gut wachsen und werden optimal mit Sauerstoff

Die Handprobe gibt Orientierung über die Bodenart. Ideal ist es, wenn sich aus der Erde ein geschmeidiger Klumpen formen lässt.

reichlich Wasser und Nährstoffe, was im Sommer von Vorteil sein kann. Allerdings neigen sie auch zu Verdichtungen und bilden oft hartnäckige Sperrschichten. Dies führt bei viel Regen zu Staunässe. Weil der Luftaustausch in schweren Böden nicht optimal ist, bleiben sie im Frühjahr sehr lange nass und kalt. Jungpflanzen haben also schwierige Startbedingungen. Im Garten muss man sehr schwere Böden stark verbessern. Dazu gehört regelmäßiges tiefes Umgraben. Es fördert den Lufthaushalt dieser Böden und hilft, Staunässe zu vermeiden. Außerdem kann man dabei Sand einbringen, der den Boden lockert und etwas leichter macht. Auch Kompost und Mist sollte man regelmäßig zur Verbesserung einarbeiten.

Leichte Sandböden

Leichte Sandböden sind ganz anders als schwere Böden. Sie erwärmen sich schnell und überschüssiges Wasser kann gut abfließen. Die Böden sind gut durchlüftet, was dem Wurzelwachstum der Pflanzen sehr entgegenkommt. Sandböden haben aber auch Nachteile. Sie können schlechter Nährstoffe speichern und trocknen schnell aus, weil sie kaum

HANDPROBE

Für eine erste Einschätzung des Bodens reicht die einfache Handprobe völlig aus. Dazu hebt man an verschiedenen Stellen des Gartens etwa 30 cm tief feuchte Erde aus, vermischt sie und untersucht sie anschließend, indem man sie zwischen den Händen knetet. Lässt sich ein stabiler Klumpen formen, ist der Boden lehmhaltig und schwer. Zerfällt der Klumpen sofort wieder, ist der Boden sandig und sehr leicht. Sandiger Lehm liegt zwischen diesen Extremen: Aus ihm lässt sich ein geschmeidiger Klumpen formen.

versorgt. Der Boden trocknet nicht allzu schnell aus und ist in der Lage, auch bei viel Regen die Nährstoffe zu halten. Er erwärmt sich im Frühjahr recht schnell und kühlt nachts nur langsam aus. Sandiger Lehm ist meist sehr humos, was seine Fruchtbarkeit noch weiter steigert.

Beete aus sandigem Lehm müssen wenig gewässert werden. Durch regelmäßige Gaben von Kompost oder Mist bleiben sie fruchtbar.

BODENANALYSE IM LABOR

Wer bei der Einschätzung seines Bodens ganz auf Nummer sicher gehen möchte, kann alle 2–3 Jahre im Frühjahr eine Bodenprobe nehmen und in

Sämlinge und Jungpflanzen wachsen am besten in Anzuchterde. Sie hat kaum Nährstoffe und schont die jungen Wurzeln.

einem speziellen Labor untersuchen lassen. Dazu wird wie bei der Handprobe Erde aus 30 cm Tiefe an verschiedenen Stellen des Gartens entnommen. Die Proben werden gemischt und an ein Institut für Bodenuntersuchungen geschickt (→ Seite 168).

Eine weitere gute Möglichkeit, die Qualität des Bodens einzuschätzen, ist ein Blick auf die Vegetation. Es gibt ganz unterschiedliche Zeigerpflanzen (→ Seite 36/37), die auf bestimmte Eigenschaften des Bodens Hinweise geben.

WELCHE SUBSTRATE GIBT ES?

Neben den natürlich gewachsenen Böden im Garten (Mutterboden) gibt es auch die sogenannten Gärtnererden (Substrate). Während im Freiland Pflanzen vorwiegend in gewachsenem Boden kultiviert werden, wachsen Topf- und Kübelpflanzen in der Regel in Substraten. Aber auch in Hochbeeten werden oft Substrate eingesetzt.

Substratmischungen

Klassische Substrate bestehen aus einer Haupterde, die mit Hilfserden und Zuschlagstoffen gemischt wird. Zu den Haupterden zählen Mutterboden, Komposterde, Mistbeeterde oder Lauberden. Sie bilden den größten Anteil einer Substratmischung. Zu den Hilfserden zählen Moorerden (Torf), Heideerden (Sand), Nadelerden oder gut abgelagerter Mist. Hilfserden werden in kleineren Mengen beigemischt und verändern die Struktur und die Nährstoffzusammensetzung im Substrat. Zu den Zuschlagstoffen zählen Sand, Lehm, Ton, Holzkohle, Kalk oder Urgesteinsmehl. Sie verbessern Substrate nachhaltig und werden dem Bedarf der Kulturpflanzen angepasst. Durch die Beimischung von Sand oder Torfersatzstoffen (siehe unten) lässt sich der Nährstoffgehalt des Substrats herabsetzen. Sand fördert die Standfestigkeit von Kübelpflanzen und wirkt im Topf als Dränage. Er ist daher der ideale Zuschlagstoff für Pflanzen, die in trockener Umgebung wachsen. Ton wiederum hält Wasser und Nährstoffe im Substrat und gibt sie nach und nach an die Pflanzen ab.

Früher war Torf eine der wichtigsten Hilfserden. Er ist ein perfekter Wasserspeicher, verrottet nur langsam und gibt dem Substrat eine lang anhaltende Struktur. Doch zur Torfgewinnung wurden und werden Moore vernichtet, was natürlich alles andere als nachhaltig ist. Seit einigen Jahren wird der Torfanteil in Substraten deshalb verringert und durch Ersatzstoffe ausgetauscht. Zu diesen zählen Kompost, Terra Preta, Holzfasern, Kokosfasern oder Rinde. Im Sinne der Nachhaltigkeit sollte man unbedingt nur torffreie Produkte verwenden.

Anzuchterde

Anzuchterde wird für die Aussaat, zum Pikieren oder für die Vermehrung von Stecklingen verwendet. Sie ist luftdurchlässig, speichert Wasser und hat kaum Nährstoffe. Das ist von großer Bedeutung, denn Sämlinge und Stecklinge haben anfangs ganz feine Wurzeln. Sie würden bei hoher Nährstoffkonzentration im Boden schlichtweg »verbrennen«. Außerdem gilt: Je weniger Nährstoffe im Boden, umso stärker werden die Wurzeln zum Wachstum angeregt. Sind die Pflanzen schließlich gut eingewurzelt, brauchen sie zum Wachstum natürlich mehr Nährstoffe. Deshalb pflanzt man bewurzelte Stecklinge in Topferde um (→ Seite 68/69). Junge Sämlinge sind etwas empfindlicher. Sie setzt man nach dem Keimen noch einmal in Anzuchterde (→ Seite 61/62).

Kräuter haben unterschiedliche Ansprüche an den Boden. Im Topf kann man ihnen immer das passende Substrat bieten.

Topferde

Topferde ist speziell auf die Bedürfnisse von Pflanzen abgestimmt, die in Töpfen wachsen sollen. Sie muss nährstoffreich und strukturstabil sein und Wasser und Nährstoffe gut speichern. Außerdem sollte sie frei von Krankheitserregern, Schädlingen und Wildkräutersamen sein. Eine gute Topferde besteht aus Lehm, Sand, Torfersatzstoffen, Dünger und anderen Zuschlagstoffen. Im Handel gibt es eine Vielfalt an verschiedenen Topferden, es lohnt sich immer auf gute Qualität zu achten. Günstige Erden sind zum Topfen weniger geeignet. Viel besser sind Bioerden, auch wenn diese viel teurer sind. Sehr beliebt sind fertig gemischte Spezialerden, etwa für Zitruspflanzen, Tomaten, Kräuter oder Rosen. Sie unterscheiden sich in der Nährstoffzusammensetzung und/oder in der Konsistenz.

Was versteht man unter Bioerde?

Der Begriff »Bioerde« ist nicht gesetzlich geschützt, lediglich das Siegel der Biokontrollstelle Grünstempel bietet einen hohen Standard. Beim Kauf sollte man auf folgende Punkte achten:
• Der Erde dürfen keine Stoffe beigemischt sein, die im Biogartenbau nicht gestattet sind, z. B. leicht lösliche Mineraldünger.
• Bioerde muss torffrei sein, denn Moore sind wertvolle Lebensräume.
• Bioerde sollte ganz oder zumindest zum größten Teil frei von Kokosfasern sein. Kokosfasern sind in der Regel nicht sehr nachhaltig, da sie meist aus

ANZUCHTERDE HERSTELLEN

Anzuchterde kann man einfach selbst herstellen. Sie besteht aus je einem Drittel Gartenerde, Kompost und Sand. Die Gartenerde wird aus etwa 10–20 cm Tiefe entnommen, denn dort enthält sie weniger Wildkräutersamen und für die Jungpflanzen schädliche Bodenpilze. Auch die Erde von Maulwurfshügeln ist sehr gut geeignet. Das Gemisch wird fein gesiebt und durch Hitze sterilisiert. Dazu reichen 45 Minuten im Backofen bei etwa 120 °C. Die Sterilisation ist extrem wichtig, nur so kann man Vermehrungskrankheiten verhindern.

Plantagenanbau stammen und einen langen Weg zu uns nach Europa zurücklegen müssen. Eine gute Alternative sind kleine Holzfasern oder auch Tonkügelchen als Wasser- und Luftspeicher.

Viele Gemeinden bieten günstig Bioerde an. Dabei handelt es sich in der Regel um Erde aus städtischen Kompostwerken, in denen die Inhalte der Biotonnen und Grünschnitt aus städtischen Parks verarbeitet werden. Auf auf diese Art hergestellte Bioerde sollte man jedoch besonders beim Anbau von Nutzpflanzen verzichten, da hier die Gefahr von Verunreinigungen hoch ist.

DEN BODEN PFLEGEN UND VERBESSERN

Nachhaltige Bodenpflege dient der Erhöhung des Humusgehalts und der Förderung des Bodenlebens. Die Fruchtbarkeit des Bodens nimmt zu, die Pflanzen sind gesünder und die Erntemenge steigt.

Alle Böden lassen sich durch Kompost- oder Mistgaben verbessern. Beim Einarbeiten werden Boden und Zuschlagstoffe gut gemischt.

Nachhaltig wirtschaftende Gärtner sind keine Freunde von Umgraben und Pflügen. Durch beide Maßnahmen werden Erdschollen gewendet und die im Boden lebenden Organismen wie Pilze, Bakterien, Algen, Flechten und Kleinlebewesen müssen sich anschließend neu organisieren. Dieser Vorgang erfordert Zeit und schwächt den Boden.

Vor allem leichtere Böden sollte man nicht umgraben, es sei denn, es wird Kompost oder Mist neu verteilt. Ansonsten reicht es völlig, den Boden regelmäßig mit dem Sauzahn zu lockern. Diesen zieht man so tief wie möglich kreuz und quer durch die Erde. Vor dem Säen oder Pflanzen wird der Oberboden mit der Harke noch fein geglättet.

Bei schweren Böden reicht es meist aus, sie mit der Grabegabel tief zu lockern. Nur in extremen Fällen darf man regelmäßig umgraben, damit der Boden gut durchlüftet wird. Man gräbt im Herbst grobschollig um, der Winter sorgt dann für Frostgare im Boden. Dabei kann man auch Kompost, Mist und eventuell Sand einarbeiten. Die Erde wird krümeliger, ist im Frühjahr frei von Wildkräutern und im Sommer leichter zu bearbeiten.

Vor allem bei Gemüsebeeten hört die Bodenpflege nach der Bestellung nicht auf. Im Frühjahr und Sommer müssen Wildkräuter ständig entfernt werden. Dazu eignen sich eine Hacke und ein Kultivator sehr gut. Wildkräuter konkurrieren mit den Gartenpflanzen um Nährstoffe, Wasser und Platz. Besonders im Saatbeet ist regelmäßiges Hacken wichtig, denn häufig wachsen Wildkräuter sehr viel schneller als die Sämlinge. Wartet man zu lange, sind die Saatreihen schnell überwuchert. Beim Hacken wird die obere Schicht des Bodens aufgerissen. Dabei werden die Wurzeln der Wildkräuter abgetrennt. Blätter und Sprosse vertrocknen, werden kompostiert oder können zum Mulchen verwendet werden. Zudem werden durch das Hacken die Kapillarröhrchen im Boden unterbrochen und es verdunstet weniger Wasser. Wenn wir also nach dem Regen fleißig hacken, ersparen wir uns häufiges Gießen und brauchen weniger Wasser.

Mulchen ist eine nachhaltige Art der Bodenpflege. Der Boden wird bedeckt und bietet Mikroorganismen einen perfekten Lebensraum.

GRÜNDÜNGUNG UND MULCHEN

Zur Bodenpflege im nachhaltigen Garten gehört es, den Boden möglichst immer bedeckt zu halten. Dazu ist eine geschlossene Pflanzendecke ideal. Freie Beete oder Beete, die man erst später benötigt, werden mit Gründüngung als Zwischenfrucht bestellt (→ Seite 32/33).

Ähnlich effektiv ist das Abdecken des Bodens mit Mulch. Das schönste Beispiel finden wir in der Natur. Waldböden sind immer mit Laub bedeckt und dadurch nahrhaft, humos, feucht und fruchtbar. Wo immer es geht, sollte man deshalb mulchen und die Erde rund um die Pflanzen abdecken. Als Mulchmaterial empfehlen sich Kompost, Grasschnitt, angerottetes Laub oder Stroh.

Mulchen ist einfach und zeigt einen enormen Effekt. Eine Mulchschicht dämmt das Auflaufen von unerwünschten Wildkräutern erheblich ein. Unter einer Mulchschicht bleibt es feucht, weil das Wasser nicht ungehindert aus dem Boden verdunsten kann. Außerdem schwanken die Tag- und Nachttemperaturen im Boden weniger stark. Das

ist im Frühjahr und Herbst von großer Bedeutung. Und ein gemulchter Boden ist vor Sturm und Schlagregen geschützt und es kommt zu deutlich weniger Erosion. Der letzte und vielleicht entscheidende Vorteil des Mulchens: Die Mulchschicht wird vom Bodenleben nach und nach abgebaut und in Nährstoffe für die Pflanzen verwandelt.

Mulchen als Winterschutz

Eine dicke Schutzschicht aus Laub, Stroh oder Heu ist ein wirksamer Winterschutz für viele Kulturpflanzen. Immergrüne Pflanzen bleiben auch im Winter aktiv und verdunsten Wasser. Ist der Boden tief gefroren, können die Wurzeln aber kein Wasser mehr aufnehmen, die Pflanzen vertrocknen. Eine Mulchschicht schützt davor und auch vor Extremfrösten, wenn man den Boden und die Hälfte der Blätter mit Stroh, Heu oder Laub abdeckt und mit einem Schutzvlies fixiert, damit es nicht davonfliegt. Im zeitigen Frühjahr entfernt man diese Mulchschicht wieder, damit die Frühlingssonne den Boden erwärmen kann.

GRÜNDÜNGUNG HÄLT DEN BODEN FIT

Gründüngungspflanzen schützen den Boden vor Erosion, einige reichern ihn auch mit Nährstoffen an. Als Zwischenfrucht kommen sie immer dann zum Einsatz, wenn Beete über kürzere oder längere Zeit brachliegen würden.

Phacelia ist die bekannteste Gründüngungspflanze. Sie liefert dem Boden reichlich organische Masse und die blauen Blüten locken Bienen und andere Insekten magisch an.

Gründüngung ist ein Paradebeispiel für Nachhaltigkeit. Die Pflanzen lockern mit ihrem tief reichenden Wurzelsystem selbst schwere, verdichtete Böden. Der Boden wird durchlüftet und mit organischer Masse angereichert. Einige Gründüngungspflanzen sind in der Lage, den Stickstoff aus der Luft mithilfe von Knöllchenbakterien in den Pflanzennährstoff Nitrat umzuwandeln. Andere wurzeln sehr tief und tragen so dazu bei, Nährstoffe auch aus tieferen Bodenschichten verfügbar zu machen. Dabei entsteht ein ausgeglichenes Bodenklima, der Boden wird besser durchlüftet und die organische Masse aktiviert das Bodenleben. Der Humusanteil steigt und der Boden kann mehr Wasser speichern. Deshalb lässt man die Wurzeln nach dem Entfernen der Pflanzen möglichst lange im Boden. Die oberirdische Pflanzenmasse schützt den Boden vor Erosion, unterdrückt Wildkräuter und reduziert die Verdunstung von Wasser. Einige Gründüngungspflanzen helfen zudem, Fadenwürmer (Nematoden) einzudämmen, manche locken Bienen und andere Insekten an.

GRÜNDÜNGUNG AUSBRINGEN

Gründüngung wird im Garten zum einen auf Brachflächen gesät, um den Boden lockerer und fruchtbarer zu machen. Nach dem Hausbau sind die Böden häufig durch das Befahren mit schweren Maschinen verdichtet und Gründüngungspflanzen dienen in diesem Fall vor der Anlage des Gartens als Pionierpflanzen. Sie helfen, Luft und Leben in die Erde zu bringen. Zum anderen sind Gründüngungspflanzen im Gemüsebeet eine ideale Zwischenfrucht. Überall, wo ein Beet abgeerntet ist, kann man Gründüngungspflanzen einsäen. So kann sich der Boden wesentlich besser regenerieren. Bei der Auswahl dieser Pflanzen ist natürlich die Fruchtfolge (→ Seite 100) zu beachten. Senf (auch Ölrettich oder Raps) darf zum Beispiel nicht auf Kohl folgen, denn beide sind Kreuzblütler. Die Ausbreitung von Kohlhernie würde begünstigt. Starkzehrer (Kohl, Sellerie) entnehmen dem Boden viele Nährstoffe, vor allem Stickstoff. Zur Regeneration können Schmetterlingsblütler (Lupine, Wicken) als Gründüngung folgen, sie reichern den Boden mit Stickstoff an. Doch Schmetterlingsblütler darf man nicht vor oder nach Erbsen oder Bohnen säen, denn sie gehören derselben Pflanzenfamilie an. Die Gründüngung sollten also immer schon bei der Planung des Gemüsebeets bedacht werden. Je nach Art sät man die Pflanzen von März bis

Inkarnatklee hat starke Wurzeln und lockert den Boden tief. Er kann Stickstoff aus der Luft binden und im Boden anreichern.

Oktober aus. Man entfernt Wildkräuter, arbeitet den Boden mit dem Kultivator durch und harkt, bis die gröbsten Erdklumpen zerkleinert sind. Dann sät man breitwürfig aus und harkt noch einmal. Bei Trockenheit wird gewässert. Nach einigen Wochen werden die Pflanzen vor der Samenreife abgemäht und bleiben als Mulchschicht auf dem Beet. Vor der Bestellung des Beets arbeitet man die verrotteten Gründüngungspflanzen dann in den Boden ein.

DIE EIGENSCHAFTEN VON GRÜNDÜNGUNGSPFLANZEN		
PFLANZE	**WIRKUNG**	**PORTRÄT**
Buchweizen	schnellwüchsig, viel Blattmasse, besonders für leichte Böden	→ Seite 160
Lupinen	attraktive Blüten, reichern Stickstoff im Boden an, Tiefwurzler	→ Seite 161
Phacelia	schnellwüchsig, attraktive Blüten, Bienenweide	→ Seite 160
Ringelblume	attraktiv, fördern die Humusbildung, essbare Blüten	→ Seite 130
Senf (alt. Raps)	schnellwüchsig, nicht als Zwischenfrucht von Kreuzblütlern	→ Seite 161
Tagetes	fördern die Humusbildung, halten den Boden nematodenfrei	–
Wicken	attraktive Blüten, reichern Stickstoff im Boden an	–

DIE PFLANZENNÄHRSTOFFE

Die Kreisläufe der Natur sind perfekt. Pflanzen wachsen im Sommerhalb-jahr und sorgen für Nachkommen. Im Herbst verlieren sie Laub oder sterben ganz ab und hinterlassen Nährstoffe für die Pflanzen im kommenden Jahr.

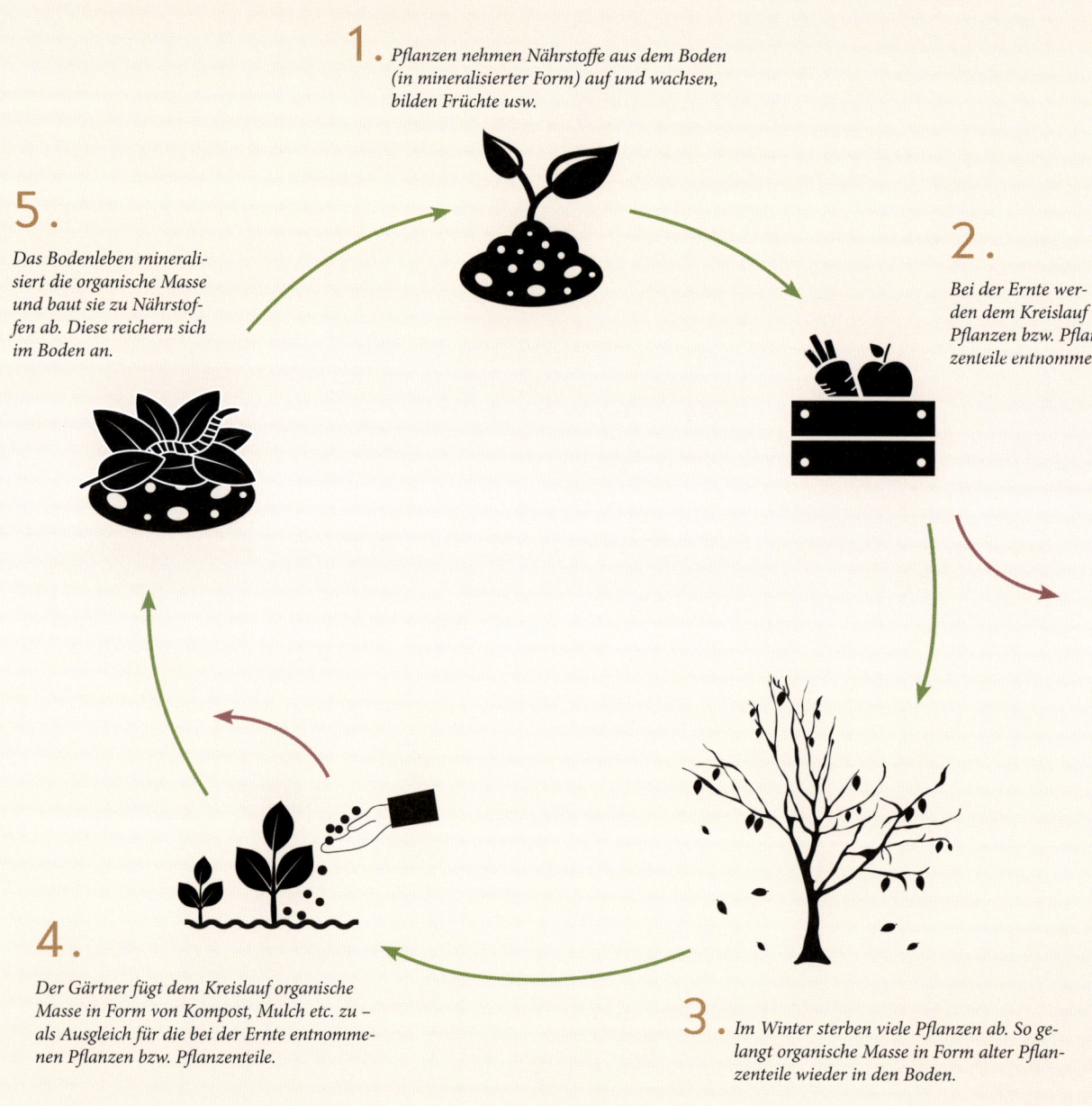

1. *Pflanzen nehmen Nährstoffe aus dem Boden (in mineralisierter Form) auf und wachsen, bilden Früchte usw.*

2. Bei der Ernte wer-den dem Kreislauf Pflanzen bzw. Pflan-zenteile entnommen.

5. Das Bodenleben minerali-siert die organische Masse und baut sie zu Nährstof-fen ab. Diese reichern sich im Boden an.

4. Der Gärtner fügt dem Kreislauf organische Masse in Form von Kompost, Mulch etc. zu – als Ausgleich für die bei der Ernte entnomme-nen Pflanzen bzw. Pflanzenteile.

3. Im Winter sterben viele Pflanzen ab. So ge-langt organische Masse in Form alter Pflan-zenteile wieder in den Boden.

Jeder Boden enthält Nährstoffe in unterschiedlicher Zusammensetzung. Dabei kommt es nicht immer auf große Mengen an, denn zu viele Nährstoffe sind für die Pflanzen genauso schädlich wie zu wenige. Die verschiedenen Pflanzen wiederum benötigen für ein gesundes Wachstum ganz unterschiedliche Nährstoffkombinationen.

NÄHRSTOFFE IM BODEN

Der Boden ist ein ausgesprochen komplexes Gebilde und seine Entwicklung hängt von verschiedensten Faktoren ab: vom Ausgangsgestein, vom Klima und auch vom natürlichen Pflanzenbewuchs. Entscheidend für die Entwicklung eines guten Bodens ist ein aktives Bodenleben. Die Kleinstlebewesen verwandeln Pflanzenreste und Humus in Nährstoffe und machen diese so für Pflanzen verfügbar. Doch natürlich haben wir in unserem Garten nicht für jede Pflanze die optimalen Bedingungen. Die Bodenprobe hilft zu erkennen, welche Nährstoffe vielleicht noch fehlen. Wichtigste Nährelemente sind Stickstoff, Phosphor, Kalium, Magnesium, Kalzium und Schwefel. Dazu kommen zahlreiche Spurenelemente wie Eisen, Kupfer, Mangan und viele mehr. Fehlen einige Elemente oder ist von anderen zu viel vorhanden, kann die Pflanze nicht optimal wachsen, wird krank oder hat kaum Geschmack oder Aroma.
In den meisten Gärten enthält der Boden genug Nährstoffe. Weil aber – vor allem im Nutzgarten – Pflanzen und damit indirekt Nährstoffe entnommen werden, müssen Böden gut gepflegt werden, um die Bodenfruchtbarkeit zu erhalten (→ Seite 30/31). Sehr gute Maßnahmen dafür sind Gründüngung oder regelmäßiges Mulchen, noch wichtiger ist die regelmäßige Gabe von Kompost oder Mist.

DIE HAUPTNÄHRELEMENTE

Jeder einzelne Nährstoff hat ganz spezielle Funktionen für die Pflanzen. Stickstoff (N) zum Beispiel ist mengenmäßig der wichtigste Nährstoff. Er ist ein Baustein von Eiweiß, Bestandteil von Chlorophyll und der DNS und reguliert die Osmose. Mangel zeigt sich durch starke Wuchshemmungen, vorschnelles Absterben älterer Blätter, starkes Wurzelwachstum und verfrühte Blüte. Überschusssymptome sind Versalzungsschäden – verbrennungsähnliche Symptome –, massige, brüchige Blätter und platzende Früchte.

Phosphor (P) ist Energieträger. Er ist am Kohlenhydratstoffwechsel beteiligt sowie Bestandteil der DNS und der Zellmembranen. Mangelerscheinungen sind Wuchshemmungen, dunkelgrün verfärbte Blätter (mit roten Blattadern) und eine verspätete Blüten- und Fruchtbildung. Überschusssyptome kommen praktisch nicht vor.

Kalium (K) reguliert die Osmose, steuert die Spaltöffnungen der Blätter, reguliert Membranfunktionen und ist an der Steuerung von Enzymen beteiligt. Mangelerscheinungen sind Wuchshemmungen, eintrocknende Pflanzen, Verfärbung der Blattränder, Verzögerung der Blüte und Abnahme der Fruchtqualität. Zu viel Kalium verursacht Kalziummangel.

Weißkohl ist ein typischer Starkzehrer. Für die Ausbildung seiner großen Blätter und Köpfe benötigt er ausreichend Stickstoff.

Kalzium (Ca) stabilisiert Zellwände, beeinflusst die Durchlässigkeit von Zellmembranen und ist an der Regelung des Quellungszustands des Zellplasmas beteiligt. Mangelerscheinungen sind Wuchshemmungen und Nekrosen (Zelltod) an Vegetationspunkten, Blütenknospen und Früchten. Überschusssyptome kommen praktisch nicht vor.

Magnesium (Mg) ist Bestandteil des Chlorophylls, ist beteiligt an Funktionen verschiedener Enzyme und fördert den Eiweißaufbau und andere

Die Brennnessel ist ein typischer Anzeiger für nährstoffreiche Böden und Rohstoff für eine hilfreiche Pflanzenjauche.

Stoffwechselvorgänge. Mangelerscheinung sind Wuchshemmungen, Chlorosen (Verfärbungen) älterer Blätter (Blattadern bleiben grün) und vermindertes Wurzel- und Knospenwachstum. Überschüsse verursachen Kalziummangel.

Schwefel (S) ist Baustein von Eiweißen und Enzymen sowie von Senfölen (in Kohl, Senf), die gegen Insektenfraß schützen. Mangelerscheinungen sind Wuchshemmungen und Chlorosen an jungen Blättern, Überschusssymptome kommen kaum vor.

ZEIGERPFLANZEN

Eine erste Einschätzung der im Boden vorhandenen Nährstoffe geben sogenannte Zeigerpflanzen (→ Tabelle rechts). Dabei handelt es sich um Wildkräuter, die bei uns heimisch sind und bestimmte Standorte besiedeln. Sie lassen Rückschlüsse auf die Bodenbeschaffenheit und die im Boden enthaltenen Nährstoffe zu.

HILFREICH: DIE BODENPROBE

Die Handprobe gibt erste Hinweise auf die Bodenart (→ Seite 27). Für die detaillierte Kenntnis über den Zustand des Gartenbodens und der genauen Nährstoffzusammensetzung ist jedoch eine Bodenanalyse notwendig (→ Seite 28). Gerade bei der Neuanlage eines Gartens oder auch nach umfangreichen Erdarbeiten ist es sinnvoll, den Boden genauer untersuchen zu lassen.

Die Bodenanalyse gibt Aufschluss darüber, ob die benötigten Nährstoffe auch wirklich im richtigen Mengenverhältnis im Boden verfügbar sind. Sie liefert verlässliche Aussagen zu Bodenart, pH-Wert und vorhandenen Nährstoffen. Neben einer genauen Auskunft über die Nährstoffzusammensetzung in der Probe erhält man auch detaillierte Düngeempfehlungen für die kommende Saison. Bei einer Bodenanalyse werden die Konzentrationen der wichtigsten Hauptnährstoffe im Boden gemessen, die für die Entwicklung der Pflanzen von Bedeutung sind. Das sind in der Regel Phosphor (P), Kalium (K) und Magnesium (Mg), denn diese werden von den Pflanzen in größeren Mengen benötigt. Der Gehalt an Stickstoff und Spurenelementen wird in der Standardanalyse aus Kostengründen allerdings nicht erfasst, da Ersterer im Boden meist in Nitratform vorliegt. Nitrat wird leicht vom Regen ausgewaschen, somit gibt es im Jahresverlauf starke Schwankungen. Weil Stickstoff im Garten aber ständig verbraucht wird, muss er im Frühjahr und Sommer in jedem Fall in Form von Hornspänen, Jauche oder anderen Düngen ersetzt werden.

BODENART UND ZEIGERPFLANZEN	
BODENART	**ZEIGERPFLANZE**
stark sauer	Heidelbeere, Preiselbeere, Sonnentau
kalkarm	Bauernsenf, Ehrenpreis, Hundskamille, Sauerampfer, Sauerklee, Schachtelhalm, Stiefmütterchen
kalkreich	Ackersenf, Adonisröschen, Brennnessel, Fingerkraut, Huflattich, Leberblümchen, Leinkraut, Ringelblume, Schlüsselblume, Wegwarte, Wiesensalbei
stickstoffreich	Ackersenf, Bingelkraut, Brennnessel, Ehrenpreis, Franzosenkraut, Giersch, Kamille, Klettenlabkraut, Löwenzahn, Taubnessel, Quecke, Wolfsmilch
stickstoffarm	Ackerfuchsschwanz, Besenginster, Klappertopf, Mauerpfeffer, Wicke, Ziest
magnesiumreich	Gamander, Roter Fingerhut, Stinkende Nieswurz
kaliumreich	Bärenklau, Fuchsschwanz, Melde, Roter Fingerhut
humusarm	Adlerfarn, Gänseblümchen, Hirtentäschel, Sauerklee, Wiesensauerampfer
humusreich	Ampfer, Bingelkraut, Brennnessel, Distel, Gänsefuß, Löwenzahn, Vogelmiere
feucht bis nass	Ackerminze, Gänsefingerkraut, Kriechender Hahnenfuß, Mädesüß, Zwergglockenblume
nass, verdichtet	Ackerminze, Acker-Schachtelhalm, Beinwell, Breit-Wegerich, Huflattich, Scharbockskraut, Wiesenknopf
trocken	Ackerhohlzahn, Färberkamille, Sommer-Adonisröschen, Sonnenröschen, Storchschnabel, Wegerich
gar	Bingelkraut, Brennnessel, Ehrenpreis, Erdrauch, Franzosenkraut, Taubnessel, Vogelmiere
wenig gar	Knöterich, Mutterkraut, Quecke
verdichtet, schwer	Ackerfuchsschwanz, Ackerminze, Acker-Schachtelhalm, Breit-Wegerich, Königskerze, Kriechender Hahnenfuß, Löwenzahn
sandig	Heidekraut, Kiefern, Klatschmohn, Königskerze, Vogelmiere, Wolfsmilch

Selbstverständlich wird bei der Analyse auch der pH-Wert bestimmt, denn er reguliert die Nährstoffaufnahme der Pflanzen. Sein Wert sollte zwischen pH 6,5 und pH 7,5 liegen, damit die Pflanzen alle Nährstoffe optimal aufnehmen können. Auf die Analyse von Spurenelementen wie Eisen, Mangan, Zink, Kupfer, Schwefel u. a. kann man, sowohl aus Kostengründen und weil es nicht unbedingt notwendig ist, verzichten. Sie werden dem Boden durch Kompostgaben meist in ausreichenden Mengen zugeführt.

Eine Bodenprobe entnimmt man am besten im Frühjahr. Das Analyseergebnis erhält man dann nach ca. zwei Wochen.

NACHHALTIG DÜNGEN: GESUNDE PFLANZENNAHRUNG

Es gibt unterschiedliche Möglichkeiten, die Nährstoffkreisläufe im Boden zu steuern. Der konventionelle Gartenbau nutzt Mineraldünger, Biogärtner setzen auf die ständige Versorgung des Bodens mit Humus.

Unter Humus versteht man die Gesamtheit der toten organischen Substanz im Boden. Er wird durch das Bodenleben zu Nährstoffen für die Pflanzen mineralisiert. Deshalb setzen Biogärtner alles daran, den Boden ausreichend mit Humus zu versorgen (→ Seite 40). Trotzdem fehlen gelegentlich Nährstoffe im Boden, dann hilft nur Düngen.

MINERALDÜNGER

Der Handel bietet verschiedene Dünger an. Viele Produkte sind synthetisch hergestellte mineralische Dünger, die die Haupt- und Nebennährstoffe in ausgewogener Form enthalten. Sie wirken schnell und können bei Bedarf gezielt eingesetzt werden. Doch im nachhaltigen Garten sollte man unbedingt auf sie verzichten, da sie eine eher hemmende Wirkung auf das Bodenleben haben und dauerhaft zur Vergiftung der Böden beitragen können. Zum Beispiel enthalten mineralische Phosphordünger oft hohe Konzentrationen von Uran und Cadmium.

Für den nachhaltigen Garten sind organisch-mineralische Dünger viel besser geeignet. Diese Volldünger bestehen aus organischen Substanzen und Mineralien. Kalk ist zum Beispiel ein natürlicher mineralischer Dünger. Er mindert den Säuregrad des Bodens sofort und wird bei Bedarf im Frühjahr ausgebracht. Der Säuregehalt des Bodens sollte im neutralen Bereich liegen (→ Seite 36). Ist der Boden stark sauer oder alkalisch, sind bestimmte Nährstoffe verfügbar, andere werden dagegen im

Boden gebunden und können von den Pflanzen nicht mehr aufgenommen werden. In sauren Böden (pH 4–6) sind zum Beispiel Eisen, Mangan, Bor, Kupfer und Zink leicht löslich. Ist der pH-Wert hoch (7,5–10), werden diese Elemente im Boden gebunden. Dafür sind Phosphor, Kalium, Schwefel und Molybdän leicht verfügbar. Im neutralen Bereich (pH 6,5–7,5) sind die wichtigsten Nährstof-

Kalk tut dem Boden gut. Er reguliert seinen pH-Wert und sorgt für eine ausgewogene Pflanzenernährung.

Hornspäne sind der perfekte Stickstoffdünger. Sie werden sehr langsam zersetzt und geben ihre Nährstoffe nach und nach frei.

zersetzt und stehen den Pflanzen quasi »in Raten« zur Verfügung. Die Nährstoffe bleiben so im Boden und werden nicht gleich ausgewaschen. Und doch gibt es einen Nachteil. Benötigt die Pflanze schnell Nahrung, steht diese selten sofort zur Verfügung. Einzige Ausnahme sind die Pflanzenjauchen.

Es ist daher immer von Vorteil, den Nährstoffhaushalt des Bodens gut zu kennen und bei Bedarf organischen Dünger bereit zu haben. Im Nutzpflanzengarten bringt man dazu zum Beispiel jedes Jahr eigenen Kompost aus (→ Seite 40/41). Gibt es nicht genug Kompost, kann man Mist in den Boden einarbeiten. Besonders geeignet sind Pferde- und Rindermist, da sie alle notwendigen Nährstoffe in einem ausgewogenen Verhältnis enthalten. Doch Vorsicht: Frischer Mist ist für die meisten Pflanzen zu aggressiv, vor dem Ausbringen sollte er wenigstens sechs Monate gelagert werden.

Ein anderer organischer Dünger sind Hornspäne aus gemahlenen Hörnern und Hufen geschlachteter Rinder. Hornspäne enthalten viel Stickstoff und geben diesen sehr langsam ab. Sie sind ein idealer Stickstoffdünger für den Gemüsegarten, der sonst ausschließlich mit Kompost versorgt wird. Gründüngung fördert wie Kompost die Gesundheit und Belüftung des Bodens (→ Seite 32/33).

Eines der mildesten Düngemittel sind Pflanzenjauchen. Sie enthalten Stickstoff, Kali und viele Nebennährelemente und lassen sich ganz einfach selbst herstellen (→ Seite 110/111).

fe (Stickstoff, Phosphor, Kalium, Kalzium, Magnesium und Schwefel) gut löslich und verfügbar.

Fehlt es dem Boden an Spurenelementen wie Bor, Eisen, Germanium, Chlor, Kupfer, Kobalt, Molybdän oder Mangan, hilft Urgesteinsmehl.

ORGANISCHE DÜNGER

Organische Dünger sind pflanzlichen oder tierischen Ursprungs und gelten als nachhaltig. Ihre Nährstoffe werden nach und nach im Boden

NÄHRSTOFFE IN ORGANISCHEN DÜNGERN	
NÄHRSTOFF	**DÜNGEMITTEL**
Stickstoff	Beinwelljauche, Brennnesseljauche, Hornspäne, Hornmehl
Phosphor	Gärgut (aus Biogasanlagen), Hühnermistpellets, Knochenmehl, Kompost
Kalium	Algenprodukte, Beinwelljauche, Holzasche, Patentkali
Kalk	Brandkalk, kohlensaurer Kalk
Spurenelemente	Acker-Schachtelhalmjauche

KOMPOST

Kompost steht wie kein anderer Begriff für geschlossene Kreisläufe und für nachhaltiges Gärtnern. Reifer Kompost verbessert den Boden und ist ideal für die Ernährung der Pflanzen. Kompostieren ist einfach und dennoch genial. Notwendig sind, neben ausreichend Pflanzenabfällen, nur ein geeigneter möglichst halbschattiger Platz im Garten sowie etwas Organisation. In der

Kompostieren mit drei Mieten: eine zum Sammeln, eine zum Schichten, die dritte für den halbreifen Kompost.

Kompostmiete werden gesunde Garten- und auch Küchenabfälle aufgeschichtet. Im Laufe der Zeit verrotten sie zu Humus und dieser wird später auf die Beete gebracht. Allerdings kann Düngen mit Kompost keine »Feuerwehrmaßnahme« bei Nährstoffmangel sein. Denn Kompost braucht einige Zeit zum Reifen, und er entfaltet seine geniale Wirkung erst, wenn man ihn regelmäßig verwendet. Reifer Kompost wird am besten jedes Jahr im Herbst im Garten ausgebracht. Er ist eine

perfekte Schutzschicht für den Boden, unter der es etwas wärmer und feucht ist – ideale Bedingungen für das Bodenleben. Ein aktives Bodenleben lockert den Boden, zersetzt den Kompost zu Humus und Humus zu Nährstoffen für die Pflanzen.

Richtig kompostieren

Damit Kompost auch wirklich immer gut gelingt, muss man einiges beachten. Doch der richtige Platz im Garten und ein wenig Pflege machen jeden Komposthaufen zu einem wirklichen Schatz.

Auch wenn es im Baumarkt oder Gartencenter zahlreiche Schnellkomposter zu kaufen gibt, schwören erfahrene Gärtner auf den klassischen Behälter aus Holz. Am besten stellt man drei Behälter im Halbschatten von Bäumen auf. In dem einen werden zunächst Garten- und Küchenabfälle gesammelt, im zweiten wird der Kompost später aufgeschichtet, in den dritten wird der halbreife Kompost umgesetzt.

• Zum Kompostieren sind Gartenabfälle, klein geschnittenes Strauchwerk, Wildkräuter und Staudenschnitt gut geeignet.

• Auch Rasen, verdorbenes Fallobst und Laub dürfen auf den Komposthaufen.

• Nicht geeignet sind Wurzelunkräuter wie Quecke oder Giersch, Wildkräuter mit reifen Samen oder kranke Pflanzenteile aus dem Garten.

• Aus dem Haushalt kommen noch Kaffee- und Teefilter, Eierschalen, Gemüsereste und vertrocknete Blumen hinzu.

• Doch nicht alle Küchenabfälle sind gut: Speisereste, Backwaren, Öle und Fette und auch Ofenasche gehören nicht auf den Komposthaufen.

Ist genügend Material gesammelt, beginnt man in der zweiten Kiste mit der Schichtung des Komposts. Ganz nach unten gehört etwas Strauchschnitt, darüber trägt man Grünabfälle in dünnen Schichten auf. Grobe Abfälle werden mit feinen abgewechselt und feuchtere mit trockenen. Ist alles gut geschichtet, deckt man den Kompost mit Rasenschnitt oder einem alten Teppich ab, so bleibt er feucht und der Rotteprozess beginnt sehr

WAS IST BOKASHI?

Bokashi ist japanisch und bedeutet so viel wie »fermentiertes organisches Material«. Er wird wie Kompost verwendet, ist in der Herstellung aber weit weniger arbeitsintensiv. Die Küchen- oder Gartenabfälle werden zerkleinert und mit Effektiven Mikroorganismen (EM) geimpft. Dazu werden sie unter Wenden mit den flüssigen EM eingesprüht, bis sie überall feucht sind. Anschließend füllt man die Abfälle in Eimer und stampft sie dabei gut. Der Eimer wird luftdicht verschlossen und der Inhalt fermentiert. Bei diesem Prozess bleiben alle Nährstoffe erhalten und werden durch die milchsaure Vergärung teilweise noch aufgewertet. Die Dauer der Umwandlung beträgt 3–6 Wochen, dann riecht der Bokashi angenehm sauer bis süßlich. Er wird flach in den Boden eingearbeitet oder kompostiert. EM bekommt man im Fachhandel oder über das Internet.

schnell. Während des Reifens darf der Kompost nie ganz austrocknen. Nach etwa zwei Monaten wird der halb verrottete Kompost in den dritten Behälter umgesetzt, nach drei bis zwölf weiteren Monaten ist er schließlich fertig.

Vor dem Ausbringen siebt man den Kompost. Die groben, bisher nicht verrotteten Reste wandern wieder auf den neuen Komposthaufen.

Wurmkiste und Ebenenkomposter

Auch Balkon- oder Terrassengärtner brauchen auf einen Kompost nicht zu verzichten. Platz für eine Wurm- oder Kompostkiste ist fast überall, nur trocken muss sie stehen. Die Wurmkiste ist eine rundum geschlossene Holzkiste aus unbehandeltem Holz. Sie wird mit allerlei kompostierbaren Materialien (→ oben) gefüllt, die man feucht hält. Für den Anfang besorgt man eine Handvoll Kompostwürmer und mischt diese unter die Küchenabfälle (man bekommt die Würmer von Freunden oder Nachbarn, die einen Kompost besitzen, oder im Fachhandel). Ist die Kiste etwa halb gefüllt, schiebt man ihren Inhalt auf einer Seite zusammen und schichtet auf der freien Seite frische Pflanzenabfälle auf. Sofort beginnen die Würmer, die Abfälle zu fressen. Ist die zweite Hälfte ebenfalls gefüllt, kann man den älteren Kompost ernten.

Der Fachhandel bietet zu diesem Zweck sogenannte Ebenenkomposter aus Metall oder Kunststoff mit einem Auffangbecken für die Flüssigkeit und meist drei stapelbaren Ebenen mit durchlöcherten Böden. Sie funktionieren wie die Wurmkiste. Die beim Kompostieren entstehende Flüssigkeit wird im Auffangbecken gesammelt und kann ebenfalls zum Düngen verwendet werden.

Der Ebenenkomposter ist ein cleveres Gerät. Wenn eine Ebene gefüllt ist, wird die nächste aufgesetzt. Das spart viel Platz.

TERRA PRETA: ALTES WISSEN NEU ENTDECKT

Terra Preta ist portugiesisch und bedeutet »Schwarze Erde«. Der Begriff bezeichnet einen fruchtbaren, tiefschwarzen Boden im Amazonasgebiet. Klingt erst mal unglaublich, denn der Boden dort gilt als sehr nährstoffarm!

Für die Terra-Preta-Herstellung wird mit Biokohle hergestellter und unter Luftabschluss gereifter Kompost benötigt. Unter Luftzufuhr wird er in Terra Preta umgewandelt.

Untersuchungen ergaben, dass Terra Preta durch jahrhundertelange Bewirtschaftung der Böden durch die Indios entstand. Sie reicherten die Böden mit einem kompostierten oder fermentierten Gemisch aus Pflanzenresten, Dung, menschlichen Fäkalien sowie Kohle aus den Herdstellen an. Die Entdeckung dieser alten Praxis hat bei uns einen Trend ausgelöst. Seit einigen Jahren bieten verschiedene Hersteller Terra-Preta-Substrate an. Die pflanzenkohlehaltigen Produkte machen den Boden humoser und tragen zu einer deutlich höheren Bodenfruchtbarkeit bei. Die meisten Pflanzen wachsen auf Terra Preta besser als auf Kompost ohne Zugabe von Kohle, allerdings profitierten nicht alle Pflanzen gleich stark. Terra Preta wird häufig zur Bodenverbesserung eingesetzt.

HOLZ- ODER BIOKOHLE

Terra Preta ist letztendlich ein Superkompost. Für die Entstehung von Terra-Preta-Böden ist die vor der Kompostierung eingebrachte Holzkohle entscheidend. Sie ist äußerst porös und damit vor allem ein Trägermittel für Nährstoffe und Habitat für Mikroorganismen. Doch nicht nur Holz ist zum Verkohlen geeignet. Biokohle kann auch aus Stroh, Rinde oder Ernterückständen hergestellt werden. Im Boden ist sie stabil und wird kaum chemisch oder biologisch abgebaut. Wegen ihrer porösen Struktur kann Biokohle Nährstoffe und Wasser gut speichern, die den Pflanzen später auf Abruf zur Verfügung stehen. Biokohle ist außerdem ein idealer Lebensraum für Mikro- und Bodenorganismen. Sie siedeln sich in den Hohlräumen an und können dort auch Zeiten von Trockenheit und Nährstoffmangel unbeschadet überstehen. Sobald wieder genug Nahrung und Feuchtigkeit im Boden zur Verfügung stehen, wird er durch die Mikroorganismen aus den Biokohleteilchen schnell wieder neu besiedelt.

Effektive Mikroorganismen beschleunigen die Umsetzung von organischer Substanz und helfen bei der Herstellung von Terra Preta.

FERMENTATION

Bei der Herstellung von Terra Preta hat sich die Zugabe von Mikroorganismen als wichtig erwiesen, denn sie fördern den Aufbau und die Konservierung organischer Substanz. Dabei kommt Milchsäure bildenden Mikroorganismen eine Schlüsselfunktion zu. Am bekanntesten sind die sogenannten Effektiven Mikroorganismen (EM), die seit den 1980er-Jahren auch bei uns immer mehr verwendet werden. Nach längerem Einsatz im Boden wurden gesündere Pflanzen bei gleichzeitig geringerem Nährstoffbedarf und ein beschleunigter Humusaufbau im Boden beobachtet. Die milchsaure Fermentation führt dazu, dass organische Substanz in dauerhafte Humusformen umgebaut wird. Der erste Schritt in der Herstellung von Terra Preta ist ein gut geschichteter Stapelkompost, der mit Holzkohle angereichert wird und unter Luftabschluss etwa 4 Wochen reifen muss. Auch ein mit Pflanzenkohle angereicherter Bokashi ist ein guter Ansatz für Terra Preta (→ Seite 40). In einem zweiten Schritt wird dieses fermentierte Material unter Luftzufuhr durch Würmer und andere Bodenlebewesen in Terra Preta verwandelt. Die Mikroorganismen können aber nur aktiv sein, wenn sie gefüttert werden. Die Erfinder von Terra Preta haben aus

diesem Grund organische Abfälle, auch Fäkalien, Knochen und Fisch- oder Fleischreste, zusammen mit der Holzkohle in Tongefäßen fermentiert. Dadurch war der Nährstoffkreislauf geschlossen. Gesunde Böden haben gesunde Lebensmittel für die Menschen hervorgebracht, deren Ausscheidungen in fermentierter Form wieder in den Boden zurückgelangten.

TERRA PRETA SELBST GEMACHT

Man braucht reifen Kompost, Küchenabfälle, zertifizierte Pflanzenkohle, Urgesteinsmehl und Effektive Mikroorganismen (EM). Pflanzenkohle und EM gibt es bei Spezialhändlern. Küchenreste (90 %), Pflanzenkohle (10 %) und etwas Urgesteinsmehl vermischen und mit Effektiven Mikroorganismen impfen. Etwa 4 Wochen im geschlossenen Behälter reifen (fermentieren) lassen. Anschließend wird der Mix mit Kompost (1:1) vermengt und zu einem Haufen geschichtet oder als untere Schicht in ein Hoch- oder Hügelbeet gegeben.

WASSER IST LEBEN

Die regelmäßige Versorgung mit Wasser ist für jede Pflanze besonders wichtig. Wasser aktiviert schon die Stoffwechselvorgänge im Saatkorn und ist später an fast allen Lebensvorgängen in der Pflanze beteiligt.

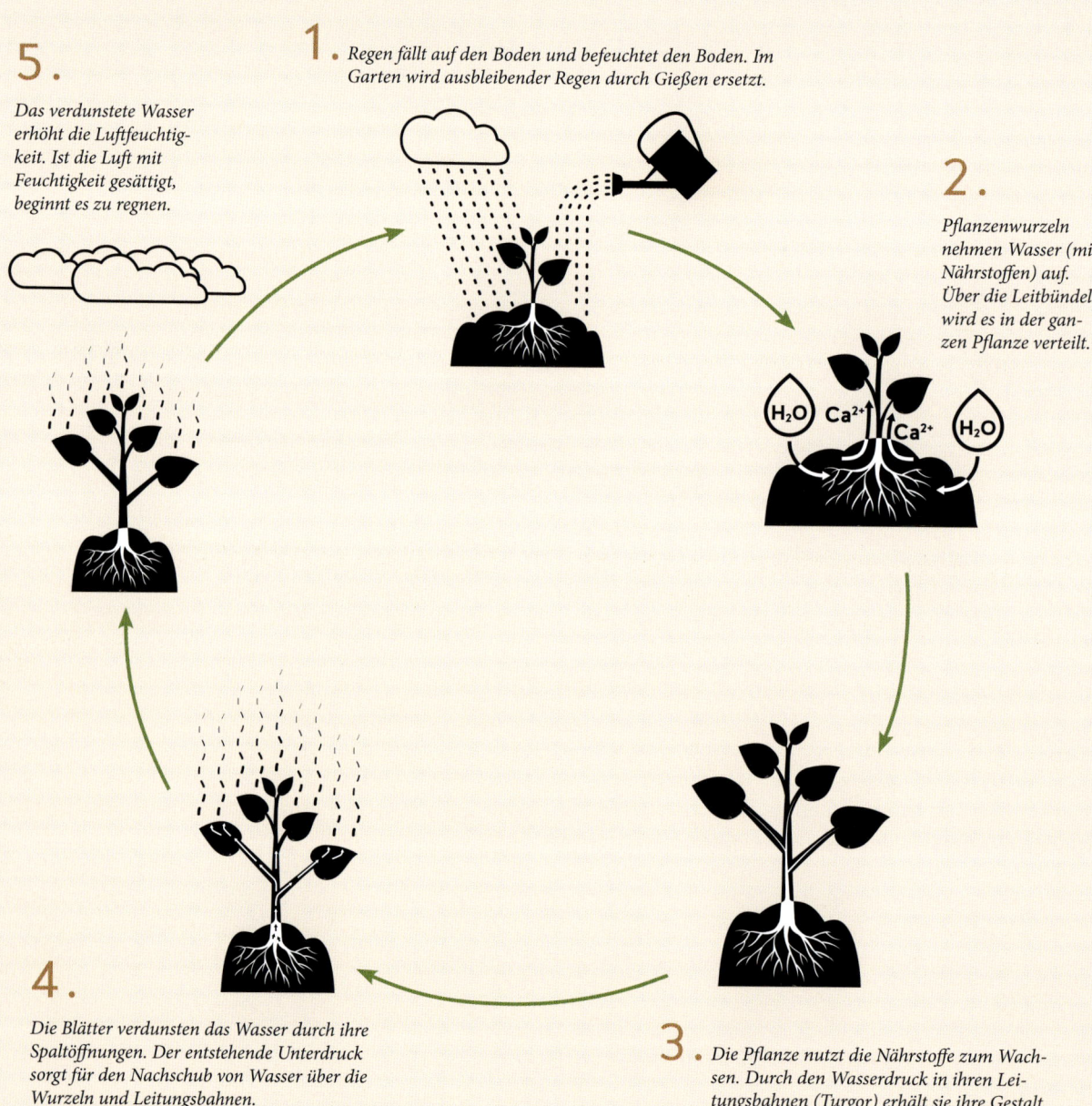

5.

Das verdunstete Wasser erhöht die Luftfeuchtigkeit. Ist die Luft mit Feuchtigkeit gesättigt, beginnt es zu regnen.

1. Regen fällt auf den Boden und befeuchtet den Boden. Im Garten wird ausbleibender Regen durch Gießen ersetzt.

2.

Pflanzenwurzeln nehmen Wasser (mit Nährstoffen) auf. Über die Leitbündel wird es in der ganzen Pflanze verteilt.

4.

Die Blätter verdunsten das Wasser durch ihre Spaltöffnungen. Der entstehende Unterdruck sorgt für den Nachschub von Wasser über die Wurzeln und Leitungsbahnen.

3. *Die Pflanze nutzt die Nährstoffe zum Wachsen. Durch den Wasserdruck in ihren Leitungsbahnen (Turgor) erhält sie ihre Gestalt.*

Schon das Saatgut kann ohne ausreichende Feuchtigkeit nicht quellen. Wasser aktiviert die Stoffwechselvorgänge in den Samen und ist an fast allen Lebensprozessen im Keimling beteiligt. Werden diese Prozesse durch Trockenheit gestört, stirbt der Sämling ab. Im Frühjahr, wenn das Hauptwachstum der Pflanzen einsetzt, ist die gleichmäßige Wasserversorgung besonders wichtig und auch im Sommer erhält Wasser die Pflanze am Leben. Wasser wird von den Pflanzenwurzeln aufgenommen und über die Leitbündel in der Pflanze verteilt. Es transportiert Nährstoffe, ist am Stoffwechsel beteiligt, kühlt die Pflanze durch Verdunstung und erhält die Pflanzengestalt. Reißt die Wasserversorgung ab, welkt die Pflanze und stirbt im Extremfall ab.

WOHER KOMMT DAS WASSER?

Natürlich ist es am schönsten, wenn gleichmäßiger Landregen unsere Pflanzen zur rechten Zeit mit Wasser versorgt. Nur wird dieser Wunsch nicht immer Wirklichkeit und so müssen wir oft nachhelfen und wässern. Früher war das Wässern meist mühsam. Wenn der Garten nicht direkt an einen Bach oder See grenzte, musste entweder ausreichend Regenwasser gesammelt oder Wasser über lange Strecken transportiert werden. Alternativ wurden Brunnen bis ins Grundwasser gegraben.

Heute haben wir es meist sehr viel einfacher. Liegt der Garten am Haus, wird Regenwasser von den Dächern gesammelt oder das Wasser kommt aus der Trinkwasserleitung. Leitungswasser ist bei uns fast unbegrenzt verfügbar, von großer Reinheit und kommt mit hohem Druck aus dem Wasserhahn. Allerdings wird Trinkwasser unter erheblichem energetischen Aufwand aufbereitet und transportiert. Besser und auch kostengünstiger ist es deshalb, Regenwasser in Regentonnen, Tanks oder Zisternen zu sammeln (→ Seite 46/47). Erst wenn es verbraucht ist, sollte man Leitungswasser verwenden. Wer die Möglichkeit hat, kann auch einen Brunnen im Garten bohren lassen.

WASSERQUALITÄT

Die Wasserqualität spielt auch im Garten eine entscheidende Rolle. Wasser von mäßiger Qualität kann sich langfristig negativ auf den Boden auswirken. Die Inhaltsstoffe können sich im Boden anreichern und seine Qualität beeinflussen. Besonders im Nutzgarten kann es bei intensiver Bewässerung mit solchem Wasser zu einer Versalzung des Bodens kommen. Das wiederum hat Auswirkungen auf die Bodenfruchtbarkeit. Versalzung entsteht, wenn Wasser mit einem besonders hohen Gehalt an Mineralien oder Kalk verwendet wird. Viele Gärtner bevorzugen daher kalkarmes Regenwasser zum Gießen.

Eine gewisse Gefahr besteht durch bakterielle Verunreinigung des Wassers, zum Beispiel in Wassertanks. Regentonnen und Tanks sollten aus diesem Grund gelegentlich vollständig geleert und gereinigt werden. Das bietet sich besonders in Trockenperioden an. Brunnenwasser lässt man am besten nach der Einrichtung des Brunnens einmalig auf Rückstände von Pestiziden oder Düngemitteln untersuchen.

Die wollige Behaarung reduziert den Verlust von Wasser über die Blätter – eine perfekte Anpassung an einen sonnigen Standort.

WASSER IM GARTEN NACHHALTIG NUTZEN

Sauberes Wasser ist eine sehr wertvolle Ressource, über die wir in Mitteleuropa jederzeit verfügen können. Doch die Dürreperioden heißer Sommer mahnen uns zum nachhaltigen Umgang mit Wasser, besonders im Garten.

Regenwasser ist das Beste für unsere Pflanzen und es kostet nichts. Wer genügend Speichermöglichkeiten dafür im Garten hat, kann im Sommer reichlich gießen, ohne sich Gedanken über Verschwendung oder die Wasserrechnung machen zu müssen. Finanziell lohnt sich das Auffangen von Regenwasser bei einer Niederschlagsmenge von 800–1000 Liter pro Quadratmeter und Jahr.

Regenwasser ist ideal zum Gießen von Pflanzen. Am einfachsten wird es über ein Rohr vom Dach in eine Regentonne geleitet.

Doch es gibt noch mehr Gründe zum Sammeln von Regenwasser. Im Gegensatz zu manchem Leitungswasser ist Regenwasser sehr weich. Leitungswasser kann dagegen je nach Region viel Kalk und andere Mineralien enthalten und ist daher für einige Pflanzen, zum Beispiel Moorbeetpflanzen wie Rhododendren, nicht gut geeignet. Außerdem enthält Leitungswasser manchmal Zusatzstoffe wie Chlor, Fluor oder Ozon, was nicht alle Pflanzen vertragen. Regenwasser ist frei von solchen Zusätzen sowie Kalk und ist deshalb bestens zum Wässern fast aller Pflanzen geeignet.

EINFACH: DIE REGENTONNE

Die einfachste Art, Regenwasser zu sammeln, ist die Regentonne. Es gibt sie in allen erdenklichen Größen, Formen und Materialien zu kaufen. Im Garten werden sie ohne großen Aufwand unter einen Dachrinnenablauf gestellt oder an ein Fallrohr angeschlossen. Doch eines gilt es zu bedenken: Wenn die Tonne voll ist, läuft zusätzliches Regenwasser einfach über. Das kann bei Dauerregen zu Überschwemmungen führen. Abhilfe schafft der Einbau eines Füllautomaten oder Regensammlers in das Fallrohr. Mit einem eingebauten Ventil löst er das Überlaufproblem und filtert gleichzeitig Blätter und andere Verunreinigungen aus dem Wasser. Ist die Tonne voll, wird weiteres Wasser durch das Fallrohr in die Kanalisation geleitet. Doch nicht für jede Regentonne lohnt sich die Installation eines Regensammlers. Viel einfacher ist der Einbau einer Klappe im Fallrohr. Nachteil: Wenn die Tonne voll ist, muss die Klappe per Hand geschlossen werden. Außerdem werden Verunreinigungen mit in die Tonne gespült.

Regentonnen sollten stets abgedeckt werden. So wird die Verdunstung verringert, Algenwuchs verhindert und Insekten oder Kleintiere können nicht in der Tonne ertrinken.

ZISTERNE

Wer einen großen Garten hat, kommt mit Regentonnen nicht weit. In diesem Fall kann sich der Einbau einer unterirdischen Zisterne lohnen. Zisternen gibt es in ganz verschiedenen Größen und wahlweise aus Kunststoff oder Beton. Die Größe der eingebauten Zisterne hängt von verschiedenen Faktoren ab. Sie errechnet sich aus dem geschätzten Wasserverbrauch, der durchschnittlichen Niederschlagsmenge und natürlich der Größe der Dachflächen. Zisternen werden durch ein Filtersystem direkt an das Regenfallrohr des Dachs angeschlossen. Ist sie voll, fließt weiteres Wasser über einen Überlauf in die Kanalisation. Das Wasser wird mit einer elektrischen Pumpe entnommen, deshalb darf ein Stromanschluss in der Nähe der Zisterne nicht fehlen. Das Regenwasser kann im Haushalt auch als Brauchwasser für Toiletten oder die Waschmaschine verwendet werden. Allerdings muss die Anlage in diesem Fall auch beim Gesundheitsamt angemeldet werden. Vor dem Einbau einer Zisterne sollte man unbedingt die Abwasserverordnung der Gemeinde studieren, denn meist ist das Ableiten von überschüssigem Regenwasser gebührenpflichtig.

BRUNNEN

Wer in seinem Garten Wasser für die private Nutzung fördern möchte, kann das grundsätzlich tun. Brunnen sind für die Hausversorgung erlaubt, allerdings sind sie in vielen Gemeinden anmelde-

oder genehmigungspflichtig. Wichtig: Vor dem Bohren erkundigt man sich bei der zuständigen Behörde, ob in erreichbarer Tiefe überhaupt ein Wasservorkommen zu erwarten ist. Für einen Hausgarten rechnet sich der Bau eines Brunnens nur, wenn das Grundwasser höchstens sechs Meter tief steht. Steht es tiefer, ist der Aufwand größer als der finanzielle Vorteil.

Am einfachsten ist es, sich einen Brunnen von einer Fachfirma bohren und einrichten zu lassen.

Zisternen sind große, meist unterirdische Wasserspeicher. Sie nehmen Regenwasser auf und halten es lange frisch.

Will man den Brunnen selbst bohren, benötigt man einen manuellen Erdbohrer oder ein motorbetriebenes Brunnenbohrgerät sowie eine Kiespumpe, um den Bodenaushub aus dem Bohrloch zu holen. Nach dem Bohren wird der Brunnen unterhalb des Wasserspiegels mit einem speziellen Brunnenrohr (wasserdurchlässig) und oberhalb mit einem vollwandigen Rohr (PVC) verrohrt und es wird eine Schwengel- oder Tauchpumpe installiert.

WASSER SPAREN

Pflanzen haben einen unterschiedlichen Wasserbedarf, was beim Gießen zu berücksichtigen ist. Während Sumpf- und Uferpflanzen wie Sumpfschwertlilien, Baldrian oder Beinwell extrem viel Wasser benötigen, kommen mediterrane Kräuter wie Lavendel, Salbei oder Thymian mit wenig Wasser aus. Schon die Pflanzenwahl beeinflusst deshalb, wie viel man später gießen muss.

Bewässerungsschläuche sind wichtige Helfer. Sie werden per Hand gesteuert oder funktionieren auch vollautomatisiert.

• Besonders durstige Pflanzen wie Hortensien oder Rhododendren sollte man nur an halbschattige Standorte pflanzen. Sie bevorzugen Böden mit hoher Wasserspeicherkapazität.
• Trockene, sonnige Standorte mit durchlässigen Böden sind gut für Steppen- oder Steingartenpflanzen oder mediterrane Kräuter geeignet.
• Tief wurzelnde Gehölze wie Wein, Eibe oder Rosen kommen auf trockenen Standorten ebenfalls gut zurecht, wenn sie erst einmal angewachsen

sind. Dann können sie sich Wasser aus tieferen Bodenschichten holen.

Gießen zur richtigen Zeit

Laut Untersuchungen verdunsten beim Sprengen des Rasens zur Mittagszeit 90 % des Wassers und stehen den Pflanzen somit nicht zur Verfügung. Das gilt für Blumenbeete ebenso wie für den Gemüsegarten. Außerdem kann es beim Gießen in der Mittagssonne zu Verbrennungen auf den Blättern kommen. Man gießt deshalb am besten in den frühen Morgenstunden, an heißen Tagen zusätzlich auch abends. Dann ist die Verdunstung am geringsten und das Wasser gelangt dorthin, wo es benötigt wird: zu den Wurzeln. Wichtig ist, dass die Blätter trocken in die Nacht gehen, sonst steigt das Risiko von Pilzinfektionen.

Gießen sollte man außerdem nur, wenn es auch wirklich notwendig ist, denn Pflanzen können sich an viel oder wenig Wasser gewöhnen. Es ist immer gut, den Boden etwa 20–30 cm tief zu durchnässen und dann wieder trocken fallen zu lassen. So werden die Wurzeln immer ausreichend mit Wasser und mit Luft versorgt. Besonders wassersparend ist die Töpfchenbewässerung, denn sie bringt das Wasser direkt zu den Wurzeln. Dazu durchlöchert man einen alten Schlauch mit einem kleinen Nagel und legt ihn in der Nähe der Wurzeln auf die Erde. Je geringer der Wasserdruck und je größer der Durst der Pflanze, umso größer müssen die Löcher sowie deren Anzahl sein. Der Schlauch wird an die Regentonne angeschlossen und das Schlauchende verschlossen. Wichtig ist, dass der Schlauch mit etwas Gefälle gelegt wird. Reicht der Wasserdruck nicht, wird die Regentonne einfach höher gestellt.

Wasser sparende Kulturtechniken

Mit folgenden Pflegemaßnahmen kann man im Garten sehr viel Wasser sparen.
• Eine Mulchschicht hält viel Feuchtigkeit im Boden. Staudenbeete, Sträucher und Bäume erhalten eine Mulchschicht aus Rinde, im Nutzgarten mulcht man mit Rasenschnitt oder mit speziellem Mulch-

Jungpflanzen sollte man nach dem Pflanzen gut angießen. So wird Erde an die Wurzeln gespült und sie wachsen viel besser an.

vlies aus Schafwolle. Durch die Abdeckung der Erde herrscht unter der Mulchschicht ein homogenes Kleinklima. Das reduziert den Wasserverbrauch und kommt auch dem Pflanzenwachstum zugute.

• Ähnlich wirkt eine Gründüngung. Freie Beete werden mit Gründüngungspflanzen eingesät, denn eine geschlossene Pflanzendecke beschattet den Boden und reduziert die Verdunstung, sodass das Wasser den Pflanzen zur Verfügung steht.

• Deutlich Wasser sparen lässt sich auch bei der Rasenpflege. In heißen Sommern lässt man den Rasen etwas länger stehen und an heißen Tagen sollte erst gar nicht gemäht werden. Moderne Mulchmäher helfen ebenfalls beim Wassersparen. Während des Mähens wird der Rasenschnitt klein gehäckselt, als Mulchschicht auf der Fläche verteilt und senkt so die Wasserverdunstung.

• Auch regelmäßige Bodenpflege hilft, viel Wasser zu sparen. Im Gemüsebeet wird regelmäßig, am besten nach ergiebigem Regen, gehackt. Das reduziert den Wildwuchs und der Boden bleibt länger feucht. Das Prinzip ist einfach und genial:

Durch die oberflächliche Bodenbearbeitung werden die Kapillare (sehr feine Wasserkanäle) im Boden zerstört. Das Wasser kann nicht mehr aufsteigen, bleibt im Boden und die Verdunstung wird gesenkt.

Wasser sparen auf dem Balkon

Balkonpflanzen haben meist nicht viel Platz zum Wurzeln und müssen viel gegossen werden – an heißen Sommertagen oft sowohl morgens als auch abends. Durch die Wahl geeigneter Gefäße kann man aber Wasser sparen. Unglasierte Tontöpfe zum Beispiel verdunsten Wasser durch ihre Wände. Das hat Vorteile, denn die Verdunstung kühlt den Wurzelballen und er wird auch bei viel Regen ausreichend belüftet. Der Nachteil: Die Erde trocknet bei Trockenheit und Hitze schnell aus. Töpfe aus wasserundurchlässigem Material wie glasierte Keramiktöpfe sind deshalb für wasserbedürftige Kübelpflanzen viel besser. Eine Schicht Blähton unten im Topf tut ein Übriges: Sie speichert Wasser und gibt die Feuchtigkeit bei Bedarf an die Pflanzen ab.

KAPITEL 3

PFLANZENPRAXIS

Nachhaltiges Gärtnern beginnt beim Pflanzenkauf: Eine umweltschonende Produktion von Pflanzen und Saatgut, hohe Qualität und kurze Transportwege sind ideal. Wer Pflanzen selbst vermehrt, spart zusätzlich Ressourcen. Bei der Auswahl sollten heimische Arten mit ungefüllten Blüten und sortenreine Gemüse an erster Stelle stehen.

LEBENSDAUER VON PFLANZEN

Pflanzen haben ganz unterschiedliche Lebensrhythmen und doch haben alle dasselbe Ziel. Sie wollen wachsen, sich vermehren und möglichst weit verbreiten. Um ihre Art zu erhalten, sorgen sie für reichlich Nachkommen.

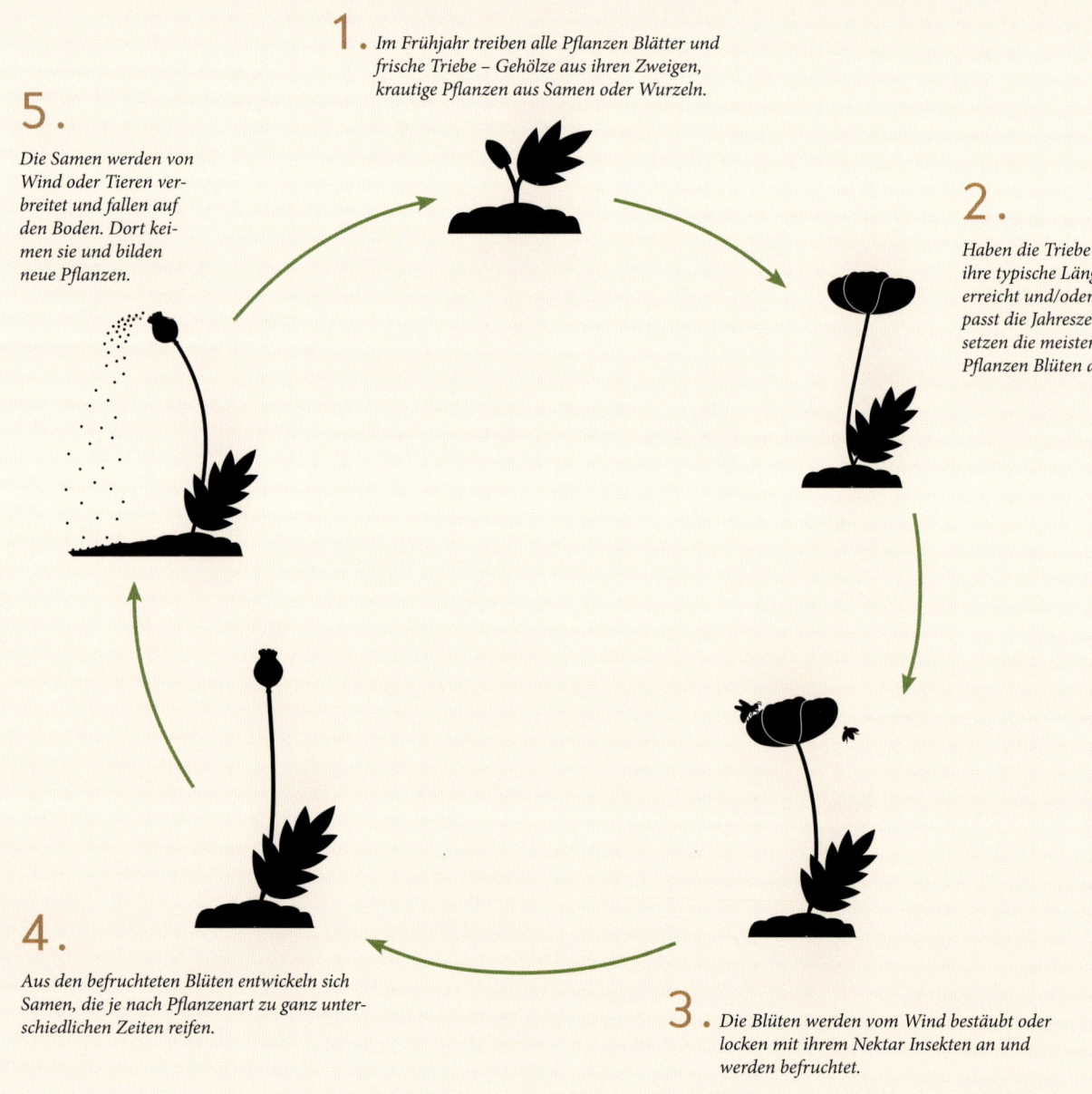

1. *Im Frühjahr treiben alle Pflanzen Blätter und frische Triebe – Gehölze aus ihren Zweigen, krautige Pflanzen aus Samen oder Wurzeln.*

5. *Die Samen werden von Wind oder Tieren verbreitet und fallen auf den Boden. Dort keimen sie und bilden neue Pflanzen.*

2. *Haben die Triebe ihre typische Länge erreicht und/oder passt die Jahreszeit, setzen die meisten Pflanzen Blüten an.*

4. *Aus den befruchteten Blüten entwickeln sich Samen, die je nach Pflanzenart zu ganz unterschiedlichen Zeiten reifen.*

3. *Die Blüten werden vom Wind bestäubt oder locken mit ihrem Nektar Insekten an und werden befruchtet.*

In der Natur finden wir Gehölze sowie krautige Pflanzen. Zu den Gehölzen zählen alle Bäume und Sträucher. Sie verholzen und überwintern mit ihren oberirdischen verholzten Trieben. Ein- oder zweijährige krautige Pflanzen sind nur im Sommerhalbjahr aktiv und wachsen immer zur gleichen für sie typischen Größe heran. Stauden sind krautige Pflanzen, die in jedem Jahr aus ihren unterirdischen Überwinterungsorganen neu austreiben. Sie nehmen im Laufe der Jahre im Umfang zu.

BÄUME UND STRÄUCHER

Ein Baum ist eine verholzende Pflanze, die aus einer Wurzel, einem aufrechten Stamm und einer belaubten Krone besteht. Wichtiges Merkmal ist, dass Wurzeln, Stamm und Äste im Lauf der Jahre im Umfang zunehmen (sekundäres Dickenwachstum). Dieses Merkmal unterscheidet Gehölze von anderen Pflanzen. Zudem verfügen Bäume über differenzierte Blattorgane, die an mehrfach verzweigten Seitentrieben stehen. Stamm, Äste und Zweige wachsen mit dem Austrieb jedes Jahr ein Stück in die Länge und verholzen dabei.

Bei Bäumen dominieren die Knospen am Ende eines Triebs über die Seitenknospen. Dadurch bildet sich ein Haupttrieb und die Bäume wachsen jedes Jahr ein Stück in die Höhe. Palmen und Baumfarne können ebenfalls baumähnliche Formen ausbilden. Sie bilden allerdings kein echtes Holz und zählen daher nicht zu den Bäumen. Sträucher sind dagegen Gehölze mit einer sogenannten basitonen Wuchsform. Das heißt, sie haben keinen Stamm als Hauptachse, sondern bilden Triebe aus bodennahen Knospen regelmäßig neu aus. Sträucher werden genau wie Bäume viele Jahre alt und können bodendeckend oder aufrecht wachsen. Sie können mehrere aufrechte, verzweigte Triebe haben, die Blätter beziehungsweise Nadeln tragen. Neben Sträuchern und Bäumen gibt es noch die sogenannten Halbsträucher. Es sind mehrjährige krautige Pflanzen, die im unteren Bereich verzweigt sind und verholzen.

KRAUTIGE PFLANZEN

Krautige Pflanzen verholzen nicht. Unter ihnen gibt es einjährige, zweijährige und mehrjährige Pflanzen. Stauden sind mehrjährige (ausdauernde) krautige Pflanzen, deren oberirdische Pflanzenteile nach jeder Vegetationsperiode absterben. Sie überdauern in der Regel mehrere Jahre und treiben, blühen und fruchten in jedem Jahr neu. Mehrjährige krautige Pflanzen überwintern in ihren Wurzelstöcken, Zwiebeln oder Knollen und treiben in jedem Frühjahr aus. Außerdem unterscheidet man bei ihnen wintergrüne und immergrüne Arten. Diese ziehen nicht ein, sondern überwintern unter einer schützenden Laub- oder Schneedecke.

Einjährige krautige Pflanzen benötigen dagegen von der Keimung über die Ausbildung der gesamten Pflanze bis zur Blüte und Samenreife nur eine Vegetationsperiode. Sie säen sich selbst aus und sterben im Herbst oder Winter ab. Zweijährige Pflanzen brauchen einen Kältereiz, um zur Blüte zu kommen. Daher blühen sie meist erst im Frühjahr des zweiten Standjahrs, die Samen reifen dann im Sommer. Anschließend stirbt die Pflanze ab.

Stauden sind beliebt. Sie treiben jedes Jahr neu aus und viele nehmen mit der Zeit immer größere Flächen ein.

NACHHALTIGKEIT BEIM PFLANZENKAUF

Pflanzen gibt es an vielen Orten zu kaufen, in Gärtnereien, Gartencentern, Baumärkten oder auch im Supermarkt. Wer nachhaltig gärtnern will, achtet beim Einkauf auf hohe Qualität und meidet Wegwerfware.

Große und preiswerte Pflanzen mögen auf den ersten Blick verlockend sein, doch oft genügen sie nicht den Kriterien der Nachhaltigkeit. Negativbeispiele sind Stauden und Kräuter aus dem Supermarkt. Meist werden sie im Gewächshaus bei hohen Temperaturen mithilfe von viel Dünger und Wasser sehr schnell kultiviert. Das wirkt sich weder gut auf ihre Qualität noch ihre Lebensdauer aus. Kaufen Sie Pflanzen deshalb nur dort, wo Sie hohe Qualität und eine fachliche Beratung bekommen.

Eine große Auswahl bieten Gartencenter und Gärtnereien. Scheuen Sie sich nicht nachzufragen, wo die Pflanzen produziert wurden. Häufig werden Pflanzen aus wärmeren Ländern importiert. Das spart Heizkosten für die Gewächshäuser, aber die Pflanzen (auch Schnittblumen und Gemüse) müssen über lange Distanzen transportiert werden und sind nicht an unser Klima angepasst. Außerdem sollte man fragen, welche Produktionsmittel zum Einsatz kamen. Werden die Pflanzen in Recyclingtöpfen oder kompostierbaren Töpfen gezogen, ist das Substrat torffrei? Werden beim Anbau Pflanzenschutzmittel verwendet?

Konventionell angebaute Pflanzen sind günstiger im Preis, aber nicht nachhaltig in der Produktion. So kann es bei Jungpflanzenkulturen zum Beispiel schnell zu Krankheiten und Schädlingsbefall kommen. Dann werden in konventionellen Betrieben häufig chemisch-synthetische Pflanzenschutzmittel eingesetzt, mit der Erklärung, dass diese Mittel zugelassen sind und die Wartezeiten

eingehalten werden. Zwar sind nach Ablauf dieser Fristen die meisten Inhaltsstoffe nicht oder kaum noch nachweisbar. Doch wie werden diese Pflanzenschutzmittel produziert und welche Auswirkungen haben sie auf die Pflanzen und die Umwelt?

Wenn Sie sichergehen möchten, nachhaltig gezogene Pflanzen zu kaufen, wählen Sie solche aus biologischem Anbau. Hier wird zum Beispiel

Gute Gärtnereien ziehen die meisten Pflanzen selbst an – im Idealfall bilden heimische Pflanzen einen Großteil des Sortiments.

Pflanzen einkaufen macht besonders viel Spaß, wenn die Ware gut sortiert präsentiert wird. So findet man rasch, was man sucht.

Noch ein Tipp: Schreiben Sie schon vor dem Kauf eine Liste mit den gewünschten Arten – und zwar mit möglichst unterschiedlichen. Ein guter Mix von Blumen, Gehölzen, Gemüse und Kräutern ist nicht nur interessant, sondern hilft, selbst auf kleinstem Raum ein gut funktionierendes Biotop zu schaffen. Viele Pflanzen ziehen Vögel, Insekten und Nützlinge an, andere vertreiben Krankheiten und Schädlinge. In Mischkulturen helfen sich die Pflanzen gegenseitig – sie wachsen meist besser und bleiben länger gesund (→ Seite 98/99).

TAUSCHBÖRSEN UND INTERNET

Die interessantesten Pflanzenarten und -sorten sind auf Pflanzenmärkten oder auf Tauschbörsen zu finden. Solche Märkte gibt es mittlerweile regelmäßig in fast jeder Stadt. Hier bieten Gartenfreaks Pflanzen aus eigener Produktion an und sehr häufig sind Raritäten oder auch ganz alte Regionalsorten dabei. Außerdem ist der Einkauf auf Märkten oder

garantiert, dass die Pflanzen organisch gedüngt wurden und keine chemisch-synthetischen Pflanzenschutzmittel zum Einsatz kommen.

BEIM KAUF BEACHTEN

Beim Kauf von Pflanzen gibt es noch mehr zu berücksichtigen, denn nur gesunde, robuste Pflanzen sind nachhaltig, weil sie lange leben.

• Achten Sie darauf, dass die Pflanzen gepflegt aussehen und frei von Krankheiten und Schädlingen sind. Blätter und Blüten sollten intakt sein und die Triebe stabil. Prüfen Sie auch die Blattunterseiten, denn hier sind oft erste Spuren von Schädlingen oder Krankheiten zu finden.

• Auch die Wurzeln sollten gesund sein. Im Zweifelsfall zieht man die Pflanze aus dem Topf und kontrolliert die Wurzeln. Sie sollten fest sein, ihre Farbe sollte hell oder fast weiß sein, der Wurzelballen sollte dicht sein und stabil.

Zu Hause angekommen, packt man die Pflanzen gleich aus und gießt sie. So sind sie erst einmal versorgt und können sich besser an ihre neue Umgebung gewöhnen.

PFLANZEN ABHÄRTEN

Pflanzen, die nicht im Freiland gewachsen sind oder lange Transportwege hinter sich haben, müssen erst langsam an Freilandbedingungen gewöhnt werden. Dazu stellt man sie draußen in den Schatten und lässt sie dort wenigstens fünf Tage stehen. In dieser Zeit verändern sich die Zellen der Blattoberfläche und die Pflanzen vertragen anschließend direkte Sonnenstrahlung. Jetzt sind sie robust genug und können an ihren angedachten Platz gepflanzt werden.

Börsen immer sehr kommunikativ, denn gegenseitige Beratung und Fachsimpeln kommen dort nie zu kurz. Natürlich gilt auch hier, immer nur gesunde Pflanzen zu kaufen. Wenn Sie trotz gezielter Suche Ihre Wunschpflanzen nicht finden, bleibt immer noch das Internet. Viele spezialisierte Gärtner haben Online-Shops und es ist erstaunlich, wie groß die Sortimente vieler Gärtner und Händler mittlerweile sind. Doch für nachhaltig wirtschaftende Gärtner sollte der Kauf im Webshop die absolute Ausnahme sein, denn die Lieferung frei Haus erfordert einen hohen Einsatz an Ressourcen (Verpackungsmaterial und Energie).

Manches Saatgut braucht lange zum Keimen. Dann zieht man die Pflanzen besser in Gefäßen vor, bevor man sie auspflanzt.

PFLANZEN AUS SAATGUT

Die Auswahl an Saatgut ist heute immens. Außerdem ist es preisgünstig, Pflanzen durch Aussaat anzuziehen, und man erhält sehr viele Jungpflanzen. Zudem haben die meisten Gemüsearten oder einjährige Pflanzen wie zum Beispiel viele Sommerblumen eine sehr kurze Lebensspanne. Sie keimen und wachsen sehr schnell, sodass es sinnvoller ist, sie direkt ins Beet zu säen, als vorgezogene Jungpflanzen zu kaufen.

Woher kommt das Saatgut?

Beim Einkauf von Saatgut sollte man unbedingt auf Spitzenqualität und Frische achten. Der richtige Erntezeitpunkt der Samen, der Grad der Trocknung und die fachgerechte Lagerung machen hier den Unterschied. Saatgut sollte gut gereinigt, in Keimschutztüten verpackt und mit einem Haltbarkeitsdatum versehen sein. Für die Aussaat darf nur frisches Saatgut verwendet werden, denn nach Ablauf des Haltbarkeitsdatums nimmt die Keimfähigkeit schnell ab.

Spezialisierte Saatguthändler bieten frisches Saatgut von Hunderten von Arten und Sorten an. Um beim Einkauf kluge Entscheidungen zu treffen, lohnt es, sich mit dem Thema Saatgut genauer zu befassen. Alle Kulturpflanzen stammen von einer oder mehreren Wildpflanzen ab. Seitdem die Menschen vor vielen Jahrtausenden sesshaft wurden, bauen sie Nahrungsmittel an. Natürlich nutzten sie dazu zuerst Wildpflanzen, die einfach in Kultur genommen wurden. Die Pflanzen wuchsen auf Äckern und wurden im Sommer und Herbst geerntet, doch ein kleiner Anteil blieb immer auf dem Acker stehen, um daraus Samen für das nächste Anbaujahr zu gewinnen. Für die Saatgutgewinnung wurden nur die schmackhaftesten und robustesten Pflanzen ausgewählt. Das Saatgut wurde geerntet, getrocknet und für den Anbau im nächsten Jahr eingelagert. Dieses sehr einfache Verfahren wird Saatzucht durch Auslese genannt und wurde auf diese Art und Weise über Jahrhunderte praktiziert. An allen besiedelten Orten entstanden so regionale Sorten, die über viele Generationen weitergereicht und auch verbessert wurden. Im Laufe der Zeit wurden auch Arten und Sorten miteinander gekreuzt und es entstanden weitere Sorten. Besonders in Klostergärten wurde viel mit der Pflanzenzucht experimentiert. Die entstandenen Sorten wurden in der Nachbarschaft ausgetauscht, blieben meistens aber in der Region. Auf diese Weise entstand ein unermesslicher Schatz an Regional- oder Landsorten, die heute zum Teil wieder verschwunden sind.

Weil die Saatgutgewinnung jedoch aufwendig und nicht ganz einfach ist, haben sich im Laufe der Zeit einige Betriebe auf die Pflanzenzüchtung konzentriert. Das hat zur Folge, dass es mittlerweile eine schier unüberschaubare Sortenvielfalt gibt.

Welche Sorten wählen?

Das breite Angebot an Saatgut ist erfreulich, doch häufig handelt es sich um Hybridsaatgut oder sogenannte Hochleistungssorten (→ Seite 58/59). Das ist verführerisch, denn sie versprechen gesunde Pflanzen und reiche Ernten. Der Nachteil ist jedoch, dass diese Pflanzen kaum oder keine Samen ansetzen, und wenn, dann ist nicht klar, welche Eigenschaften die Nachkommen in der nächsten Generation besitzen. Man kann aus ihnen also keine Samen gewinnen, sondern muss immer wieder neues Saatgut nachkaufen.

Wer nachhaltig gärtnern will, kauft deshalb alte Regionalsorten. Sie sind sortenrein und setzen keimfähige Samen an, die wiederum geerntet und für Folgeaussaaten verwendet werden können. Und obendrein leistet er damit einen Beitrag gegen das Aussterben regionaler Sorten.

Noch einen Schritt weiter geht man, wenn man ausschließlich Biosaatgut wählt. Das ist auch sinnvoll, denn nur beim Biosaatgut kann man davon ausgehen, dass auch die Saatgut liefernden Mutterpflanzen biologisch angebaut wurden. Sie dürfen auf gesunden Böden wachsen, werden organisch gedüngt und nur mit für den Bioanbau zugelassenen Präparaten behandelt. Das wirkt sich natürlich auch auf die Qualität der Samen aus.

Außerdem wird Biosaatgut vor dem Verpacken nicht gebeizt. Im konventionellen Anbau wird Saatgut oft mit Beize gemischt oder sogar pilliert, d. h., die Samenkörner werden von einer Masse umhüllt, die Düngemittel und Pestizide enthalten kann. Auch Beize ist ein Pflanzenschutzmittel, um die auflaufende Saat gegen Pilzkrankheiten und vor Schädlingen zu schützen. Meist haben Beizmittel systemische Wirkung, d. h., der Wirkstoff wird mit dem Saftstrom in alle Pflanzenteile transportiert.

Weder die Herstellung noch die Anwendung solcher Beizen ist besonders nachhaltig. Und doch ist das Beizen von Saatgut nicht unbedingt schlecht, wenn wir uns dabei auf alte Techniken besinnen. Schon vor 2500 Jahren wurde in Ägypten Lauchsaft als Beizmittel verwendet. Auch Oliventrester, Asche, Zwiebelsud und Zypressensaft wurden genutzt, um die Saatkörner zu desinfizieren und vor Krankheitserregern zu schützen.

Biologisches Saatgut kaufen

In manchen Gartencentern findet man bereits Biosaatgut, auch in Bioläden gibt es oft ein kleines Angebot. Doch oft sind diese Sortimente überschaubar und man findet nicht alle Arten und Sorten, die man möchte. Deshalb empfiehlt sich der Weg zu regionalen Saatgutbörsen. Auch spezialisierte Internethändler bieten teilweise riesige Sortimente von biologisch angebautem Saatgut aus ganz unterschiedlichen Regionen an.

Möhrensorten mit Geschichte: 'Gonsheimer Treib', 'Weiße Küttiger', 'Pfälzer Gelbe' und 'Duwicker' (von links nach rechts).

WAS HEISST EIGENTLICH »SORTENREIN«?

Durch Pflanzenzucht entstand im Lauf der Zeit eine fast unüberschaubare Vielfalt an Kulturpflanzen-Sorten. Ein Überblick über Begriffe wie Hybriden, F1 und Sortenreinheit schafft Klarheit.

Zuerst gab es die Pflanzenzucht durch Auslese. Auf den Äckern und in den Gärten wurden die besten Pflanzen ausgewählt, um daraus Saatgut zu gewinnen (→ Seite 56). Im 19. Jahrhundert wurde dann durch die Erkenntnisse des Abts Gregor Mendel – dem Begründer der Vererbungslehre – ein völlig neues Kapitel in der Pflanzenzüchtung aufgeschlagen: die sogenannte Kreuzungszüchtung. Dabei werden Elternpflanzen mit bestimmten erwünschten Eigenschaften miteinander gekreuzt, um diese Merkmale in den Nachkommen zu vereinigen. Vermehrt man diese Nachkommen weiter, können Sorten mit positiven Eigenschaften entstehen, aber auch solche mit unerwünschten Merkmalen. Es war und ist viel Züchtungsarbeit notwendig, bis man auf diesem Weg stabile und einheitliche neue Sorten erhält. Saatgut bezeichnet man als stabil oder sortenecht, wenn die Jungpflanzen wieder dieselben Eigenschaften wie die Elternpflanzen aufzeigen und man aus den aus ihnen gewonnenen Samen problemlos wieder identische Nachkommen kultivieren kann.

Sowohl durch die Auslese- wie auch die Kreuzungszüchtung entstand ein unglaublicher Schatz an Regional- oder Landsorten, die heute zum Teil wieder verschwunden sind. Schade, denn viele dieser Sorten könnten heute noch für den Anbau und die Pflanzenzüchtung interessant sein.

VOR- UND NACHTEILE VON F1-HYBRIDEN

Auf vielen Samentütchen findet man heute den Begriff F1-Hybriden. F1 bedeutet »erste Filial- bzw. Tochtergeneration«. Solche Pflanzen sind Nachkommen von Kreuzungen aus reinerbigen Eltern- bzw. Inzuchtlinien. Der große Vorteil der F1-Hybriden ist, dass sie ist uniform sind, das heißt, alle Nachkommen haben die gleichen Eigenschaften. Der Nachteil ist, dass die Nachkommen der F1-Hybriden deutlich an Vitalität verlieren und zum Teil schlechtere Eigenschaften aufweisen als ihre Eltern. So wird die Saatgutgewinnung unmöglich gemacht bzw. sie lohnt sich nicht.

Im Erwerbsanbau hat sich die Verwendung des Hybridsaatguts jedoch schnell durchgesetzt und die alten, durch Auslese entstandenen Sorten nach und nach zurückgedrängt. Heute dominieren einige große Pflanzenzuchtbetriebe den Saatgutmarkt. Blumen- und Gemüsegärtner nutzen Hybridsorten gerne, denn es ist den Züchtern gelungen, moderne Sorten zu kreieren, die zum Beispiel höhere Erträge bringen, mit einem besonderen Blütenreichtum punkten oder dem Gärtner aufgrund ihrer Resistenzen gegen Krankheiten die Arbeit erleichtern. Auch gibt es schossfeste Gemüsesorten sowie Sorten für den besonders frühen, mittleren oder späten Anbau.

Viele Bohnensorten werden trocken geerntet und sind lange lagerfähig. Man kann sie essen oder als Saatgut verwenden.

Wer das Saatgut alter, regionaler Sorten erntet und selbst vermehrt, trägt zur Sortenvielfalt bei.

MODERNE ZÜCHTUNGS-METHODEN

Bei der Mutationszüchtung werden Pflanzensamen vor der Aussaat mit Röntgen- oder Neutronenstrahlen bestrahlt oder Kälte- und Wärmeschocks ausgesetzt. Ziel ist es, neue Pflanzeneigenschaften durch Mutationen zu schaffen. Allerdings zeigen die meisten Mutanten Defekte und sind für die weitere Zucht unbrauchbar. Nur ein kleiner Teil weist positive neue Eigenschaften auf und wird für die Züchtung weiterverwendet.

In den letzten Jahren ist außerdem die »Grüne Gentechnik« oder »Agrogentechnik« auf dem Vormarsch. Sie will die Pflanzenzucht mithilfe gentechnischer Verfahren betreiben. Dazu werden ganz gezielt einzelne Gene in das Erbgut der Pflanzen eingeschleust, um ihre Eigenschaften nachhaltig zu verändern. Durch dieses Verfahren können Artgrenzen leichter überschritten werden und die möglichen Folgen für die Umwelt sind bislang nicht abzusehen.

VIELFALT BEWAHREN

Leider gehen diese Entwicklungen auf Kosten der Sortenvielfalt. Alte, regionale Sorten drohen zu verschwinden. Doch mittlerweile gibt es eine Gegenbewegung: Vereine wie VERN e.V. oder VEN e.V. bemühen sich mit Erfolg um den Erhalt alter Zuchtsorten, und Initiativen und Biosaatgut-Betriebe bieten eine immer größere Palette an alten Sorten an (→ Seite 66/67).

AUSSAAT

Die meisten Pflanzen lassen sich ganz einfach durch Aussaat vermehren. Das Verfahren ist preisgünstig und führt rasch zum Erfolg. Ausgesät wird entweder im Topf oder in einer Saatschale zur Vorkultur oder auch direkt ins Freiland. Beim Saatgut unterscheidet man Licht-, Dunkel- sowie Frostkeimer. Lichtkeimer benötigen Tageslicht zum Keimen, Dunkelkeimer erwachen nur im Dunkeln zum Leben. Kalt- oder Frostkeimer benötigen eine Kühlphase, um keimen zu können, und werden deshalb im Herbst ausgesät. Frostkeimer findet man häufig unter Wildstauden und Gehölzen.

DAS BRAUCHEN SIE:
- Aussaatschale, Anzuchterde, Sand
- Erdsieb, Andrückbrett
- Saatgut
- Gießkanne mit feiner Brause/Zerstäuber
- Pikierstab, Papiertopf

1. Die Saatschale locker mit Anzuchterde füllen und diese glatt streichen. Anschließend siebt man noch etwas Erde darauf. So kann auch sehr feines Saatgut zuverlässig keimen.

2. Nun die Erde mit einem glatten Brettchen vorsichtig – d. h. nicht allzu fest – andrücken. Als Nächstes zieht man in gleichmäßigem Abstand Saatrillen. In den Rillen wird das Saatgut gleichmäßig und möglichst sparsam verteilt.

3. Nach der Aussaat bedeckt man die Samen mithilfe eines Siebs dünn mit Sand (Ausnahme Lichtkeimer!). Der Sand hält die Feuchtigkeit etwas und die Sämlinge werden immer ausreichend belüftet.

5. Wenn die Saat aufgelaufen ist, wird es in der Saatschale schnell zu eng. Die jungen Pflänzchen werden deshalb behutsam aus der Erde genommen und vereinzelt (pikiert), und zwar in mit Anzuchterde gefüllte Töpfchen.

4. Nun gießt man die Saatschale vorsichtig, aber so, dass die Erde gut durchfeuchtet wird. Wichtig dabei ist eine feine Brause, denn ein starker Wasserstrahl würde Saatgut und Erde wegspülen. Unbedingt Staunässe vermeiden!

PFLANZEN SELBST VERMEHREN

Wer seinen Garten als Kreislauf versteht, wird rasch das Bedürfnis haben,- seine Pflanzen selbst zu vermehren. Das gelingt leicht, wenn man die für Gehölze oder krautige Pflanzen jeweils geeignete Technik kennt.

Krautige Pflanzen werden meist durch Aussaat vermehrt (→ Seite 60/61). Diese Vermehrungsmethode ist äußerst effektiv und bringt ganz schnell viele Jungpflanzen. Wichtigste Voraussetzung für die Aussaat ist natürlich die Verwendung von keimfähigem Saatgut. Saatgut ist keimfähig, wenn es zur richtigen Zeit geerntet und aufbereitet wird (→ Seite 66/67). Auch die richtige Aufbewahrung der Samen ist von großer Bedeutung, Saatgut sollte stets trocken und dunkel gelagert werden.

Natürlich ist es nicht immer möglich, ganz frisches Saatgut zu bekommen. Das ist kein großes Problem, denn Saatgut bleibt teilweise über viele Jahre keimfähig. Allerdings ist dies von Pflanzenart zu Pflanzenart höchst unterschiedlich. Wer unsicher ist, ob sein Saatgut noch in Ordnung ist, sollte eine Keimprobe machen (→ Tipp). Sie funktioniert ganz einfach und sollte einige Wochen vor der Aussaat erfolgen. Ausgesät werden können im Prinzip alle Pflanzen, die keimfähige Samen ausbilden. Das sind Wildpflanzen oder auch stabile Sorten (→ Seite 58/59). Einjährige und zweijährige Pflanzen werden grundsätzlich ausgesät. Schnell keimende Pflanzen wie Ringelblume oder Spinat oder Pflanzen mit Pfahlwurzeln (Möhren) werden direkt ins Freiland gesät. Dort dünnt man sie nach der Keimung auf den nötigen Abstand aus. Langsam keimende Pflanzen sät man besser in Töpfe. Sie keimen am besten an einem warmen Platz. Später werden sie pikiert, in größere Gefäße umgesetzt und schließlich ins Freiland ausgepflanzt.

NICHT IMMER KÖNNEN PFLANZEN SAMEN ANSETZEN

Viele Pflanzen bilden im Garten kaum keimfähiges Saatgut aus. Die Gründe dafür können ganz unterschiedlich sein. Entweder kommt die Pflanze gar nicht erst zur Blüte, folglich kann sie auch keine Samen ansetzen. Solche Pflanzen stammen

Viele Arten keimen schnell oder lassen sich schlecht verpflanzen. Man sät sie im endgültigen Pflanzenabstand direkt ins Beet.

Laubgehölze brauchen lange zum Keimen oder haben kein keimfähiges Saatgut. Sie werden durch Steckhölzer vermehrt.

vielleicht aus einer anderen Klimazone und finden bei uns nicht die richtigen Bedingungen. Manchmal sind ihnen unsere Sommer zu kurz und sie blühen nicht. In anderen Fällen blühen sie, die Zeit reicht aber nicht, um keimfähige Samen ausreifen zu lassen. Auch Kübelpflanzen haben es oft recht schwer, besonders wenn sie kein geeignetes Winterquartier haben. Andere Pflanzen sind züchterisch bearbeitet (→ Seite 58/59, F1-Hybriden) und ihre Samen haben ihre Keimfähigkeit verloren oder ihre Nachkommen besitzen nicht die gewünschten Eigenschaften.

VEGETATIVE VERMEHRUNG

Diese Pflanzen können in den meisten Fällen durch Stecklinge, Absenker oder Teilung vegetativ vermehrt werden. Die vegetative Vermehrung bedeutet, dass ein oder mehrere Pflanzenteile von der Mutterpflanze abgetrennt und für die weitere Kultur verwendet werden (→ Seite 68–71). Die Eigenschaften der Mutterpflanze werden auf alle Nachkommen 1:1 übertragen, es handelt sich bei den Nachkommen um sogenannte Klone.

Die Vermehrung durch Stecklinge ist dabei die gängigste Methode. Dazu werden Triebspitzen oder -teile abgeschnitten und in Wasser gestellt oder in Erde gesteckt, wo sie nach einiger Zeit Wurzeln bilden. Stecklinge wurzeln recht schnell und man erhält rasch größere Pflanzen als durch die Vermehrung durch Aussaat.

Auch die Wurzelteilung ist eine Form der vegetativen Vermehrung. Sie wird häufig zur Vermehrung von Stauden genutzt. Wenn die Staude im Herbst eingezogen ist, werden die Wurzelballen älterer Stauden ausgegraben, mit dem Spaten mehrfach geteilt und gleich wieder neu gepflanzt.

Absenker werden von Pflanzen gemacht, deren Stecklinge nicht oder nur ganz langsam bewurzeln. Dazu zählen in erster Linie Halbsträucher wie Salbei. Bei dieser Methode biegt man vitale Triebe nach unten, ritzt sie mit einem sauberen Messer an

DIE KEIMPROBE

Die Keimprobe macht man in einer kleinen Schale oder auf dem Teller. Man legt feuchtes Küchenpapier aus und streut die Samen darauf. Dann wird der Teller oder die Schale mit Klarsichtfolie überspannt und an einen warmen Platz gestellt. Wichtig ist, das Papier während der Keimprobe gleichmäßig feucht zu halten. Nach einiger Zeit – und das ist von Art zu Art unterschiedlich – sollten die Samen keimen. Wenn mindestens die Hälfte der Saat aufgeht, ist das Saatgut noch verwendbar. Einer Aussaat im Frühjahr steht nichts mehr im Wege.

und fixiert den Trieb an der Schnittstelle mit einem Draht auf der Erde. An der Schnittstelle bilden sich junge Wurzeln und der Absenker wächst innerhalb von einigen Monaten zu einer vollständigen Pflanze heran. Diese schneidet man von der

Mutterpflanze ab und setzt sie am gewünschten Ort wieder in die Erde.

Auch die Ausläufer können für die vegetative Vermehrung von Pflanzen verwendet werden. Erdbeeren bilden zum Beispiel oberirdische Ausläufer, Minzen Wurzelausläufer. Sind diese Tochterpflänzchen groß genug und haben Würzelchen gebildet, trennt man sie von ihrer Mutterpflanze ab und pflanzt sie ein (→ Seite 70).

Saatgut wird nach dem Trocknen der Fruchtstände gut gereinigt. Dazu trennt man mit feinen Sieben das Saatgut von der Spreu.

MIT SAATGUT ALTE SORTEN RETTEN

Standortfaktoren wie Temperatur, Niederschläge, Boden usw. haben einen entscheidenden Einfluss auf die Pflanzen. Auch gibt es zum Beispiel große Unterschiede zwischen verschiedenen sonnigen Lagen, z. B. an Südhängen, in Flusstälern oder in rauen Mittelgebirgslagen. Sie variieren in Temperatur und Kleinklima teilweise erheblich. Im Lauf der Zeit haben sich die Pflanzen an ihre jeweiligen Standorte angepasst. Einige haben sich an Trockenheit gewöhnt, andere an Kälte. Wieder andere sind frühkeimend, um die Vegetationsperiode optimal zu nutzen. Andere keimen spät, um Kälte und Frost zu meiden. Auf der Basis dieser unterschiedlichen Eigenschaften wurden viele unserer Regionalsorten ausgelesen, die jedoch mittlerweile aus dem Sortiment fast verschwunden sind.

FÜR DIE VIELFALT DER NUTZPFLANZEN: VEN E.V.

Neben Hobbygärtnern beschäftigen sich seit vielen Jahren verschiedene Organisationen mit diesem Thema, zum Beispiel der Verein zur Erhaltung der Nutzpflanzenvielfalt e.V., kurz VEN e.V. Er wurde vor 30 Jahren gegründet. Der VEN e.V. sieht die genetische Vielfalt unserer Kulturpflanzen als unser aller kulturelles Erbe. Da in den letzten Jahrzehnten bis zu 90 % unserer bewährten samenfesten Sorten aus den Gärten und von den Äckern verschwunden sind, ist es das Hauptanliegen des Vereins, samenfeste Sorten als Basis für weitere Züchtungen in ihrer Vielfalt zu erhalten. Dazu wird vor allem auf den ganz praktischen Anbau dieser Sorten gesetzt. Ziel ist es, frei verfügbares Saatgut in einer größtmöglichen Vielfalt auch für künftige Generationen zu bewahren.

Der Verein agiert bundesweit, arbeitet ehrenamtlich und ist als gemeinnützig anerkannt. Er bildet ein Netzwerk mit vielen Menschen an verschiedenen Standorten, die vom Aussterben bedrohte Sorten in ihre Obhut nehmen und Saatgut vermehren. Die Sorten werden in einer Saatgutliste zusammengetragen, die jedes Jahr aktualisiert wird. Die Weitergabe des Saatguts erfolgt im Tausch oder gegen eine Spende. Weitergegeben werden traditionelle Land- und Regionalsorten sowie Eigenentwicklungen und ehemalige Handelssorten. Der VEN veröffentlicht außerdem Fachpublikationen wie das »Samensurium« oder »Blattwerk« und organisiert Seminare zur Saatgutgewinnung und züchterischen Erhaltungsarbeit. Außerdem lobt der Verein seit 1999 in jedem Jahr das Gemüse des Jahres aus (www.nutzpflanzenvielfalt.de).

ARCHE NOAH

Noch etwas älter ist der Verein ARCHE NOAH. Er entstand 1989 in Österreich auf Initiative von Gärtnern und Gärtnerinnen, Bauern und Bäuerinnen sowie Journalisten und Journalistinnen, die die Saatgutproduktion als Grundlage der Ernährung wieder in die eigene Hand nehmen wollten. Sie engagieren sich ehrenamtlich und pflegen Tausende gefährdete Gemüse-, Obst- und Getreidesorten. Der Verein arbeitet erfolgreich daran, traditionelle und seltene Sorten wieder in die Gärten und auf den Markt zu bringen, und wird von mittlerweile 17 000 Mitgliedern und Förderern unterstützt. Sie alle verbindet, dass sie Sortenentwicklung mit einer respektvollen Haltung gegenüber Kultur-

pflanzen betreiben wollen, Gartenbau und Landwirtschaft als Kulturleistung anerkennen, das Einkaufen als Beitrag zu einer nachhaltigen Landwirtschaft verstehen, das Kochen zu einer Liebeserklärung werden lassen und Pflanzen, Tiere und Produzenten/innen würdigen (www.arche-noah.at).

SAATGUT SELBST GEWINNEN

Am besten ist es, im eigenen Garten ausschließlich Wildpflanzen und sortenechte Züchtungen und Regionalsorten zu kultivieren und von diesen selbst Saatgut zu gewinnen. Ein großer Pluspunkt dabei ist nicht nur, dass man exakt die Sorten hat, die man haben möchte, sondern dass auch größere Mengen an Pflanzen und Samen zur Verfügung stehen. Stets gibt es genug frisches Saatgut für den Eigenbedarf und obendrein kann man auch mit Nachbarn oder auf regionalen Saatgutbörsen Sorten tauschen. Neben dem finanziellen Anreiz

Mohnkapseln enthalten zahlreiche fetthaltige Samenkörner. Sie werden geerntet, wenn die Kapseln ausgereift und trocken sind.

liegt der Vorteil der eigenen Saatguternte darin, dass wir uns unabhängig von Züchtern und dem Saatguthandel machen können. Je mehr eigenes Saatgut verwendet wird, desto geschlossener wird der Kreislauf im Garten gegenüber der Zufuhr von außen.

Samen ernten

Will man eigene Samen ernten, lässt man zunächst einmal die stärksten und gesündesten Pflanzenexemplare stehen – egal ob Blumen, Kräuter oder Gemüse wie Kohl, Salat oder Tomaten. Am besten kennzeichnet man die ausgewählten Pflanzen mit einem farbigen Band oder Schildchen, damit sie nicht versehentlich geerntet werden. Dann ist etwas Geduld gefragt. Manche dieser Pflanzen werden im 1. Jahr, andere erst im 2. Jahr blühen und anschließend Früchte ansetzen. Die Frucht- bzw. Samenstände lässt man stehen, bis sie trocken und die Samen in ihnen ausgereift sind.

Zur Saatgutgewinnung gibt man das Fruchtfleisch von reifen Tomaten in Wasser und wartet, bis sich die Samen ablösen.

Den Zeitpunkt der Samenreife darf man allerdings nicht verpassen: Bevor die reifen Samen von allein ausfallen und im Beet verloren gehen, ist es sinnvoller, die fast ausgereiften Samenstände abzuschneiden oder zu schützen, indem man Papiertütchen über sie stülpt. Man erntet sie ausschließlich bei trockenem Wetter, dann trocknen sie später besser nach. Dazu legt man sie auf Papier aus und lagert sie im Haus. Ein schattiger, luftiger Ort ist ideal, denn bei Hitze nimmt die Qualität der Samen schnell ab. Schon beim Trocknen der Samenstände fallen manchmal einzelne Körnchen aus, sie landen dann sicher auf dem Papier.

Nach spätestens zwei Wochen sind Fruchtstände und Samen trocken und es geht an die Saatgutreinigung. Dazu zerbröselt man die Fruchtstände behutsam und fängt die Samen in einer Schale auf. Dann trennt man Samen und Spreu sorgfältig. Am einfachsten geht das, indem man die Spreu vorsichtig auspustet oder die Samen aussiebt. Sehr bewährt haben sich Mehlsiebe, weil es sie mit unterschiedlichen Maschenweiten gibt. Je nach Größe der Samen wählt man das passende Sieb.

Zum Schluss füllt man das gereinigte Saatgut in Papiertüten oder Schraubgläser und beschriftet diese mit Art- und Sortennamen und dem Erntedatum. Das Saatgut kühl, dunkel und trocken lagern und möglichst im nächsten Jahr verbrauchen.

Die Keimfähigkeit der Samen ist je nach Art sehr unterschiedlich. Salatsamen halten nur ein Jahr, Tomaten- und Bohnensamen bis zu 6 Jahre. Eine Keimprobe gibt Auskunft, ob älteres Saatgut noch brauchbar ist (→ Seite 63). Am besten erntet man in jedem Jahr Saatgut, so ist es stets frisch und man kann sicher sein, dass es keimfähig ist.

Tomaten-Saatgut gewinnen

In den letzten Jahren gab es einen wahren Hype um alte Tomatensorten. Das ist kein Wunder, denn die Supermarkttomaten sind Hochleistungssorten und schmecken meist fad. Das wahre Potenzial und die Vielfalt der Tomaten kann man entdecken, wenn man sie selbst anbaut. Mittlerweile findet man auf Tauschbörsen oder im Internet leckere alte Sorten und die meisten sind sortenrein. So kann man selbst Saatgut ernten und weiter vermehren.

Wer von eigenen Tomaten Samen gewinnen will, verwendet dafür ausschließlich reife Früchte. Sie müssen gut ausgefärbt sein und weiches Fruchtfleisch haben. Dann geht man wie folgt vor:

• Als Erstes halbiert man die Früchte mit einem Messer, kratzt die Tomatenhälften mit einem Teelöffel aus und sammelt Samen und Fruchtfleisch in einem Glas. Achtung, die Masse ist klebrig!

• Im zweiten Schritt sorgt man dafür, die Samen vom Fruchtmark zu trennen. Dazu füllt man die Glas mit Wasser und lässt es zwei bis drei Tage stehen. Am besten wechselt man das Wasser täglich. Nach einiger Zeit lösen sich die Samen vom Fruchtfleisch und schwimmen auf dem Wasser.

• Nun schöpft man die Samen mit einem Sieb ab und spült sie gründlich mit klarem, kaltem Wasser.

• Zum Schluss lässt man die Samen gut trocknen. Dazu legt man sie für einige Tage auf saugfähiges Papier. Danach löst man das Saatgut vom Papier und füllt es in Papiertüten oder kleine Dosen. Nicht vergessen: Erntedatum und Sorte notieren.

Gemüsesamen ernten

Fast alle Gemüse, zum Beispiel Salat, Kohl, Radieschen, Karotten und viele andere, bilden

Gereinigtes Saatgut packt man in Papiertüten und beschriftet diese mit dem Pflanzennamen und dem Erntejahr.

Samenstände aus, wenn man sie im Beet stehen lässt. Für die Samenernte kommen allerdings nur sortenreine Sorten infrage (→ Seite 58). Dazu bleiben die kräftigsten Pflanzen im Beet stehen. Einjährige Arten (Radieschen, Salat, Spinat) setzen noch im Laufe des Sommers Blüten und Samen an, zweijährige (Kohl, Mangold, Sellerie) im kommenden Frühjahr. Man lässt die Pflanzen blühen und fruchten und sammelt ihre reifen Samen.

EIGENES SAATGUT FÜR KEIMLINGE UND SPROSSEN

Gemüsesaatgut kann man im Winter in Form von Keimlingen und Sprossen als schnelles Gemüse ziehen. Das ist praktisch, denn Sprossen wachsen sehr rasch und müssen nach der Ernte weder gewaschen, geschält noch geschnitten werden. Außerdem sind Keimlinge und Sprossen wahre Kraftpakete, denn sie haben die höchste Konzentration an Nährstoffen pro aufgenommener Kalo-rie. Eine ähnlich hohe Konzentration an wertvollen Inhaltsstoffen wird die Pflanze im Lauf ihrer Entwicklung nie mehr erreichen. Im Prinzip kann man die Samen aller Nutzpflanzen als Keimlinge oder Sprossen essen. Einzige Ausnahmen sind Nachtschattengewächse wie Tomaten oder Kartoffeln. Besonders lecker sind Sprossen von Amaranth, Bockshornklee, Brokkoli, Buchweizen, Erbsen, Karotten, Kohl, Linsen, Möhren, Radieschen, Senf oder den verschiedenen Getreidearten.

STECKLINGE

Es gibt viele Gründe, warum Pflanzen nicht ausgesät werden (können). Zum einen produzieren nicht alle Arten keimfähige Samen, zum anderen dauert die Vermehrung durch Aussaat manchmal zu lange. Deshalb ist bis heute eine alte Gärtnertechnik sehr gängig: die Vermehrung durch Stecklinge. Sie ist effektiv und garantiert, dass Jungpflanzen ihren Mutterpflanzen zu 100 % gleichen. Für den Hausgebrauch reicht ein einfacher Trick: Pflanzentriebe werden abgeschnitten und in die Vase gestellt. Dort bewurzeln sie und werden später eingepflanzt.

1. Als Erstes werden ausgewachsene Triebspitzen ausgesucht und von der Mutterpflanze getrennt. Sie sollten fest, aber nicht verholzt sein. Nur so wurzeln sie gut und schimmeln nicht.

DAS BRAUCHEN SIE:

- Mutterpflanzen
- Stecklingsmesser oder Schere
- Blumentopf oder anderes Gefäß
- Anzuchterde, Gießkanne
- Folie oder Glas zum Abdecken

2. Nun entfernt man die unteren Blätter (oben), damit sie in der feuchten Erde nicht schimmeln. Die übrigen Blätter kürzt man etwas ein (unten), damit weniger Wasser durch Verdunstung verloren geht. So können die Stecklinge gut überleben, bis Wurzeln wachsen.

3. Anschließend steckt man die Stecklinge in Anzuchterde und drückt die Erde rund um den Steckling behutsam an. Die Blätter sollten die Erde nicht berühren.

4. Angießen nicht vergessen! Dabei muss die Erde gut durchfeuchtet werden. Um Schimmelbildung zu vermeiden, darf aber keine Staunässe im Topf entstehen. Fällt der Steckling beim Gießen um, muss er noch einmal gesteckt und angedrückt werden.

5. Da Stecklinge noch keine Wurzeln haben, sollte man die Luftfeuchtigkeit erhöhen. Dazu stülpt man ein Glas über sie oder hüllt den Topf in Folie, ohne dass diese die Pflanzen berührt. Außerdem brauchen Stecklinge Wärme, um Wurzeln bilden zu können. 22–24°C sind ideal.

AUSLÄUFER & TEILUNG

Zwei weitere Varianten der vegetativen Vermehrung sind die Verwendung von Ausläufern sowie die Teilung. Beide liefern sicher Pflanzen mit exakt denselben Eigenschaften der jeweiligen Mutterpflanzen. Viele Pflanzen – etwa Erdbeeren und Minzen – bilden ober- oder unterirdische Ausläufer ganz von allein. Sie werden mit Wurzeln ausgegraben und verpflanzt. Die Teilung wendet man oft bei älteren Stauden an, die zu groß geworden sind oder verjüngt werden müssen. Dazu gräbt man sie aus, teilt den Wurzelballen mit dem Spaten und setzt die einzelnen Teile wieder in die Erde.

1. Die Ausläufer von Erdbeeren liegen auf der Erde und wurzeln schnell an. Sobald das passiert ist, kann man die Jungpflanzen von der Mutterpflanze trennen.

DAS BRAUCHEN SIE:

• Schere oder Messer
• Pflanzschaufel
• Spaten

2. Dann gräbt man den bewurzelten Ausläufer vorsichtig mit der Pflanzschaufel aus (oben). Der Erdballen wird behutsam angehoben und in das vorgesehene Pflanzloch gesetzt. Anschließend die Erde andrücken (unten) und gießen.

1. Viele Stauden lassen sich durch Teilung vermehren. Dazu gräbt man sie im Frühjahr oder Herbst vorsichtig mit dem Spaten so aus, dass der Wurzelballen möglichst vollständig bleibt. Der Ballen wird dann neben das Beet gelegt.

3. Anschließend pflanzt man die einzelnen Teilstücke neu ein. Wenn die Stücke weniger Wurzeln als Blattmasse haben, kürzt man die Blätter ein, um die Verdunstung zu verringern. So kann die verjüngte Pflanze schnell wurzeln und vertrocknet nicht.

2. Nun zerlegt man den Ballen vorsichtig mit einem Messer oder Spaten in zwei oder mehrere Teile. Wichtig ist, dass jeder Trieb einige Wurzeln behält. Wurzeln ohne Trieb entfernt man, sie können nicht weiter verwendet werden.

NACHHALTIGE PFLANZENWAHL

Nachhaltig Gärtnern bedeutet unter anderem, vorrangig heimische Pflanzen zu wählen. Sie sind an unsere Standortbedingungen angepasst und bilden Biotope, die zahlreichen Tieren einen Lebensraum im Garten bieten.

Ein Garten wirkt erst richtig lebendig, wenn er Vögeln, Insekten und anderen Kleinlebewesen Raum zum Leben gibt. Die Basis dafür ist die richtige Auswahl und gelungene Kombination von geeigneten Pflanzen.

Im Gemüsegarten ist die Sache einfach: Hier wählt man regionale, alte Sorten. Doch wie sieht es bei Gehölzen, Stauden und Blumen aus? Hier ist es am besten, im Garten hauptsächlich naturnahe Beete mit heimischen Arten anzulegen. Das können Pflanzungen mit Frühlingsblühern unter Gehölzen, Beete mit Wildstauden, Blumenwiesen, Hecken aus Wildsträuchern, Steingärten oder auch Wasserstellen sein. Bei der Pflanzenwahl sollte man generell Arten bzw. Sorten mit ungefüllten Blüten wählen, da nur sie Insekten Nahrung bieten, sowie Pflanzen, deren Samen bzw. Beeren wertvolles Futter für Vögel und andere Tiere sind. Wichtig ist außerdem, dass möglichst im zeitigen Frühjahr und auch im Hochsommer etwas im Garten blüht. Gerade in diesen Zeiten ist das Nahrungsangebot für Insekten sonst knapp.

EINHEIMISCHE STAUDEN UND WILDBLUMEN

Überwiegend mit heimischen Stauden bepflanzte Blumenbeete sind wichtige Nahrungsquellen für Bienen und andere Insekten und dienen z. B. Wildbienen zum Nestbau. Sie dürfen in keinem Garten fehlen. Außerdem sind heimische Stauden

perfekt an unsere Standorte angepasst, sie können sich über viele Jahre im Beet entwickeln und stehen vielen hochgezüchteten Stauden in puncto Schönheit in nichts nach. Dost, Margerite, Schafgarbe, Storchschnabel, Schlüsselblume, Glockenblume, Eisenhut und Akelei sind dankbare Wildstauden. Eine attraktive Ergänzung und passende Partner im Beet sind zweijährige Wildpflanzen wie

Die Schlehe ist heimisch. Ihre Blüten versorgen Insekten, die Beeren sind Futter für Vögel und schmecken auch dem Menschen.

Die Wilde Karde nutzt die Hilfe tierischer Besucher. Ihre Samen bleiben im Gefieder von Vögeln hängen und werden so verbreitet.

Malve, Königskerze oder Fingerhut. Einjährige Wildpflanzen runden solche naturnahen Beete ab. Je nach Boden sind aus der Gruppe der Einjährigen Kornblume, Kamille, Lein oder Ringelblume zu empfehlen (→ Seite 130, Porträts).

Am besten schneidet man die Fruchtstände der Wildstauden und der einjährigen Arten im Herbst nicht ab, sondern lässt sie den Winter über stehen. Ihre Samenstände bieten Vögeln Nahrung, ihre Stängel Insekten einen Lebensraum und außerdem samen sich viele der Einjährigen selbst aus. So wandern sie selbstständig durch den Garten und sorgen an immer wieder anderen Stellen für Blütenpracht und neue Pflanzenbilder.

HEIMISCHE GEHÖLZE

Wenn wir einen Garten neu anlegen, sollten wir uns als Erstes mit der Auswahl der Gehölze beschäftigen. Gehölze sind langlebig, wachsen recht langsam und brauchen genügend Platz. Außerdem haben sie eine besonders wichtige Funktion bei der Gestaltung, weil sie den Rahmen bzw. das Grundgerüst des Gartens bilden.

Gehölze kommen als Hecke, als Obstbaum oder auch als Ziergehölz wie Blütensträucher oder Rosen zum Einsatz. Wie bei allen Pflanzen muss man bei ihrer Auswahl ebenfalls den Standort und den Boden berücksichtigen. Auch an die Größe eines ausgewachsenen Baumes sollten wir bei der Planung denken. Passt er in einigen Jahren noch an den vorgesehenen Standort? Oft werden zu viele Gehölze gepflanzt, die im Laufe der Zeit zu eng stehen und dann entfernt werden müssen.

Wer sich nicht sicher ist, welcher Strauch oder Baum an welchem Standort wächst und wie groß die gewünschten Arten werden, sollte sich in einer guten Baumschule beraten lassen. Grundsätzlich pflanzt man am besten einheimische Laubgehölze – zum Beispiel Birken, Feldahorn, Haselnuss oder Kornelkirsche –, denn sie haben in der Regel wenig Ansprüche an den Boden und wachsen in unserem Klima sehr gut. Laubgehölze treiben jedes Jahr neu aus, sie blühen und fruchten. Die meisten werfen ihr Laub im Herbst ab. Man lässt es unter den Gehölzen liegen, dort bildet es Unterschlupf für Insekten und andere Kleintiere und wird nach und nach zu Humus abgebaut. Immergrüne Nadelgehölze blühen dagegen, da sie windbestäubt sind, unscheinbar und bieten kaum Futter für Insekten. Nadelbäume sollten deshalb wirklich nur dort gepflanzt werden, wo die Natur sie vorgesehen hat, etwa auf moorigen Böden und im Gebirge.

Weißdorn trägt im Herbst rote Beeren, die Vögeln reiche Nahrung bieten. Den Menschen dienen sie schon lange als Heilmittel.

Einheimische Wildsträucher

Blütenhecken locken im Frühjahr und Sommer nektarsammelnde Bienen und andere Insekten an und sie bieten Vögeln Unterschlupf, Nistmöglichkeiten und Nahrung im Herbst. Holunder, Heckenrosen, Felsenbirnen, Pfaffenhütchen und Hartriegel sind ideal zur Anlage von Blütenhecken. All diese heimischen Sträucher stellen keine besonderen Anforderungen an das Klima und die Nährstoffversorgung. Meist gedeihen sie auf jedem Boden.

Auch wir Menschen können von solchen Sträuchern profitieren. Die Blüten und Früchte von einigen lassen sich gut in der Küche verarbeiten, sie enthalten viele Vitamine und sekundäre Pflanzeninhaltsstoffe. Eine Ausnahme ist das giftige Pfaffenhütchen, und die Beeren des Hartriegels sind für uns ungenießbar. Wer genügend Platz auf seinem Grundstück hat, kann zusätzlich starkwüchsige Arten wie Haselnüsse, Weißdorn, Kornelkirschen und Schlehen pflanzen. Sie sind für viele Wildtiere ein wahres Schlaraffenland. Haselnüsse schmecken nicht nur Menschen, sondern ernähren auch viele Tiere, und Weißdorn und Schlehen zählen zu den einheimischen Sträuchern mit Heilwirkung.

Nicht heimisch, aber trotzdem sehr wertvoll, ist der Sommerflieder. Er blüht den ganzen Sommer über und seine Blütenstände sind Magneten für Bienen und Schmetterlinge. Den Sommerflieder pflanzt man am besten als Solitär, zum Beispiel in ein Staudenbeet oder in der Nähe der Terrasse.

Am Fuß solcher Gehölze ist Platz für heimische Frühlingsblüher wie Schneeglöckchen, Märzenbecher, aber auch Lerchensporn, Waldmeister und Bärlauch.

Obstbäume

Alte Obstbäume sind der größte Schatz in jedem Garten. Meist sind es Hochstämme alter Obstsorten, die an das örtliche Klima angepasst sind. Außer einem regelmäßigen Schnitt benötigen sie kaum Pflege, denn sie haben tief reichende Wurzeln und sind meist frei von Krankheiten und Schädlingen.

Will man sich die Mühe des Obstbaumschnitts sparen, kann man sie einfach verwildern lassen. Allerdings muss man dann auf eine reiche Ernte verzichten. Solche alten Bäume sind ein idealer Lebensraum für Singvögel, Fledermäuse, Laubfrösche und Insekten. Oft finden sich in ihnen Baumhöhlen, die von Kleinsäugern wie Haselmaus, Eichhörnchen und Siebenschläfer besiedelt werden. Auch Eulen und Käuzchen wohnen gern in alten Bäumen. All diese Tiere tragen zu einem natürlichen Pflanzenschutz bei, indem sie schädliche Insekten oder Schnecken fressen.

Fehlen alte Obstbäume im Garten, sollte man unbedingt neue pflanzen und bei der Auswahl den Schwerpunkt auf bewährte Sorten legen. Beim Apfel sind dies zum Beispiel 'Berlepsch', 'Boskop', 'Goldparmäne' und 'Kaiser Wilhelm', bei der Birne 'Gute Luise' und 'Williams Christ', bei der Süßkirsche 'Burlat' und 'Regina' und bei der Zwetsche 'Katinka' und 'Hauszwetsche'.

BLUMENWIESE STATT RASEN

Fast jeder Garten hat Rasenflächen, denn Rasen ist robust und kann vielfältig genutzt werden – als Spielfläche für Kinder, als Auslauf für Tiere, als Platz zum Aufhängen der Wäsche und vieles mehr. Lange Zeit war ein gut gepflegter Rasen zudem das Aushängeschild für jeden Gärtner. Er wurde viel gewässert und gedüngt und oft geschnitten. Das Ergebnis waren Rasenflächen, die für das Ökosystem kaum einen Beitrag leisteten, weil sie artenarm waren. Viel besser legt man deshalb, wo immer es geht, Blumenwiesen statt Rasen an. Sie sind artenreich und bieten Schmetterlingen, Bienen und anderen Insekten einen idealen Lebensraum. Je nach Standort gibt es ganz unterschiedliche Wiesentypen, von Feucht- und Fettwiesen bis hin zu Mager- bzw. Kalkmagerrasen. Saatguthändler bieten für jeden Standort die passende Mischung an. Wiesen können sich nur entwickeln, wenn sich die Blumen und Kräuter selbst vermehren können. Aus diesem Grund mäht man sie nur zweimal im Jahr – einmal im Sommer und einmal im Herbst, jeweils, wenn Fruchtstände reif sind. Die Mahd bleibt zum Trocknen auf der Wiese liegen. So können die Samen der Blumen und Kräuter ausfallen und die Pflanzen sich verbreiten. Ziel ist eine artenreiche Wiese, die sich selbst erhält.

Artenreiche Saatgutmischungen für Blumenwiesen gibt es mittlerweile für die verschiedensten Standorte.

AN DEN RICHTIGEN STANDORT PFLANZEN

Der Garten kann einen sehr wertvollen Beitrag für unser Ökosystem leisten, wenn wir ihn naturnah und damit nachhaltig anlegen. Der wichtigste Beitrag liegt in der Pflanzenauswahl für den jeweiligen Standort und Boden.

Die Pflanzenwahl hängt von den verschiedenen Standorten im Garten ab. Neben dem Licht ist der Boden von entscheidender Bedeutung. Ist er sandig, lehmig-sandig oder lehmig (→ Seite 26/27)? Gibt es im Garten vielleicht sogar Extremstandorte wie saure Moorböden? Die verschiedenen Böden verfügen über ein ganz unterschiedliches Angebot an Nährstoffen und Wasser. Sie können durch eine gezielte Bearbeitung jedoch auch verändert bzw. verbessert werden.

Die meisten Gemüsekulturen bevorzugen zum Beispiel nährstoffreiche Böden wie etwa humosen, lehmigen Sand und eine sonnige Lage. Häufige Kompost- oder Mistgaben halten den Boden fruchtbar. Kräutergärten kommen hingegen mit weniger nährstoffreichen Böden zurecht, brauchen aber den sonnigsten Platz im Garten.

Vollsonnige Standorte, mit nährstoffarmen, trockenen Böden eignen sich wiederum perfekt für Magerwiesen, die zu den artenreichsten Blumenwiesen zählen. Auf ihnen finden sich zum Beispiel Wiesensalbei und verschiedene Thymiane. Fettwiesen beherbergen dagegen Arten wie Kümmel, Wiesen-Kerbel oder Sauerampfer. Sie brauchen nährstoffreiche, feuchte Böden.
Sehr magere, sonnige Standorte sind ideal für ein Wildstaudenbeet mit Schuttpflanzen wie Königskerze, Ochsenzunge, Kugeldistel oder auch Mauerpfeffer. Auf nährstoffreichen Böden in sonniger Lage gedeihen Ackerbegleitpflanzen wie Klatschmohn und Kornblume. Manchmal siedeln

sie sich selbst an, wenn man ein Stück Boden, zum Beispiel neben einem Gemüsebeet, offen hält. Besonders wertvoll ist ein Teich oder Bachlauf (→ Seite 124) im Garten. Hier gedeihen Wasserpflanzen und Uferpflanzen und es finden Tiere wie Libellen oder auch Amphibien einen Lebensraum. Wo durch Bebauung und durch die Pflanzung von Gehölzen halbschattige und schattige Standorte

Die Kartoffelrose stammt aus Asien und gedeiht auch auf Sandböden. Sie wird häufig als Küstenschutz gepflanzt.

Das Salomonssiegel mag trocken-warme Plätze in lichten Wäldern.

entstehen, wachsen zum Beispiel Frühlingsblüher wie Buschwindröschen oder, auf sauren Böden, beispielsweise Glockenheide und Rhododendron.

Rosen im nachhaltigen Garten

Für den nachhaltigen Garten eignen sich Wildrosen am besten. Sie sind wüchsig, blühen nur ein- bis zweimal und setzen reichlich Früchte an. Diese lassen sich in der Küche verarbeiten und bieten Vögeln im Herbst und Winter Nahrung. Bei uns heimisch sind Heckenrose (*Rosa canina*), Ackerrose (*R. arvensis*), Essigrose (*R. gallica*) und einige mehr. Fast alle wachsen am besten auf lehmigen Böden. Eine Ausnahme ist die Kartoffelrose (*R. rugosa*). Sie ist häufig in Küstenregionen zu finden und kommt auch auf Sand- und Schotterböden gut zurecht.

WELCHE PFLANZEN GEDEIHEN AN WELCHEM STANDORT?	
SONNIG	**PFLANZENARTEN**
saure, trockene Sandböden	Besenheide, Birken, Eberesche, Federborstengras, Ginster, Kartoffelrose, Kiefern, Schneeheide, Segge, Sommerheide
neutrale bis alkalische, trockene Sandböden	Echtes Labkraut, Färberkamille, Glockenblume, Großer Ehrenpreis, Hornklee, Johanniskraut, Margerite, Wiesensalbei, Wilde Möhre
sehr magere, warme Böden	Hauswurz, Königskerzen, Kugeldisteln, Mauerpfeffer, Ochsenzungen, Steinbrech
nahrhafte, lehmige, normal feuchte Böden	Acker-Rittersporn, Feld-Löwenmaul, Hundskamille, Klatschmohn, Kornblume, Kornrade, Rote Lichtnelke, Sommer-Adonisröschen
nahrhafte, eher lehmige, frische (feuchte) Böden	Gamander-Ehrenpreis, Glatthafer, Gräser, Große Bibernelle, Kümmel, Löwenzahn, Weiß-Klee, Wiesen-Kerbel, Wiesen-Sauerampfer
nahrhafte, nasse Böden (Teichrand)	Essigbaum, Felsenmispel, Geißbart, Hahnenfuß, Schwertlilien, Sumpfdotterblume, Sumpf-Vergissmeinnicht, Weidenröschen
Wasserpflanzen	Rohrkolben, Seerose, Sumpfschwertlilie, Wasserfenchel, Wasserminze
EHER SCHATTIG	**PFLANZENARTEN**
humose, nahrhafte, frische Böden	Bärlauch, Buschwindröschen, Lerchensporn, Lungenkraut, Maiglöckchen, Schneeglöckchen, Waldmeister, Wald-Schlüsselblume
saure, feuchte Böden	Azaleen, Glockenheide, Rhododendren, Skimmien, Wollgras

SO WIRD EIN BESTEHENDER GARTEN NACHHALTIG

Einen Garten im Sinn der Nachhaltigkeit neu anzulegen ist einfach, weil man die Pflanzen entsprechend den Standortfaktoren auswählen kann. Doch auch ein alter Garten lässt sich in puncto Nachhaltigkeit umgestalten.

Es ist ein wahrer Glücksfall, wenn man einen alten, gut gepflegten Garten übernehmen kann, der zudem noch biologisch bewirtschaftet wurde. In diesem Fall ist der Boden lebendig und es gibt Biotope mit Wildpflanzen. Doch in den meisten Fällen muss man noch ein wenig nachbessern, um den Garten nachhaltig zu machen. Das bedeutet natürlich nicht, dass der ganze Garten gerodet und

Obstbäume gehören als Solitärgehölze in jeden Garten. Kombiniert mit Blumenwiesen sind sie ökologisch besonders wertvoll.

neu angelegt werden muss. Meist ist es möglich, ihn in kleinen Schritten zu verändern.

GEHÖLZE ERSETZEN

Gehölze prägen über viele Jahre das Bild eines Gartens. Vor einigen Jahrzehnten war es üblich, den Garten dicht mit Fichten oder anderen Koniferen zu bepflanzen. Ein solcher Garten ist ökologisch arm. Doch Abhilfe ist möglich: Um ihn nachhaltiger zu gestalten, ersetzt man die Koniferen nach und nach durch Laubgehölze. Nach dem Roden der Koniferen lockert man dazu den Boden gründlich und verbessert ihn mit Kompost oder Mist. Meist tut ihm auch eine Portion Kalk gut. Eine Bodenprobe gibt Auskunft über den pH-Wert des Bodens und den Düngebedarf (→ Seite 26/27).

Bei der Ersatzpflanzung sind natürlich die Standortfaktoren und der Platzbedarf der neuen Gehölze zu berücksichtigen. Als Heckenneupflanzungen sind Laubhecken mit heimischen Gehölzen (Buche, Hainbuche) zu empfehlen, sie bieten Lebensraum für Vögel und ergeben zu jeder Jahreszeit ein schönes Bild. Außerdem trägt ihr herabfallendes Laub zur Humusbildung bei und schafft Lebensraum für Insekten. Durch einen regelmäßigen Schnitt lassen sie sich in jede gewünschte Form bringen. Für große Gärten sind Hecken mit verschiedenen heimischen Wildsträuchern zu empfehlen. Am schönsten sind sie, wenn sie genug Platz haben und sich natürlich entfalten können.

Pflanzungen mit Wildstauden können sehr attraktiv sein. Gut geplant blühen sie lange und ernähren zahlreiche Insekten.

In große Gärten sollte man immer auch einzeln stehende Bäume pflanzen. Ökologisch sinnvoll sind Hochstämme von bewährten Obstsorten (→ Seite 75). Attraktiv sind auch Sträucher wie Kupfer-Felsenbirne *(Amelanchier lamarckii)* oder Blutpflaume *(Prunus cerasifera 'Nigra')*. Frei stehend können sie ihren Habitus voll entfalten und ihre Blüten liefern Nahrung für Insekten. Für mittelgroße Gärten sind Halbstämme von Obstgehölzen geeignet und Busch- oder Säulenobst findet auch in kleinen Gärten Platz. Dort sind auch Kugel- oder Säulenformen von Laubgehölzen eine Alternative.

BLUMENBEETE ERNEUERN

In vielen Gärten, die man übernimmt, finden sich alte Staudenbeete. Wenn diese gut angelegt sind, blühen sie fast das ganze Jahr. Oft wurden dort jedoch hochgezüchtete Stauden gepflanzt, die viel Platz und Pflege benötigen. Sie ersetzt man besser nach und nach durch Wildstauden (→ Seite 72/73). Eine gute Ergänzung sind Ein- und Zweijährige

sowie Zwiebelpflanzen wie zum Beispiel Frühlingsblüher wie Scilla, Winterlinge, Schneeglöckchen, Märzenbecher, botanische Tulpen und Narzissen. Sie bieten schon im zeitigen Frühjahr reiche Nahrung für Insekten.

WIESEN ARTENREICHER MACHEN

Ältere Wiesen oder Rasenflächen können artenreicher gestaltet werden, indem man in ihnen Blumeninseln von mindestens 1 m² Grundfläche anlegt. Dazu kennzeichnet man die Inseln im Rasen, entfernt die Grasschicht und lockert den Boden durch Graben oder mit dem Sauzahn. Anschließend wird er geharkt. Dabei kann man auch Sand einarbeiten, um den Boden abzumagern. Jetzt wird eine Wildblumen- oder Kräutermischung ausgesät und oberflächlich eingeharkt. Wichtig: Die Fläche feucht halten, bis die Saat gekeimt hat.

KAPITEL 4

GERÄTE & ZUBEHÖR

*Für alle Gartenarbeiten gibt es diverse Geräte sowie
Zubehör wie Pflanzgefäße oder Rankhilfen.
Spaten, Harken, Schaufeln, Messer und Scheren gehören
zur Minimalausstattung, manchmal machen aber auch
Maschinen die Arbeit leichter. Achten Sie beim Kauf
auf hochwertige Produkte: Sie sind vielleicht teurer,
aber nachhaltig, weil sie meist ein Gärtnerleben lang
halten und sich fast immer reparieren lassen.*

SCHAUFEL, HARKE & CO.

*Neben Gefäßen und Erde braucht man zum Gärtnern verschiedene Geräte.
Neben hoher Qualität zahlt es sich aus, diese immer gut zu pflegen, damit
sie möglichst lange intakt bleiben.*

*Ordnung mit System: Ein übersichtlicher Geräteschuppen ist in jedem Garten das A & O. Er
beherbergt Gartengeräte, Saatgut, Düngemittel und Pflanzgefäße. Geräte und Gefäße werden nach
jedem Gebrauch sorgfältig gereinigt und kommen anschließend wieder an ihren Platz. So muss man
nicht lange suchen, wenn man sie das nächste Mal braucht, und sie sind sofort einsatzfähig.*

Das Angebot an Gartengeräten ist riesig. Fast immer gibt es Modelle in verschiedenen Größen und Qualitäten. Im Sinne der Nachhaltigkeit sollte man nur hochwertige, langlebige Geräte kaufen – sie sind ihren Preis wert. Gute Pflanzschaufeln sind stabil geschmiedet und haben einen Holzgriff. Billige Schaufeln sehen zwar dank der farbigen Lackierung gut aus, sind aber oft dünn geschmiedet, knicken schnell ab, der Lack blättert ab und sie beginnen zu rosten. Auch Krallen mit Handstiel gibt es in verschiedenen Ausführungen und Qualitäten. Wichtig ist, dass die Zinken stabil sind und sich nicht allzu leicht verbiegen lassen.

Ein ständiger Begleiter im Garten ist die Gartenschere. Man benötigt sie zum Schneiden von Stecklingen, zum Rück- oder Formschnitt und zur Ernte von Blumen und Fruchtständen. Achten Sie beim Kauf darauf, dass die Schere gut in der Hand liegt, leichtgängig ist und Ersatzteile wie Klingen und Federn nachzukaufen sind. Ebenfalls wichtig ist ein Messer. Einfache Küchenmesser reichen aus, um Blüten und Früchte abzuschneiden.

GRÖSSERE HANDGERÄTE

Eines der im Garten am meisten gebrauchten Geräte ist der Spaten. Er wird vielseitig eingesetzt und sollte daher nicht zu schwer und trotzdem stabil sein. Zum Umgraben und Ausheben von Pflanzlöchern sind Grabespaten gut geeignet. Sie sind aus einem Stück geschmiedet, besonders gerade geformt und daher optimal zum Stechen in den Boden. Zum Ausgraben von Sträuchern und Bäumen nimmt man besser einen sogenannten Rodespaten. Es gibt sie in mittelschwerer bis schwerer Ausführung mit stabilen, weil dickeren Holzstielen oder auch komplett aus Stahl. Leichte, sandige Böden muss man nicht umgraben, für sie reicht zur Lockerung ein Sauzahn aus. Der Sauzahn ist ein einfach geschmiedeter Haken, der an einem Holzgriff tief durch den Boden gezogen wird.

Zur Grundausstattung gehören auch eine Schaufel, eine Grabegabel und eine Transportkar-

re. Außerdem dürfen eine Harke und ein dreizackiger Kultivator nicht fehlen. Mit ihnen zieht man die Erde auf Beeten glatt und sie sorgen für eine krümelige Bodenstruktur. Auch diese Geräte sollten stabil geschmiedet sein und auswechselbare bruchfeste Eschenholzstiele haben. Zum Harken sind auch Holzrechen gut geeignet. Sie werden aus einheimischen Hölzern gefertigt und sind daher besonders nachhaltig. Der Clou: Die stabilen Holzzinken eines Holzrechens können ausgewechselt werden, falls sie doch einmal abbrechen.

GIESSEN: KANNE UND CO.

Zum Ausbringen von Wasser aus der Regentonne ist die Gießkanne immer noch das Beste. Ist das gesammelte Regenwasser verbraucht, steigt man auf Brunnen- oder Leitungswasser um. Zum Verteilen des Wassers sind Schläuche, Schlauchwagen und Regner eine sinnvolle Investition. Alle Teile sollten hochwertig produziert sein und über gleiche Anschlüsse (zum Beispiel Geka-Kupplungen aus Messing) verfügen. Zu empfehlen sind

Einfache Handgeräte sind besonders langlebig, wenn sie nach jedem Gebrauch von Erde befreit und gelegentlich eingeölt werden.

mehrlagige Gewebeschläuche, sie sind stabil, einfach aufzurollen und halten viele Jahre.

GERÄTEPFLEGE

Im Sinne der Nachhaltigkeit sollte man seine Gartengeräte nach jedem Einsatz gut pflegen, damit sie viele Jahre lang halten. Dazu entfernt man mit der Bürste Reste von Erde und stellt die

Der Spindelmäher ist ein einfaches Gerät. Er wird mit Muskelkraft betrieben und reicht für kleine Rasenflächen völlig aus.

Geräte dann an den für sie vorgesehenen Platz. So sind sie ohne langes Suchen griffbereit. Langstielige Geräte hängt man am besten im Schuppen an Haken auf, für Kleingeräte sind Regale das richtige Lager. Spätestens wenn die Geräte für den Winter eingelagert werden, sollte man sie gründlich reinigen. Rost entfernt man mit Stahlwolle oder Schmirgelpapier. Vor dem Einlagern werden die Metallteile der Geräte dann leicht eingeölt, das verhindert, dass sie wieder Rost ansetzen. Die

Holzstiele pflegt man mit Leinöl. Scheren und Messer müssen öfter gereinigt, desinfiziert und geschärft werden. Bewegliche Teile ölt man nach der Reinigung etwas ein. Bei Schneidwerkzeugen ist die gründliche Reinigung als Hygienemaßnahme besonders wichtig: Nur so lässt sich die Übertragung von Pflanzenkrankheiten durch Werkzeuge von Anfang an vermeiden.

MASCHINEN FÜR DEN GARTEN

Gerade in großen Gärten reicht die Muskelkraft nicht immer aus und es kommen neben Handgeräten Maschinen wie Rasenmäher, Motorheckenscheren und Häcksler zum Einsatz. Solche Geräte haben ihren Preis und für ihre Produktion und den Betrieb werden Rohstoffe und Energie verbraucht. Wann immer möglich, sollte man sich deshalb mit Nachbarn zusammenschließen und solche Maschinen gemeinsam anschaffen und nutzen.

Rasenmäher

Rasenmäher stehen ganz oben auf der Wunschliste der meisten Gärtner. Vor der Anschaffung eines neuen Mähers gibt es viel zu bedenken. Die Größe der zu mähenden Fläche ist das wichtigste Kriterium bei der Auswahl. Für kleine Reihenhausgärten mit Rasenflächen von weniger als 100 m² reicht in der Regel ein Handrasenmäher aus. Dabei handelt es sich um Spindelmäher, die mit Muskelkraft bewegt werden. Sie sind günstig, müssen kaum gewartet werden und verbrauchen weder Strom noch Benzin. Für kleinere Hausgärten sind Elektromäher zu empfehlen. Sie sind leise, wartungsarm und starten sehr zuverlässig. Aus Gründen der Nachhaltigkeit sollten Elektromäher ausschließlich mit Ökostrom betrieben werden.

Zum Mähen größerer Flächen sind Benzinrasenmäher von Vorteil. Es gibt sie in verschiedenen Breiten, mit oder ohne Antrieb der Räder, bis hin zu großen Aufsitzmähern. Wichtig: Schnittbreite und Motorleistung müssen zusammenpassen. Eins sollte man vor der Anschaffung von Benzinmähern bedenken. Sie sind laut, verbrauchen viel Treibstoff und verpesten den Garten mit Abgasen.

Viele Gärtner entscheiden sich für einen Mulchmäher. Sie sind besonders praktisch, weil sie das Schnittgut sehr klein häckseln und als Mulchschicht auf den Rasenflächen liegen lassen, wo es sich rasch zersetzt. Egal, für welches Modell man sich entscheidet – achten Sie beim Kauf auf Qualität. Hochwertige Mäher sind langlebig und funktionieren zuverlässig, wenn man sie regelmäßig reinigt und wartet. Vor dem Kauf sollte man fragen, ob die Geräte repariert werden können und ob Ersatzteile problemlos zu beschaffen sind.

Im Sinn der Nachhaltigkeit kann man auch überlegen, ob statt eines Rasens, der regelmäßig gemäht werden muss, eine Blumenwiese nicht die bessere Alternative ist. Blumenwiesen werden nur zweimal im Jahr gemäht und dafür reicht eine Handsense meist aus. Das Sensen per Hand ist eine sehr meditative Arbeit und am wenigsten schädlich für alle Lebensformen im Garten.

Sense und Rechen sind ideal für die Mahd von Wiesen. Wichtig: Die Sense vor dem Einsatz gut schärfen und danach reinigen.

Rasentrimmer und Freischneider

Die meisten Liebhaber von Zierrasen wollen die Rasenkanten regelmäßig schneiden und auch für diese Arbeit gibt es zahlreiche Geräte. Besonders beliebt sind elektrisch betriebene Rasentrimmer oder Rasenkantenschneider. Sie schneiden die Rasenkanten sauber und zuverlässig, Nachteil ist das laute Arbeitsgeräusch und der Energieverbrauch. Wer seinen Garten nachhaltig bewirtschaften möchte, ist mit der Handrasenkantenschere besser bedient. Zur Mahd von hohen Wiesen werden meist Freischneider verwendet. Auch diese gibt es elektrisch oder mit Benzin angetrieben. Freischneider sollten hochwertig, möglichst leise und sparsam im Verbrauch sein. Nachhaltiger ist jedoch das Mähen mit der Sense (→ oben).

Alles für den Heckenschnitt

Hecken schneidet der nachhaltig wirtschaftende Gärtner am besten per Hand. Nur bei langen und hohen Hecken kommt man ohne motorisierte Heckenschere nicht aus. Es gibt sie in verschiedenen Längen und auch mit verschiedenen Motoren (Elektro und Benzin). Zum Schneiden von hohen Hecken sind mechanische Teleskopscheren sehr praktisch. Dicke Äste kürzt man mit der Handsäge.

Laubsauger und Laubbläser

Laubsauger und -bläser liegen im Trend. Es gibt sie mit Akku, größere Geräte auch mit Benzinmotoren. Doch brauchen wir solche Geräte überhaupt? Sie werden aufwendig produziert und sind im Einsatz unerträglich laut. Zudem haben die elektrischen Geräte einen immens hohen Energiebrauch (2500–3000 Watt). Benzinbetriebene Modelle sind nicht besser, sie verbrauchen viel Benzin und verpesten die Luft. Außerdem blasen sie neben dem Laub auch Kleintiere und die oberste Humusschicht weg bzw. saugen sie ein. Meist ist der Einsatz eines hochwertigen Rasenbesens sinnvoller, denn Laubharken ist wirklich keine schwere Arbeit.

PFLANZGEFÄSSE: TÖPFE, KÄSTEN & SCHALEN

Dank diverser Pflanzgefäße ist die Pflanzenkultur auch auf Balkon und Terrasse möglich. Doch auch beim Gärtnern im Freiland geht es ohne Töpfchen und Schalen nicht – man braucht sie für die Anzucht der Pflanzen.

Töpfe und Kästen für Balkon, Terrasse oder den Garten kommen in unterschiedlichen Größen, Formen und Materialien zum Einsatz. Bei der Auswahl ist die richtige Größe sehr wichtig. Jede Pflanze braucht unterirdisch etwa genauso viel Volumen wie oberirdisch, damit die Wurzeln ausreichend Wasser und Nährstoffe aufnehmen können. Ist der Topf zu klein, kann die Pflanze ihre volle Größe nicht erreichen. Für eine ausgewachsene Tomatenpflanze ist zum Beispiel ein 10-Liter-Topf perfekt.

Neben der Größe ist das Material von entscheidender Bedeutung. Beliebt sind Tontöpfe, Holz- oder Keramikgefäße oder auch Modelle aus Kunststoff. Tontöpfe oder Terrakotta gelten als besonders nachhaltig, denn sie werden aus Ton geformt und gebrannt. Dabei bleiben die Gefäßwände offenporig, d. h., sie sind bis zu einem gewissen Grad wasser- und luftdurchlässig. Vorteil ist, dass die Wurzelballen gut belüftet werden, doch es gibt auch einen Nachteil: Die Pflanzen müssen wesentlich häufiger gewässert werden. Weniger Gießaufwand gibt es bei glasierten Keramikgefäßen, denn sie haben wasser- und luftundurchlässige Wände. Puristen lieben Gefäße aus Betonguss. Sie sind schlicht gestaltet und dauerhaft haltbar.

Sowohl Ton-, Keramik- als auch Betongefäße sind langlebig und damit nachhaltig, wenn sie hochwertig produziert wurden. Nachteil dieser Töpfe ist aber, dass sie sehr schwer sind. Aus diesem Grund kaufen Hobbygärtner oft Nachbil-

dungen aus leichtem Kunststoff. Wenn man sich für Plastik entscheidet, sollte man aber nur Gefäße aus recyceltem Kunststoff wählen, der zudem möglichst UV- und frostbeständig ist und eine längere Lebensdauer hat als billige Ware. Hochwertig produzierte Modelle ähneln zudem ihren Vorbildern aus Ton oder Keramik. Und weil sie sehr leicht sind, lassen sich auch größere Kübelpflanzen

Die Pflanzentreppe bietet Platz für kleinere Blumentöpfe in mehreren Etagen. So finden auch auf kleiner Fläche viele Kräuter Platz.

Papiertöpfe sind nachhaltig und praktisch. Sie können direkt beschriftet und nach Gebrauch einfach kompostiert werden.

in Tontöpfen schneller aus, was besonders Sämlingen schlecht bekommt. Hier sind Kunststofftöpfe von Vorteil, denn sie halten das Wasser viel länger in der Erde. Außerdem sind sie leicht, wegen ihres breiten Bodens standfest und sie sind bruchfest und sie können viele Jahre genutzt werden. Selbstverständlich sollte man nur Modelle aus recyceltem Kunststoff oder recyclingfähigem Material wählen.

Anzuchtschalen gibt es, anders als Töpfe, nur aus Kunststoff. Die Schalen haben wahlweise einen geschlossenen oder durchlöcherten Boden. Sie werden meist mit Kunststoffhauben angeboten und werden so zum Minigewächshaus für Aussaaten und Stecklinge. Neben Anzuchtschalen gibt es noch Multitopfplatten. Der Vorteil: Jede Pflanze hat gleich viel Platz und kann einen eigenen Wurzelballen bilden. Sind sie groß genug, pflanzt man die Jungpflanzen mit ihrem Wurzelballen aus und sie wachsen ganz schnell weiter.

bequemer bewegen, bei Bedarf umstellen oder ins Winterquartier räumen. Manche Liebhaber von Kübelpflanzen und Balkongärtner schätzen auch Pflanzengefäße aus Holz. Diese sind besonders nachhaltig, denn sie werden aus einem nachwachsenden Rohstoff hergestellt. Bei allen Gefäßen muss man beim Kauf darauf achten, dass ein Zuviel an Wasser abfließen kann. Wenn sie keine Abzugslöcher im Boden haben, kann man eine Dränageschicht aus Blähton oder Kies einfüllen.

SCHALEN UND TÖPFE FÜR DIE ANZUCHT

Für die Aussaat und Jungpflanzenanzucht kommen verschiedene Gefäße infrage. In der Regel benötigt man Töpfchen und Schalen mit Hauben. Töpfe sind praktisch für die Aussaat und eventuell zum Pikieren. Sie werden engräumig auf Untersetzer oder in Schalen gestellt und können so gut versorgt werden. Tontöpfe sind für die Anzucht sehr gut geeignet, denn sie sind standfest und lassen viel Luft an die Erde. Nachteil ist, dass besonders achtsam gegossen werden muss. Die Erde trocknet

KOMPOSTIERBARE TÖPFE

Besonders clever sind kompostierbare Töpfe. Sie werden einmal verwendet und dann mitsamt dem Wurzelballen ausgepflanzt. Bekannt wurden sie als sogenannte Torfquelltöpfe, doch auf die Verwendung von Torf sollte man verzichten. Als Alternative kommen aber kompostierbare Hanf- oder Kokostöpfe infrage. Wer ganz konsequent sein will, recherchiert vor dem Kauf, woher die Rohstoffe für die Töpfe stammen.

Kunststoffschalen, Hauben und Multitopfplatten können über viele Jahre verwendet werden, wenn man sie nach dem Gebrauch gründlich reinigt und in dunklen Räumen lagert. Intensive Sonnenstrahlung macht den Kunststoff porös. Irgendwann werden die Schalen jedoch trotzdem brüchig. Man prüft sie deshalb regelmäßig auf Schäden und gibt sie gegebenenfalls in den Recyclingkreislauf.

Mithilfe von Blumenampeln kann man auch auf einem kleinen Balkon viele Pflanzen unterbringen. Hier ist eine Gemüsekiste an Ketten aufgehängt und bepflanzt.

Größere Blechdosen – beispielsweise von Olivenöl – fassen fünf oder zehn Liter Erde und sind ideal für mittelgroße Gemüsekulturen wie etwa Mangold.

Ausrangierte Bäckerkisten sind prima Minigärten für den Gemüseanbau im Hinterhof oder auf dem Balkon. Sie fassen etwa 60 Liter Erde, deshalb finden auch große Gemüse wie etwa Zucchini hier Platz.

Joghurt-, Quark- oder Sahnebecher gehören nicht in den Müll. Sauber ausgewaschen dienen sie für die Anzucht von Jungpflanzen. Wichtig: Abzugslöcher in den Boden bohren, um Staunässe zu vermeiden.

UPCYCLING MIT PFLANZGEFÄSSEN

Spätestens seit Urban Gardening populär wurde, ist auch Upcycling ein Thema. Denn Urban Gardeners wollen nachhaltig wirtschaften: Sie sammeln verwertbare Materialien, um Beete oder Pflanzgefäße daraus zu bauen.

Urban Gardeners haben dem Hochbeet zu riesiger Popularität verholfen. Dabei ging es ihnen anfangs nicht nur um gute Kulturergebnisse. Die Beete sollten preiswert und mobil sein, weil nie klar war, wie lange man die Grundstücke nutzen konnte. Besonders verbreitet sind deshalb selbst gebaute Hochbeete aus Paletten mit Aufsatzrahmen, beide fallen im Speditionswesen massenhaft an und sind günstig zu haben. Ebenfalls sehr populär sind Bäckerkisten, die gestapelt, mit Erde gefüllt und bepflanzt werden. Auch gebrauchtes Bauholz lässt sich zu Hochbeeten verarbeiten. So fällt zum Beispiel beim Betonieren Schalholz an, das später entsorgt wird. Es lohnt sich, auf der Baustelle nachzufragen, ob es zu haben ist.

ZU SCHADE FÜR DEN ABFALL

Joghurt-, Sahne- und Quarkbecher gehören nicht sofort in die gelbe Tonne. Sie leisten bei der Pflanzenanzucht wertvolle Dienste, weil sie eine gute Größe für Saaten und zum Pikieren haben. Auch Eierkartons sind kein Fall fürs Altpapier, ihre einzelnen Fächer sind ideal, um Pflänzchen hineinzupikieren. Blechdosen, die in vielen Haushalten in größeren Mengen anfallen, sind innen meist mit Kunststoff beschichtet und damit lebensmittelecht. Sie lassen sich bepflanzen, ohne

dass das Blech rostet. Besonders attraktiv sind 5-Liter-Dosen in denen Olivenöl verkauft wird. Sie können sogar mehrjährige Pflanzen für 2–3 Jahre beherbergen. Nicht vergessen: In alle Gefäße Löcher für den Wasserabzug bohren!

UPCYCLING

Anzuchtschalen gibt es nur aus Kunststoff, und viele nachhaltig wirtschaftende Gärtner mögen sie deshalb nicht verwenden. Als Alternative bieten sich gebrauchte Produkte an. Obststeigen aus Holz ergeben sehr gute Aussaat- und Pikierkästen. Das Holz ist unbehandelt und damit lebensmittelecht. Obststeigen fallen beim Gemüsehändler und in Supermärkten reichlich an – wer fragt, bekommt sie oft umsonst. Auch nicht mehr benötigte tiefe Backbleche eignen sich gut für die Anzucht, da sie unverwüstlich sind. Allerdings muss man Pflanzen in Backblechen vorsichtig wässern, damit keine Staunässe entsteht. Ist das nicht möglich (im Freiland), hilft eine Dränage aus Sand oder Kies.

Alte Töpfe mit Glasdeckeln ersetzen Minigewächshäuser für Stecklinge. Die Abdeckung hält die Wärme und erhöht die Luftfeuchtigkeit. Ausrangierte Glasschüsseln oder größere Weckgläser schützen, im Freilandsaatbeet über Jungpflanzen gestülpt, diese vor niedrigen Temperaturen.

HILFSMITTEL AUS NATURMATERIALIEN

Nachhaltig Gärtnern hört am eigenen Gartenzaun nicht auf. Wer konsequent sein will, macht sich schon vor dem Einkauf Gedanken, wo Pflanzen und Equipment herkommen und wie sie produziert wurden.

Ob unser Handeln nachhaltig ist, hängt von vielen Faktoren ab und oft ist es schwer, diese gegeneinander abzuwägen. Ein Beispiel: Gärtnereien, die nachhaltig arbeiten, verwenden Töpfe aus Recycling-Kunststoff. Für den nachhaltig wirtschaftenden Gärtner kann dies zumindest ein Kriterium bei der Kaufentscheidung sein. Doch die schönste Nachhaltigkeitsbilanz geht in die Knie,

wenn ein solcher Betrieb weit weg von unserem Wohnort liegt und die Pflanzen von weit her transportiert werden. In diesem Fall ist es besser, Pflanzen aus regionaler Produktion zu kaufen, etwa in kleineren Gärtnereien oder auf dem Wochenmarkt. Natürlich sollte man auch dann darauf achten, dass die Anzucht in Gefäßen aus Ton, Papier oder anderen unbedenklichen Stoffen erfolgt und in der Produktion kein Plastikmüll anfällt.

HILFSMITTEL AUS LANGLEBIGEN NATURMATERIALIEN

Zum Gärtnern benötigt man allerlei kleine Hilfsmittel. Auch bei ihrer Wahl sollte man auf Materialien aus nachhaltiger Produktion achten.

• Topfpflanzen sind oft aufwendig etikettiert. Die aufgedruckten Beschreibungen und Standortangaben sind zwar nützlich, weil sie eine schnelle Orientierung geben, allerdings entsteht so auch viel Kunststoffmüll. Auch im Garten benötigt man Etiketten. Zumindest in Saatbeeten kann man nicht auf die Beschriftung verzichten. Verwendet man hier Kunststoffetiketten, sollte man sie im Sinne der Nachhaltigkeit am besten mit Bleistift beschriften, dann ist die Schrift wasserfest, lichtecht und damit lange haltbar. Und weil man Bleistift ausradieren kann, lassen sich die Etiketten mehrfach verwenden. Eine noch nachhaltigere Lösung sind unbehandelte Holzetiketten. Man sollte sie jedoch wetterfest beschriften und möglichst oft verwen-

Wer Jungpflanzen selber anzieht, braucht jede Menge Etiketten. Besonders nachhaltig: das Upcycling von Eisstielen aus Holz.

Rankgerüste baut man am besten aus natürlichen Materialien wie Holzlatten, Ästen, Zweigen. Zum Festbinden nimmt man Naturgarn.

den, und das Holz sollte unbedingt aus heimischem Anbau stammen.

• Für Aussaaten oder Pflanzen auf Balkon und Terrasse kaufen viele Gärtner Spezialerden in Kunststoffsäcken. Das vereinfacht den Transport. Doch bei der Entsorgung der Säcke entsteht viel Kunststoffmüll. Besser mischt man solche Erden selbst oder kauft sie unverpackt in der Gärtnerei und transportiert sie in Eimern oder Kübeln.

• Stäbe und Pfähle sind im Garten unverzichtbar. Beide sollten aus nachwachsenden Rohstoffen bestehen. Weit verbreitet sind Tonkin- oder Bambusstäbe. Leider gibt es diesen nachwachsenden Rohstoff nicht aus heimischer Produktion, deshalb sind die Transportwege weit. Wer diese unbedingt vermeiden will, nimmt Zweige heimischer Gehölze aus dem Garten. Sie eignen sich genauso als Pflanzenstütze. Allerdings muss man sie etwas häufiger erneuern.

• Pfähle zum Stützen junger Bäume bestehen immer aus Holz. Die günstigen sind aus Fichten- oder Kiefernholz und kesseldruckimprägniert (→ Seite 121), damit sie möglichst lange halten. Umweltfreundlicher für den Boden sind jedoch nicht imprägnierte Pfähle aus Hartholz wie Esskastanie, Robinie oder Eiche. Sie sind zwar etwas teurer, halten dafür aber viele Jahre.

• Das Gleiche gilt für Kletterhilfen oder Rankgerüste. Holzgerüste sollten aus heimischer Produktion stammen. Viel haltbarer sind jedoch Metallkonstruktionen, besonders, wenn sie aus rostfreiem Material bestehen.

• Auch beim Bindematerial sind umweltfreundliche Produkte wichtig. Kunstbast oder kunststoffummantelte Drähte tragen zur Zunahme von Plastikmüll bei. Alternativen sind Naturbast und verzinkter Draht, beide sind sehr lange haltbar. Stabiles Bindegarn gibt es aus Kokos, Sisal, Baumwolle oder Hanf. Perfekt ist Hanfgarn aus heimischem Anbau.

• Als Kälteschutz für Pflanzen wählt man statt Salathütchen aus Kunststoff besser langlebige Glashauben (Chloches) und statt Kunststoffvlies eignen sich Ballentücher gut.

ENERGIE SPAREN IM GARTEN

Zum nachhaltigen Gärtnern gehört auch das Energiesparen und die Wahl nachhaltiger Energiequellen. Am besten informiert man sich schon vor der Anschaffung von Hilfsmitteln und Geräten über deren Energieverbrauch.

Möglichst früh und lange ernten zu können ist für die meisten Hobbygärtner ein erklärtes und verständliches Ziel. Da liegt es nahe, sich ein beheiztes Gewächshaus anzuschaffen. Doch Vorsicht: Beheizte Gewächshäuser sind die größten Energieschlucker im Garten. Meist sind sie auch nicht nötig, weil es nachhaltigere Alternativen gibt.

FRÜHBEET, FOLIE UND VLIES

In den meisten Gärten reicht ein Frühbeetkasten aus. Er ist einfach zu bauen und hält viele Jahre, besonders wenn er aus Betonplatten besteht und eine Glasabdeckung – möglichst aus ausrangierten Fenstern – hat. Traditionell dienen Frühbeetkästen – wie Gewächshäuser – der Jungpflanzenanzucht, Ernteverfrühung und der Überwinterung von Gemüse. Sie speichern Wärme und bleiben auch bei Temperaturen von -4 °C noch frostfrei. Wird es kälter, breitet man isolierende Stroh- oder Schilfmatten über die Kästen oder man legt das Frühbeet als Mistbeet an, in dem der verrottende Mist über Wochen Wärme abgibt.

Vor Frost schützt auch eine Abdeckung der Pflanzen mit Folie oder Vlies. Folientunnel überspannen ganze Beete, lassen sich ohne viel Aufwand schnell auf- und abbauen und schützen die Pflanzen immer dann, wenn es wirklich nötig ist. Bei starkem Frost deckt man die Tunnel zusätzlich mit Vlies ab, das erhöht den Kälteschutz. Natürlich ist die Verwendung von Folie oder Vlies

nicht besonders nachhaltig. Beide bestehen aus Kunststoff und halten nicht ewig. Sie müssen also öfter neu produziert und wieder entsorgt werden. Doch mit ihrer Hilfe muss zum Schutz vor Kälte keine zusätzliche Energie aufgewendet werden. Ein Tipp: Vlies lässt sich durch Ballentücher aus Jute ersetzen, die allerdings bei Nässe schnell stocken und gelegentlich ersetzt werden müssen.

Das Gewächshaus ist lichtdurchflutet und speichert Wärme – ideal für den Anbau von wärmeliebendem Gemüse.

NÜTZLICH UND NACHHALTIG: EIN KALTES GEWÄCHSHAUS

Ganz auf ein Gewächshaus brauchen aber auch nachhaltig wirtschaftende Gärtner nicht zu verzichten – wenn sie die entsprechende Variante wählen. Denn für Hobbygärtner reicht in der Regel ein sogenanntes »kaltes« Gewächshaus völlig aus. Dieser Gewächshaustyp kommt mit einfachster Ausstattung aus und ist damit deutlich günstiger als beheizte Gewächshäuser.

Ein Kalthaus hat keine Heizung, muss aber gut zu lüften sein. Im Bau- oder Gartenmarkt werden verschiedene Fertigmodelle angeboten, die sich in Größe und Ausstattung stark unterscheiden. Ganz wichtig ist es, auf die Abdeckung zu achten. Neben Foliengewächshäusern gibt es Häuser, die mit Stegdoppelplatten aus Acryl gedeckt sind. Als Gewächshauseindeckung haben sie Vor- und auch Nachteile. Sie können großflächig eingesetzt werden und wirken isolierend, allerdings nur für wenige Jahre, denn die Platten erblinden irgendwann, sodass nicht mehr genug Tageslicht ins Gewächshaus fallen kann. Beschleunigt wird der Vorgang, wenn im Laufe der Zeit immer mehr Moos zwischen den Stegen wächst. Die Folge ist, dass die alten Platten von Zeit zu Zeit erneuert und als Müll entsorgt werden müssen.

Am nachhaltigsten ist deshalb ein kaltes Gewächshaus aus Glas. Die Scheiben lassen viel Tageslicht durch und erblinden nicht. Sie müssen nur ausgetauscht werden, wenn sie brechen. Nachteil von Glas ist sein hohes Gewicht. Das Gewächshaus muss stabil konstruiert werden und ist in der Regel recht teuer. Gärtner, die Sammler und begnadete Bastler sind, können sich ein solches Gewächshaus auch selbst bauen. Nötig sind dazu alte Fenster aus Abbruchhäusern und etwas Bauholz.

Das kalte Gewächshaus lässt sich ganzjährig nutzen. Im Frühjahr heizt es sich schnell auf und ist der ideale Platz für die Jungpflanzenanzucht. Im Sommer beherbergt es wärmeliebendes Gemüse wie Paprika, Tomaten und Gurken. Sie wachsen bei

Der Einsatz von Frühbeetkästen ist Gärtnertradition. Bei hohen Außentemperaturen muss allerdings viel gelüftet werden.

hohen Temperaturen schnell und ergeben eine reiche Ernte. Besonders attraktiv ist das Kalthaus für Wintergemüse, denn auch wenn die Temperatur mal unter null sinkt, geht es dem Wintergemüse unter seinem Dach sehr gut. Bei Extremfrösten kann man im Kalthaus zusätzlich ein Schutzvlies über die Beete legen oder einen Folientunnel installieren. Durch diesen doppelten Kälteschutz entsteht ein gutes Kleinklima für die Pflanzen.

Nicht zu unterschätzen ist die Wirkung des Gewächshauses auch als Windschutz, denn viele Pflanzen sind auch im Winter grün und betreiben Fotosynthese. Im Freiland haben sie bei starkem Frost, kombiniert mit Wind und Sonne, viel Stress. Im Gewächshaus ist es wärmer und windgeschützt und die Pflanzen sind vor Frosttrocknis geschützt.

STROM IM GARTEN

Auch wenn ein Garten im Großen und Ganzen in Kreisläufen funktioniert und wenig Material von außen hinzugefügt werden muss – in puncto Energie wird er fast immer von einem Input von außen abhängig sein. Dabei gilt: Auch wenn nur Ökostrom oder selbst produzierter Strom genutzt wird, sollte immer so wenig Strom wie möglich verbraucht werden. Ist der Garten an das öffentliche Stromnetz angeschlossen, ist die Energieversorgung einfach. Licht und Elektrogeräte können ohne großen Aufwand betrieben werden.

Steht kein Strom zur Verfügung, empfiehlt sich die Installation einer Photovoltaik- oder – in

Solarleuchten sind eine gute Investition. Sie speichern tagsüber Sonnenlicht und leuchten nachts, zumindest für einige Stunden.

Ausnahmefällen – auch einer Windkraftanlage. Sie wandeln Sonnenlicht oder Wind in Strom um und speichern ihn in Batterien. Je nach Größe der Anlage wird der Garten so fast ganzjährig, zumindest aber in der Gartensaison mit Strom versorgt.

Sparsam mit Licht umgehen

Beleuchtung ist an vielen Stellen im Garten nötig. Am Haus, im Schuppen, auf der Terrasse und an den Wegen sorgen ganz unterschiedliche Leuchten

dafür, dass man auch im Dunkeln sicher den Weg findet. Bevor man solche Leuchten installiert, sollte man aber überlegen, ob und wo sie wirklich sinnvoll sind. Rund ums Haus geht ohne Licht nichts, aber schon eine Wegebeleuchtung sollte immer so sparsam wie möglich geplant werden. Dass man energiesparende Systeme wählt, versteht sich von selbst. Sehr sinnvoll sind LED-Leuchtmittel, sie verbrauchen nur sehr wenig Strom. Warmweiße LEDs gelten obendrein als besonders insektenfreundlich. Sie bleiben selbst bei Dauerbetrieb relativ kühl und Insekten werden nicht durch Verbrennungen verletzt. Übrigens: Licht verbraucht nicht nur Strom, sondern stört auch den Biorhythmus der Tiere. Schon aus diesem Grund ist es wichtig, nur so viel Licht einzuschalten, wie wirklich notwendig ist. Aus diesen Gründen ist der Einbau von Bewegungsmeldern zu empfehlen. Sie schalten das Licht nur ein, wenn die Wege betreten werden. Allerdings können auch Tiere den Bewegungsmelder auslösen. Nachhaltig sind auch Wegleuchten mit Solarzellen, die es auch kombiniert mit Bewegungsmelder gibt. Sie laden tagsüber ihre Akkus auf, der Strom reicht je nach Modell bis zu 12 Stunden.

Viele Menschen mögen dekorative Lampen im Beet. Meist sind es leuchtende Kugeln, die eine schöne Stimmung in den Garten zaubern. Doch vor der Anschaffung sollte man sich fragen: Macht die Beleuchtung wirklich Sinn und welche Konsequenzen hat das für die Tierwelt? Installiert man sie dennoch, sollten sie sparsam genutzt und über Zeitschaltuhren gesteuert werden.

Pumpen für Brunnen & Co.

Ein eigener Brunnen im Garten ist ein Geschenk. Allerdings muss sich dann Gedanken über die Wasserförderung machen. Eine Schwengelpumpe kommt ohne Strom aus, da das Wasser ausschließlich mit Muskelkraft gefördert und im Garten verteilt wird. In größeren Gärten stößt diese Methode natürlich schnell an ihre Grenzen, sodass die Installation einer elektrischen Tauchpumpe nötig ist. Bei der Auswahl der passenden Pumpe gibt es einiges zu bedenken.

• Wie hoch ist die Förderhöhe und wie weit muss das Wasser im Garten verteilt werden? Beides ist maßgeblich für die benötigte Leistung der anzuschaffenden Pumpe.

• Wie viel Strom wird die Pumpe verbrauchen? Häufig sind energiesparende Pumpen etwas teurer, doch diese Investition amortisiert sich sehr schnell.

• Auch Zierbrunnen und künstliche Bachläufe kommen ohne Pumpen nicht aus. Vor der Planung solcher Anlagen sollte man sich deshalb überlegen, ob man sie auch wirklich will. Wenn ja, sollten sie unbedingt mit Solarpumpen betrieben werden.

GARTENGERÄTE MIT MOTOR

Motorisierte Gartengeräte haben leistungsstarke Motoren und sind große Energiefresser. Wer einen kleinen Garten hat, sollte deshalb immer dem Einsatz von Handgeräten den Vorzug geben. Erst bei großen Gärten sollte man über die Anschaffung von Motorgeräten nachdenken. Am besten überlegt man vor dem Kauf, ob die Geräte mit den Nachbarn gemeinsam benutzt werden können. Ein Tipp: Geräte, die nur ganz selten gebraucht werden, kann man meist auch mieten.

Wenn man sich aber ein Gerät anschafft, sollte es hochwertig und energiesparend sein. Billige Geräte halten meist nicht lange. Ein wesentliches Auswahlkriterium ist der Motorantrieb. Elektrische Geräte können mit Ökostrom angetrieben werden und gelten damit als nachhaltiger als Geräte mit Verbrennungsmotor. Besonders ungünstig sind Zweitaktmotoren: Sie sind sehr laut und verpesten die Luft mit Abgasen. Solche Geräte kommen am besten nur zum Einsatz, wenn es wirklich gar nicht anders geht. Sie sind laut, werden mit einem Benzin-Öl-Gemisch betrieben und produzieren besonders schädliche Abgase.

Pumpen arbeiten besonders effizient, wenn sie mit Solarstrom betrieben werden – so fallen beim Betrieb keine Energiekosten an.

KAPITEL 5

DER NUTZGARTEN

Nutzgärten sind, entsprechend bewirtschaftet, ein Musterbeispiel für Nachhaltigkeit: Sie liefern gesunde Nahrung, die garantiert frei von Pestiziden und synthetischen Düngern ist. Lange Transportwege für Lebensmittel entfallen. Grundlage für eine gute Ernte sind clevere Planung, Mischkultur, Fruchtfolge und gekonnte Pflege.

DEN KREISLAUF SCHLIESSEN

Im Nutzgarten ist das Denken in Kreisläufen besonders wichtig. Bei der Ernte entziehen wir dem Boden Nährstoffe, die wir ihm durch Düngung und gute Bodenpflege zurückgeben müssen. Kluge Anbauplanung hilft dabei.

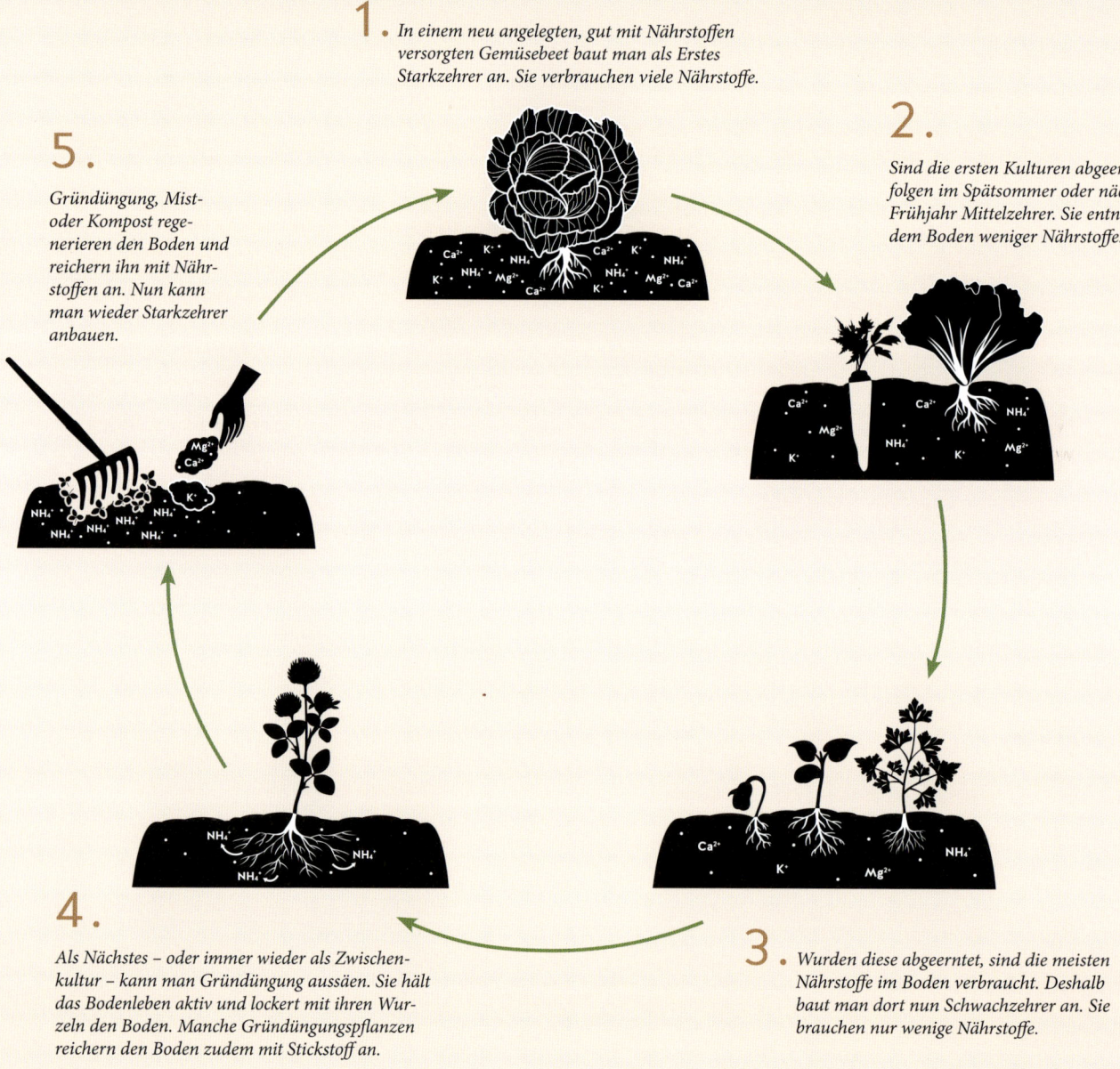

1. *In einem neu angelegten, gut mit Nährstoffen versorgten Gemüsebeet baut man als Erstes Starkzehrer an. Sie verbrauchen viele Nährstoffe.*

2. *Sind die ersten Kulturen abgeerntet, folgen im Spätsommer oder nächsten Frühjahr Mittelzehrer. Sie entnehmen dem Boden weniger Nährstoffe.*

3. *Wurden diese abgeerntet, sind die meisten Nährstoffe im Boden verbraucht. Deshalb baut man dort nun Schwachzehrer an. Sie brauchen nur wenige Nährstoffe.*

4. *Als Nächstes – oder immer wieder als Zwischenkultur – kann man Gründüngung aussäen. Sie hält das Bodenleben aktiv und lockert mit ihren Wurzeln den Boden. Manche Gründüngungspflanzen reichern den Boden zudem mit Stickstoff an.*

5. *Gründüngung, Mist- oder Kompost regenerieren den Boden und reichern ihn mit Nährstoffen an. Nun kann man wieder Starkzehrer anbauen.*

Pflanzen haben unterschiedliche Ansprüche an den Boden und ihre Pflanzennachbarn (→ Seite 22/23). Je mehr unterschiedliche Arten auf einem Beet stehen, umso besser. Der Boden wird nicht einseitig ausgelaugt, Krankheiten werden vermieden und die Pflanzen fördern sich gegenseitig.

GESUNDES GEMÜSE DANK GUTER PLANUNG

Selbstversorger möchten am liebsten rund um das Jahr frisches Gemüse im Garten ernten. Um das zu erreichen, braucht man einen gut durchdachten Anbauplan. Sommer- und Wintergemüse belegen nacheinander dieselben Flächen und werden am besten in Sätzen angebaut, sodass alle paar Wochen geerntet werden kann. Um die Übersicht nicht zu verlieren, ist es gut, einen Anbauplan in Form eines Kalenders zu erstellen. Dazu schreibt man zuerst eine Wunschliste mit den Gemüsearten, die man haben möchte, und beantwortet dann die folgenden Fragen:
• Welche Gemüsesorten eignen sich und wann werden sie ausgesät?
• Wie viel Platz brauchen die einzelnen Arten und mit welchen anderen Arten vertragen sie sich und mit welchen nicht?
• Was ist eine gute Vorkultur für das jeweilige Gemüse, welche kann als Nachkultur folgen?
Eckdaten wie Aussaatzeitpunkt, Platzbedarf, Kulturdauer und Erntezeit werden in einen Kalender eingetragen. Anfänger finden die wichtigsten Informationen auf den Saatguttütchen. Wenn der Plan für die Frühlings- und Sommerbestellung steht, wird auch schnell klar, welche Kulturen wann und wo für den Herbstanbau infrage kommen.

ALLES GUT MIT MISCHKULTUR

Die Königsdisziplin bei der Planung des Gemüseanbaus ist eine perfekte Mischkultur. Bei diesem Anbauprinzip nutzt man aus, dass sich bestimmte Pflanzenarten sehr gut ergänzen. Außerdem wird der Boden nicht einseitig ausgelaugt und bleibt gesund und fruchtbar. Bei der Mischkultur pflanzt man Starkzehrer neben Schwachzehrer, Flachwurzler neben Tiefwurzler, kleine Pflanzen neben große. So können die Pflanzen die im Boden vorhandenen Nährstoffe sowie das Lichtangebot und den Platz im Beet optimal nutzen.

Und es gibt noch einen Vorteil: In der Mischkultur ist der Boden von einer geschlossenen Pflanzendecke bedeckt und das Beet braucht deshalb weniger Wasser, es gibt kaum Platz für Wildkräuter und die Bodenerosion wird reduziert. Außerdem bleibt die Bodentemperatur relativ konstant, was sehr förderlich für die Bodenorganismen ist.

Doch Mischkulturen können noch viel mehr. Bestimmte Kräuter und Gemüse fördern sich gegenseitig, weil sie Inhaltsstoffe produzieren, die für das Wachstum der Pflanzen von großer Bedeutung sind. So vertreiben zum Beispiel die ätherischen Öle von Kräutern Schädlinge wie Läuse und Thripse, und Pflanzen mit Scharfstoffen – Lauch oder Zwiebeln – verhindern Pilzkrankheiten. Eine klassische und einfache Mischkultur besteht zum

Bohnen wachsen am liebsten neben Bohnenkraut. Es vertreibt Blattläuse im Beet. Uns hilft es nach dem Essen beim Verdauen.

Beispiel aus Möhren und Zwiebeln. Ihre Ausdünstungen vertreiben den jeweils anderen Hauptschädling, die Möhren- bzw. die Zwiebelfliege. Auch Sellerie und Kohl sind ideale Nachbarn, denn sie schützen sich gegenseitig vor Sellerierost und den Raupen des Kohlweißlings. Außerdem gibt es zahlreiche Pflanzenpartnerschaften, die sich im Wachstum fördern. Den Überblick über bewährte Kombinationen geben Mischkulturtabellen.

Seit alters bekannt: die Mischkultur. Jede Pflanze bekommt den für sie günstigsten Platz, alle Pflanzen unterstützen sich gegenseitig.

FRUCHTFOLGE: ABWECHSLUNG IM GEMÜSEBEET

Aus dem Biogartenbau wissen wir, dass es gut ist, den Boden abwechslungsreich zu bepflanzen, denn Bodenermüdung und die damit abnehmende Fruchtbarkeit sind immer eine Folge von Monokulturen. Außerdem verbreiten sich Krankheiten wie Pilze oder Wurzelälchen immer weiter, wenn ständig Pflanzen derselben Familie im gleichen Beet angebaut werden. Besonders ärgerlich ist die Infektion mit Kohlhernie, einer Wurzelkrankheit, deren Erreger lange Zeit im Boden überdauern. Gefährdet sind vor allem Kreuzblütler, zu denen alle Kohlarten, Kresse, Rucola und Rettiche zählen. Aus diesem Grund darf man Kohl erst nach 5–7 Jahren wieder auf demselben Beet anbauen. So sinkt das Infektionsrisiko ganz erheblich.

Die Fruchtfolge berücksichtigt in erster Linie den unterschiedlichen Nährstoffbedarf der verschiedenen Gemüse und Kräuter und teilt sie in Stark-, Mittel- und Schwachzehrer ein. Bodenbeschaffenheit, Nährstoffgehalt und der Bearbeitungszustand des Bodens geben vor, welche Pflanzen am jeweiligen Platz angebaut werden können. Nach den Regeln der Fruchtfolge baut man Stark-, Mittel- und Schwachzehrer nacheinander an und achtet dabei zudem darauf, dass auch die Pflanzenfamilien wechseln.
• Zu den Starkzehrern gehören alle Kohlarten und Sellerie.
• Zu den Mittelzehrern zählen Salat, Mangold, Möhren, Rote Bete, Salat und Spinat.
• Schwachzehrer sind beispielsweise Erbsen, Bohnen und viele Kräuter.
Erbsen und Bohnen gehören zu den sogenannten Leguminosen, sie sammeln Stickstoff aus der Luft und reichern ihn im Boden an – ideal für eine Folgebepflanzung mit Starkzehrern.

RICHTIG GIESSEN

Im Nutzgarten ist es relativ einfach, durch eine nachhaltige Kulturführung Ressourcen zu schonen. Mit geschickter Pflanzenauswahl lässt sich schon sehr viel erreichen. Später kommt es dann ganz entscheidend auf die richtigen Pflegemaßnahmen an. Dazu gehört das richtige Gießen und das Sparen von Wasser.

Weil nur selten ein gleichmäßiger Landregen die Pflanzen zur rechten Zeit optimal mit Wasser versorgt, kommt man um das Wässern nicht herum. Besonders Jungpflanzen müssen im Sommer täglich gegossen werden. Doch anstatt den Boden

Nach dem Regen sollte man im Gemüsebeet hacken. So verdunstet weniger Wasser und keimende Wildkräuter werden gestört.

ständig gleichmäßig feucht zu halten, durchnässt man ihn am besten gut und lässt ihn dann wieder trocken fallen. Die Wurzeln werden so immer ausreichend mit Wasser und Luft versorgt. Wenn möglich, gießt man in den frühen Morgenstunden und an sehr heißen Tagen zusätzlich abends. Wichtig ist, dass die Blätter nachts abgetrocknet sind, sonst werden sie anfällig für Krankheiten.

MULCHEN

Mulchen ist eine besonders nachhaltige Methode, denn sie sorgt dafür, dass der Boden immer mit Pflanzenmaterial abgedeckt ist. Dadurch wird er humoser und damit fruchtbarer. Zudem wird das im Boden vorhandene Wasser optimal genutzt, weil weniger Wasser verdunstet. Obendrein hat Unkraut kaum eine Chance zu keimen.

Im Nutzgarten mulcht man nach dem Auflaufen der Saat oder nach dem Setzen von Jungpflanzen. Dazu wird die Erde rund um die Pflanzen dünn abgedeckt. Wenn sich die Mulchschicht zersetzt hat und verbraucht ist, wird einfach eine neue ausgebracht (→ Seite 30/31). Manchmal führt eine

Mulchschicht auch zu besseren Ernten. Erdbeerfelder werden aus diesem Grund kurz vor der Fruchtreife mit Stroh abgedeckt. Die Erdbeeren können reifen, ohne den Boden zu berühren. Sie bleiben sauber und schimmeln nicht so leicht.

HACKEN UND JÄTEN

Saatreihen und frisch gepflanzte Beete, die nicht gemulcht werden, hält man am besten durch Jäten und Hacken frei von Wildkräutern. Dazu gibt es verschiedene Arten von Hacken: Ziehhacken und Stoßhacken (Schuffeln). Ziehhacken werden zum Körper ziehend durch das Beet bewegt, Stoßhacken bewegt man vom Körper weg. Letztere sind breiter und kommen nur zum Einsatz, wenn genug Platz zwischen den Pflanzenreihen ist. Beide Hacken haben eine scharfe Schneide. Sie werden knapp unterhalb der Erdoberfläche bewegt und

DOPPELT SINNVOLL: HACKEN

Stoßhacken sind effektiv, wenn die Wildkräuter noch nicht allzu groß sind. Dabei werden die Pflanzen kurz unter der Erdoberfläche von ihren Wurzeln getrennt und bleiben zum Trocknen auf der Erde liegen. Durch regelmäßiges Hacken bleibt das Gemüsebeet immer frei von Wildkräutern und ganz nebenbei wird noch Wasser gespart, weil durch das Hacken die Bodenkapillare durchtrennt werden und weniger Wasser verdunstet.

trennen die Wildkräuter – möglichst schon im Jugendstadium – von ihren Wurzeln.

Für die Bodenbearbeitung gibt es außerdem Krallen oder Kultivatoren. Sie haben drei (oder fünf) Zacken, werden durch die Erde gezogen und lockern den Boden. Für die Pflege von Saatbeeten sind Hacken und Kultivatoren allerdings nicht geeignet. Dort jätet man besser mit der Hand.

CLEVERE BEETE: LERNEN VON DER PERMAKULTUR

Nicht alle Gärten eignen sich für einen Nutzgarten. Entweder sind sie zu klein oder der Boden ist für die gewünschten Kulturen nicht der richtige. Abhilfe schaffen Spezialbeete, die aus der Permakultur bekannt sind.

Manche Flächen sind für den Anbau von Gemüse nicht geeignet. Manchmal wurden Büsche und Bäume entfernt, ohne die Wurzelballen vollständig zu beseitigen, oder der Boden ist sehr stark verdichtet und neigt zu Staunässe. In manchen Fällen lassen sich solche Böden durch Kompostgaben, Gründüngung oder Mulchen verbessern (→ Seite 30/31). Einfacher ist es oft jedoch,

Spezialbeete anzulegen. Schon aus dem Mittelalter sind Hochbeete und Kräuterspiralen bekannt. Weil sie mit dem jeweils passenden Substrat gefüllt werden, gehen sie ganz auf die Bedürfnisse der jeweiligen Pflanzen ein. Heute sind Hochbeete und Kräuterspiralen genau wie Hügel- oder Mulchbeete wesentliche Elemente der Permakultur.

HOCHBEETE

Hochbeete sind für viele Kulturen ein guter Ort wenn sie an dem richtigen Standort stehen. Für die meisten Blumen, Kräuter und Gemüse ist ein vollsonniger Standort perfekt. Genauso wichtig ist die Füllung. Die unterste Schicht besteht aus Reisig und dünnen Ästen. Sie sollte etwa 20 cm dick sein und dient als Dränage. Da sie sehr langsam verrottet, gibt sie über einen längeren Zeitraum Nährstoffe an den Boden ab. Die Reisigschicht wird nach dem Einfüllen festgetreten. Darauf folgt eine 10 cm starke Schicht Laub oder Grasschnitt. Sie verrottet schneller und fördert die Humusbildung im Hochbeet. Dieser Vorgang kann beschleunigt werden, wenn man eine mindestens 5 cm dicke Schicht Kompost darübergibt, denn reifer Kompost ist voller Bodenorganismen, die die Verrottungsprozesse im Hochbeet beschleunigen. Alle organischen Materialien werden nach und nach in Humus umgewandelt. Dabei entsteht zusätzlich Wärme. Zum Schluss füllt man auf die Laub-, Gras- oder Kompostschicht Mutterboden. Er kann

Hochbeete sind genial. Sie werden mit verschiedenen Erden und Kompost gefüllt und bieten Platz für fast jede Pflanzenkultur.

Die Form von Hügelbeeten vergrößert die Pflanzfläche, die verrottende Füllung liefert Wärme und Nährstoffe.

entsprechend der Ansprüche der Pflanzen entweder mit Kompost oder mit Sand gemischt werden. Die Oberfläche wird fein geharkt, dann ist das Hochbeet fertig für die Aussaat oder Bepflanzung.

HÜGELBEET

Hügelbeete bestehen wie Hochbeete aus mehreren Schichten verschiedener organischer Materialien, werden aber hügelförmig aufgeschichtet (→ Seite 106/107). Wegen seiner Hügelform wird das Beet intensiver besonnt als ein flaches Beet und speichert viel Wärme. Der Boden bleibt locker und es kommt nie zu Staunässe. Die Folge: Frühjahrspflanzungen sind zwei bis drei Wochen früher erntereif und die Kulturperiode verlängert sich um bis zu sechs Wochen. Durch seine Funktion als Wärmespeicher ist das Hügelbeet ideal für die Bepflanzung mit wärmeliebenden Pflanzen wie Zucchini, Kürbis, Gurken und Melonen geeignet. Doch auch andere Gemüsekulturen profitieren vom Hügelbeet. Sie wachsen in einer dicken Humus-

schicht, die durch den Abbauprozess der organischen Materialien entsteht. Das Gemüse wächst schneller und reift früher. Meistens kann man deshalb von einem Hügelbeet mehrmals in der Saison ernten.

MULCHBEET

Mulchbeete ersparen das Kompostieren von Gartenabfällen und können viele Jahre genutzt werden. Im Frühjahr umrandet man den vorgesehenen Platz mit Brettern und deckt ihn mit unbedruckten Kartonagen in überlappenden Lagen ab. Darauf bringt man eine 30–40 cm hohe Schicht Humus, Kompost oder verrotteten Mist aus. Die Schicht kann zusätzlich mit Urgesteinsmehl oder EM geimpft werden, das fördert die Verrottung. Darauf folgt eine Abdeckung aus 10 cm Stroh, Grasschnitt, Laub oder einem Mix aus allem. Im Folgejahr wird gepflanzt.

EIN EUROPALETTEN-HOCHBEET

Noch einfacher als aus Holzbrettern kann man ein Hochbeet aus Europaletten bauen. Die Paletten halten ziemlich lange und sind im Preis sehr günstig. Oft bekommt man sie bei Handwerksbetrieben oder anderen Firmen sogar umsonst, weil es dort für sie keine Verwendung mehr gibt. Die Maße der Palette sind für ein Hochbeet ideal: Die Höhe stimmt und auch von den Seiten kommt man bequem an die Pflanzen im Beet.

DAS BRAUCHEN SIE:

• 4 Europaletten (120 × 80 × 15 cm)
• Drahtgitter (150 × 100 cm, Maschenweite max. 12 mm)
• Drahtzange, Tacker, Klammern
• 12 Metallwinkel, Spax-Schrauben (40 und 12 mm)
• Akkuschrauber
• Teichfolie und Unkrautvlies
• Füllmaterial (Erde, Reisig, Laub, Kompost)

1. Als Erstes planiert man den Boden, auf dem das Hochbeet stehen soll. Dann rollt man dort das Drahtgitter aus und schneidet es auf 150 cm Länge zu. Das Gitter schützt das Beet vor Wühlmäusen.

2. Nun stellt man die ersten zwei Paletten rechtwinklig auf das Gitter und fixiert sie mit einem Metallwinkel. Die langen Schrauben schraubt man in die dicken Endstücke, die kürzeren Schrauben in die dünnen Bretter.

3. Die übrigen zwei Paletten befestigt man genau-so. Fixieren Sie jede Ecke mit drei Winkeln, so wird das Hochbeet richtig stabil. Zum Festschrauben der unteren Winkel steigt man in das Hochbeet.

5. Zum Schluss tackert man die Teichfolie auf der Innenseite des Hochbeets fest. Das Beet selbst füllt man mit Reisig, Laub, Kompost und Mutter-boden (→ Seite 102/103). In die Zwischenräume der Paletten füllt man Pflanz- oder Blumenerde.

4. Anschließend zieht man das Unkrautvlies in den Zwischenraum der Paletten und tackert es von in-nen an die äußere Palettenwand. Das Vlies schlitzt man später auf, damit man die Seiten der Paletten von außen bepflanzen kann.

EIN HÜGELBEET ANLEGEN

Hügelbeete werden aus Pflanzenresten, die im Garten anfallen, errichtet. Diese werden ab Herbst gesammelt und im Frühjahr zu Beeten aufgeschichtet. Auf eine Anlage im Herbst sollte man verzichten, denn es besteht die Gefahr, dass die Beete im Lauf des Winters von Wühlmäusen und Schnecken besiedelt werden. Die ideale Breite eines Hügelbeets beträgt 1,5 m, die Länge etwa 4 m. Die Beete sollten die Höhe vom 1 m nicht überschreiten, sonst ist die Bepflanzung und Pflege schwierig. Um die Sonne optimal zu nutzen, sollte das Beet in Nord-Süd-Richtung angelegt werden.

DAS BRAUCHEN SIE:
• Drahtgitter (Maschenweite max. 12 mm)
• Spaten, Harke, Schaufel
• Reisig, Laub (nicht von Eiche oder Buche, zu viele Gerbstoffe!)
• Grassoden, Mutterboden

1. Als Erstes markiert man die Fläche des Hügelbeets und hebt mindestens 20 cm Mutterboden aus. Dazu sticht man die Erde Stück für Stück mit dem Spaten ab und lagert sie am Beetrand.

2. Anschließend rollt man das Drahtgitter aus und biegt es an den Rändern hoch. Müssen zwei Bahnen Drahtgitter ausgelegt werden, weil das Beet sehr breit werden soll, sollten sie sich etwa 20 cm überlappen. Der Draht schützt das Innere des Hügelbeets vor Wühlmäusen.

3. Nun füllt man die Kuhle mit Reisig und stampft es fest, damit das Hügelbeet später nicht absackt. Das Reisig dient als Dränageschicht und wird im Laufe der Zeit zu Humus zersetzt.

5. Dann schaufelt man den Mutterboden zurück auf das Beet und vermischt ihn bei Bedarf mit Kompost. So entsteht die typische Hügelform. Zum Schluss harkt man die Oberfläche glatt.

4. Auf die Reisigschicht kommt eine 10 cm dicke Schicht Laub, die man mit umgedrehten Grassoden (falls vorhanden) oder Erdklumpen beschwert. Das Laub verrottet ebenfalls zu Humus, allerdings schneller als das Reisig.

DIE ANBAUZEIT VERLÄNGERN

Wer Freude am Gemüseanbau hat, wird schon bald das Bedürfnis haben, möglichst lange im Herbst und vielleicht sogar auch noch im Winter frisches Gemüse zu ernten. Mit ein paar cleveren Maßnahmen gelingt dies.

Auch für den Gemüseanbau im Spätsommer oder Herbst und eine Ernte bis in den Winter ist eine gute Planung das A & O. Dazu wählt man zunächst kältetolerante Gemüsearten oder Kräuter und erstellt einen Anbauplan.

• Viele Gemüsearten wie Spinat, Mangold oder Möhren vertragen Frost und können in wärmeren Gegenden ganzjährig im Freiland angebaut werden. Am besten wählt man außerdem Sorten, die speziell für den späten Anbau geeignet sind.

• Wurzelgemüse können sogar teilweise im Beet überwintern, etwa Pastinaken, Petersilienwurzeln, Schwarzwurzeln oder Topinambur. Sie werden bei Bedarf ausgegraben, solange der Boden offen ist.

• Auch Feldsalat, Rucola oder Petersilie kann man im Herbst und Winter frisch ernten. Sie haben teils einen geringeren Lichtbedarf als andere Gemüse-arten und wachsen selbst im Winter noch recht gut.

Natürlich ist das Einhalten von Aussaat- und Pflanzterminen besonders in dieser Jahreszeit von großer Bedeutung. Pflanzen wachsen bei abnehmender Tageslänge und niedrigen Temperaturen langsamer. Manchmal erreichen sie ihre gewohnte Größe nicht und sie brauchen jetzt einfach mehr Zeit zum Reifen. Allerdings kommen die meisten Pflanzen auch mit weniger Platz aus als im Sommerhalbjahr. Man kann die Gemüse also viel enger säen und pflanzen als im Frühjahr.

Dass die Pflanzen im Herbst langsamer wachsen, bedeutet aber auch, dass sie nicht mehr so viele Nährstoffe benötigen wie in den Sommer-monaten. Meistens reichen die im Boden vorhandenen Restmengen an Stickstoff aus dem Frühjahr und Sommer schon aus, um unser Gemüse im Herbst und Winter zu versorgen.

CLEVERER KÄLTESCHUTZ

Herbst und Winter sind kalte und sehr lichtarme Jahreszeiten mit vielen Niederschlägen. Auch wenn man ausschließlich kältetolerante Gemüsearten und -sorten gewählt hat, kommt man, wenn es zu

Viele Gemüsearten wachsen auch im Winter im Freiland. Doch wenn es nachts besonders kalt ist, legt man ein Schutzvlies bereit.

Cloches sehen im Garten gut aus und sind sehr nützlich: Sie schützen Salat oder Jungpflanzen in kalten Nächten vor Kälte.

kalt und/oder zu nass wird, um einige Winterschutz-Maßnahmen nicht herum, mit Ausnahme von einigen wenigen frostfreien Regionen.

• Eine Abdeckung mit Fichtenzweigen, Laub, Mulch oder auch Stroh schützt Pflanzen vor strengen Frösten. Eine solche Schutzschicht kann besonders für wintergrüne Pflanzen lebensrettend sein. Wintergrüne Pflanzen verdunsten ständig Wasser, besonders bei Sonne und Wind. Auf gefrorenen Böden kann das Wasser aber nicht mehr ausreichend durch die Wurzeln nachgeliefert werden, die Pflanzen vertrocknen in der Folge. Bei strengem Frost hilft es den Pflanzen deshalb, wenn die Blätter beschattet sind. Sie stellen dann ihren Stoffwechsel und damit ihren Wasserverbrauch weitestgehend ein.

• Will man den Boden für die Wurzelgemüse- oder Porreeernte möglichst lange frostfrei halten, breitet man einfach ein Frostschutzvlies über die Beete aus oder mulcht den Boden dick. Der Boden bleibt so länger warm und wir können auch bei frostigen Lufttemperaturen noch ernten. Bei lang anhaltenden Frostperioden reichen diese Maßnahmen allerdings nicht aus und das Gemüse erfriert. In

diesem Fall wäre es das Beste, das Gemüse rechtzeitig abzuernten und einzulagern.

• Salat, Spinat oder Radieschen lassen sich auch bis in den Winter kultivieren, sie wachsen unter Vlies aber nicht so gut. Besser baut man sie zu dieser Zeit im Gewächshaus oder unter einem Folientunnel an. Diesen stellt man direkt nach der Aussaat oder Pflanzung auf oder – noch besser – nur, wenn längere Kälteperioden zu erwarten sind.

• Glocken, Hütchen, sogenannte mobile Kästen, sind ebenfalls eine gute Möglichkeit, empfindliche Kräuter und Gemüse temporär abzudecken und so gegen Kälte zu schützen. Bei sehr starken Frösten sollte man Glocken und Hütchen nachts zusätzlich mit Schilfmatten abdecken.

• Genial und einfach ist der klassische Frühbeetkasten. Er schützt die Pflanzen vor starker Nässe, Wind und Extremfrösten. Wird er mit Mist gefüllt, steigen die Temperaturen im Kasten durch Verrottung des

FROSTSCHUTZ MIT BALLENTÜCHERN

Ballentücher aus Jute lassen sich sehr gut als Frostschutzdecke für Pflanzen verwenden. Dazu mulcht man die Beete zuerst mit einer Laubschicht. Die Schicht wird anschließend mit Ballentüchern abgedeckt, die man an den Rändern mit Erde oder Drahtheringen fixiert. So trocknen die Tücher nach Regenfällen schnell ab und sind lange haltbar, besonders wenn sie nach jeder Nutzung getrocknet und trocken gelagert werden.

Mists und die Pflanzen haben auch im Winter noch Zuwachs. So kann man die Erntezeit im Herbst und Winter erheblich verlängern. Ein Mistbeetkasten eignet sich auch zur Überwinterung von Jungpflanzen (Zwiebeln, Kohlrabi oder Salat). Sie werden schon im Herbst ausgesät und sind im Folgejahr erheblich früher erntereif.

PFLANZEN BIOLOGISCH SCHÜTZEN

Sind Pflanzen ausgewogen versorgt, leiden sie seltener unter Krankheiten und Schädlingen. Das Ziel im nachhaltigen Garten ist es deshalb, die Abwehrkräfte der Pflanzen zu stärken und Nützlinge zu fördern.

Eine nachhaltige Bodenpflege und Mischkulturen sind die Basis für die Pflanzengesundheit und wirken vorbeugend. Regelmäßige Kontrolle, stärkende Pflanzenjauchen und die Ansiedlung von Nützlingen tun ein Übriges (→ Seite 122/123).

KRÄUTERBRÜHEN & CO.

Für gesundes Wachstum benötigen Pflanzen optimale Bedingungen: den richtigen Boden, ausreichend Wasser und Nährstoffe, die richtigen Temperaturen und genügend Licht. Fehlt etwas oder ist etwas zu viel, stockt das Wachstum und die Pflanzen verlieren an Widerstandskraft. Sie werden anfällig für Krankheiten und Schädlinge. Erstes Gebot ist dann die Stärkung der Pflanzen. Dabei leisten Kräuterjauchen, -brühen, Kaltauszüge oder Kräutertees gute Dienste.

Manche Pflanzenjauchen wirken stärkend, weil sie viele Nährstoffe und Mineralien enthalten. Sie sind ideal zur Düngung von Gemüsejungpflanzen. Pflanzen wie Lavendel, Thymian und Salbei schützen vor Schädlingen, Rainfarn und Schachtelhalm wirken vorbeugend gegen Pilzkrankheiten. Brennnesseljauche ist Dünger und Spritzmittel in einem und Beinwell versorgt alle Pflanzen mit Nährstoffen. Zur Herstellung einer Jauche wird ein ausreichend großes Gefäß aus Kunststoff, Emaille oder Holz benötigt. Gefäße aus Metall scheiden aus, da das Material bei der Gärung ungünstige chemische Reaktionen auslösen kann. Das Gefäß wird zur Hälfte mit klein geschnittenen, frischen Kräutern und dann bis zum Rand mit Wasser befüllt. Am besten nimmt man abgestandenes, warmes Regenwasser. Nun deckt man das Gefäß mit einem Gitter ab. So ist der Ansatz während der Gärung gut belüftet und es können keine kleinen Tiere oder Vögel zu Schaden kommen. Während der Gärung rührt man gelegentlich um. Nach etwa zwei Wochen hat die Jauche eine dunkle Farbe und wird abgeseiht. Vor dem Ausbringen muss die Jauche im Verhältnis von 1:10 verdünnt werden.

Pflanzenbrühen sind einfach herzustellen: Den Eimer zu drei Vierteln mit Pflanzenteilen füllen, Wasser zugeben, stehen lassen.

WIE PFLANZENBRÜHEN UND -JAUCHEN WIRKEN	
PFLANZEN	**WIRKUNG**
Acker-Schachtelhalm (Brühe, Tee)	stärkend für alle Pflanzen, wirken gegen Pilzerkrankungen
Beinwell (Jauche)	stärkend für alle Pflanzen, fördert Fruchtwachstum
Brennnessel (Brühe, Jauche)	fördert das Blattwachstum, gegen Läuse und Spinnmilben
Farn (Brühe, Jauche)	wirkt gegen Blattläuse
Kamille (Tee)	stärkt die Abwehr, wirkt gegen Wurzelkrankheiten
Knoblauch (Jauche)	wirkt gegen Pilzkrankheiten, besonders Mehltau
Lavendel, Salbei, Thymian (Tee)	stärken die Abwehr, wirken gegen Insekten, Schnecken
Rainfarn (Brühe, Tee)	wirkt gegen Blatt- und Wurzelläuse, Weiße Fliege, Milben, Pilzkrankheiten
Rhabarberblätter (Tee, Kaltauszug)	wirkt gegen Blattläuse und Lauchmotten
Schafgarbe (Kaltauszug)	stärkt die Abwehr
Tomatenblätter (Kaltauszug)	vertreibt Kohlweißlinge
Wermut (Brühe)	wirkt gegen Apfelwickler, Ameisen, Raupen, Pilzkrankheiten
Zwiebel (Brühe)	wirkt gegen Milben und Pilzkrankheiten, Braunfäule

Für eine Brühe weicht man zerkleinerte Pflanzen einen Tag in Wasser ein. Dann kocht man sie zugedeckt eine Stunde und filtriert sie. Ist sie abgekühlt, kann sie unverdünnt eingesetzt werden. Für Tees übergießt man Kräuter mit kochendem Wasser und lässt den Tee abgedeckt stehen, bis er kalt ist. Kräuter, die ihre Wirkung verlieren, wenn sie stark erhitzt werden, weicht man in kaltem Wasser abgedeckt einen Tag ein. Der filtrierte Kaltauszug ist sofort verwendbar. Sowohl Tees als auch Kaltauszüge wendet man unverdünnt an.

WENN ES PROBLEME GIBT

Auch wenn man den Gemüsegarten noch so gut pflegt, können Pflanzen krank werden, besonders wenn das Wetter nicht ganz mitspielt.

Pilzkrankheiten

• Kohlhernie befällt Kohl und andere Kreuzblütler. Der Pilz dringt über die Wurzeln in die Pflanzen ein und schädigt die Leitungsbahnen. Wassermangel und welkende Blätter sind die Folge. Die Verbreitung wird am besten durch Fruchtwechsel mit fünf bis sieben Jahren Anbaupause eingedämmt.

• Grauschimmel oder Botrytis entsteht bei hoher Luftfeuchtigkeit bei hohen Temperaturen und kann in extremen Fällen zum Totalausfall der Kulturen führen. Beste Vorbeugung sind ein großer Pflanzabstand im Freiland und regelmäßiges Lüften im Gewächshaus oder Frühbeetkasten. Befallene Pflanzenteile müssen regelmäßig entfernt werden.

• Echter Mehltau verbreitet sich besonders bei Trockenheit und Wärme. Er bildet einen weißen Belag auf den Blattoberseiten, der später bräunlich wird. Die Folge sind Wachstumsstörungen und Verkrümmungen der Blätter. Befallene Pflanzenteile rasch entfernen! Wichtigste vorbeugende Maßnahme: abends nicht gießen. Bei starkem Befall Brühe oder Jauche aus Knoblauch oder Rainfarn spritzen.

• Im Gegensatz zum Echten Mehltau befällt der Falsche Mehltau immer die Blattunterseiten. Auf der Blattoberseite kommt es später zu Fleckenbildungen und Verfärbungen. Zur Vorbeugung gut

Marienkäferlarven haben großen Appetit: Wie die Marienkäfer vertilgen sie Unmengen von Blattläusen im Garten.

belüften und für einen weiten Pflanzabstand sorgen. Befallene Blätter entfernen, mit Knoblauch- oder Wermutjauche oder -brühe spritzen.

• Rostkrankheiten werden von Pilzen verursacht und breiten sich von der Blattunterseite her aus. Die rostbraunen Pusteln dehnen sich zu Flecken aus. Vorbeugend helfen Acker-Schachtelhalmbrühe oder eine kalibetonte Düngung. Befallene Pflanzenteile entfernen und mit Brühe oder Jauche aus Wermut oder Knoblauch spritzen.

Schädlinge

• Kohlfliegen ähneln kleinen Stubenfliegen, sie befallen in erster Linie Kohl, aber auch andere Kreuzblütler wie Radieschen oder Rettich. Sie legen ihre Eier am Wurzelhals junger Pflanzen oder in der Erde ab. Die weißen Larven fressen sich durch die Wurzeln, die Pflanzen welken. Bester Schutz ist ein engmaschiges Kulturschutznetz.

• Möhrenfliegen erkennt man an den bräunlichen Fraßgängen in den Wurzeln. Bei starkem Befall welkt das Laub. Möhrenfliegen legen ihre Eier in der Erde ab, die weißen Larven fressen sich durch die Wurzeln. Zur Vorbeugung gibt man dem Beet einen offenen, windigen Platz und bepflanzt es in Mischkultur mit Zwiebeln oder Lauch. Sehr wirksam ist außerdem ein Kulturschutznetz.

• Zwiebelfliegen befallen Lauchgewächse wie Zwiebeln, Porree oder Schnittlauch. Die Maden höhlen das Herz der Pflanzen aus, diese sterben langsam ab und müssen schnell vernichtet werden. Vorbeugend mit Rainfarn- oder Wermutbrühe spritzen, auch ein Kulturschutznetz ist sehr hilfreich.

• Blattläuse verursachen erhebliche Schäden. Die Anlage von Mischkulturen und das Ansiedeln von Nützlingen (Insektenhotels oder Florfliegenkästen) sind die wichtigsten vorbeugenden Maßnahmen.

• Die Weiße Fliege findet man oft im Spätsommer oder Herbst an den Blattunterseiten von Kohl. Dieser Schädling, auch Kohlmottenschildlaus genannt, saugt Pflanzensäfte aus den Blättern und scheidet Honigtau aus. Darauf siedeln sich Rußtaupilze an. Vorbeugende Maßnahmen sind Fruchtwechsel und eine zusätzliche Kalidüngung zur Stärkung der Pflanzen. Auch Spritzungen mit Rainfarnbrühe haben sich bewährt.

• Nacktschnecken werden am besten vorbeugend bekämpft. Das Gemüsebeet braucht einen offenen, sonnigen Standort, abends sollte man möglichst nicht gießen. Besonders gefährdete Beete schützt man mit einem Schneckenzaun.

• Der Kohlweißling legt seine Eier vorrangig auf Kohlarten ab. Die Raupen fügen den Blättern durch Lochfraß erheblichen Schaden zu. Treten weiße

Schmetterlinge auf, sucht man die Blattunterseiten der Kohlpflanzen nach Eiern ab und entfernt sie vollständig, ebenso die grünen Raupen. Empfindliche Pflanzen bekommen ein Kulturschutznetz.

NÜTZLINGE IM GARTEN

Unter Nützlingen verstehen wir Kleintiere, Insekten oder auch Spinnentiere, die im Garten leben und uns auf ganz natürlichem Weg bei der Gartenarbeit unterstützen. Sie fressen Schädlinge, bestäuben Nutzpflanzen, zersetzen Gartenabfälle, durchlüften den Boden und sorgen so für ein biologisches Gleichgewicht. Grund genug, ihnen einen geeigneten Lebensraum zu schaffen. Schon der Anbau heimischer Pflanzen und der Verzicht auf chemische Pflanzenschutzmittel reicht, um Nützlinge in den Garten zu locken. Totholzhaufen, liegen gelassenes Laub oder Schnittgut bieten vielen Nützlingen einen guten Lebensraum. Die Ansiedlung kann zusätzlich durch das Aufstellen von Tränken oder passenden Behausungen gefördert werden. Nistkästen und Futterhäuschen für Vögel, Insektenhotels, Fledermauskästen, Ohrwurmbehausungen oder Marienkäferhäuschen halten Nützlinge im Garten (→ Seite 125).

WOMIT MAN NÜTZLINGE FÖRDERN KANN		
NÜTZLING	**NAHRUNG**	**FÖRDERN DURCH**
Fledermäuse	Insekten	Fledermauskasten
Igel	Schnecken, Käfer, Insektenlarven	Laubhaufen
Spitzmäuse	Engerlinge, Schnecken, Fliegenmaden	Trockenmauern, Brachflächen
Meisen und andere Singvögel	Frostspannerraupen, Gespinstmotten an Obstbäumen	Nistkästen, Vogelfutterhaus, Vogeltränke
Erdkröten	Schnecken	Teich
Bienen	Nektar (Bestäuber von Blüten)	Blumenwiesen, Bienenstöcke
Florfliegen	Milben, Blattläuse	Insektenhotels
Hummeln	Nektar (Bestäuber von Blüten)	Blumenwiesen, Nistkästen
Marienkäfer	Blattläuse	Marienkäferhaus
Ohrwürmer	Blattläuse, Spinnmilben	Ohrwurmbehausung
Schlupfwespen	Raupen, Gespinstmotten	Insektenhotels
Schmetterlinge	Nektar (Bestäuber von Blüten)	Blumenwiesen, Laub- und Reisighaufen im Winter
Schwebfliegen	Blatt- oder Blutläuse (auch Bestäuber)	Insektenhotels
Regenwürmer, Asseln	abgestorbene Pflanzenteile	Mulchschicht, Laub-, Komposthaufen

GEMÜSE
RICHTIG LAGERN

Der Erfolg im Garten ist Segen und Fluch zugleich. Im Sommer gibt es eine Gemüseschwemme und im Herbst muss man die Ernte vor dem Frost retten. Also heißt es ernten, lagern, einmachen, einkochen und trocknen!

Viele Gemüse (Grünkohl, Lauch) sind frosthart und können den ganzen Winter im Beet stehen. Andere halten Minustemperaturen nicht aus, deshalb erntet man sie und lagert sie ein.

• Wurzel- und Knollengemüse (Möhren, Sellerie, Rote Bete) kann man in der Erdmiete oder im Keller lagern. Dazu wird das Grün entfernt, die Wurzeln und Knollen werden aber nicht abgewaschen. Man schichtet sie in der Erdmiete auf oder lagert sie im Keller in Sand ein.

• Kohl lagert man am besten im Keller. Nach der Ernte entfernt man kranke Blätter und stapelt die Köpfe in Kisten oder man legt sie in Regale. Kohl kann aber auch eingemacht werden.

• Gurken, Zucchini, Kürbis oder auch Tomaten kann man ebenfalls einmachen oder einkochen.

• Eine sehr gesunde Variante ist das milchsaure Einlegen von Gemüse. Bekanntestes Beispiel ist das aus Weißkohl hergestellte Sauerkraut. Das gewaschene und geschnittene Gemüse wird mit Salz und Gewürzen durch Gärung haltbar gemacht und die Vitamine bleiben erhalten.

Einfrieren ist zwar praktisch, doch es verbraucht eine erhebliche Menge an Energie. Deshalb ist es nachhaltiger, Gemüse auf traditionelle Art zu lagern oder haltbar zu machen.

IM KELLER EINLAGERN

Der Hauskeller bietet häufig genug Platz zum Einlagern von Gemüse, wenn er nicht zu warm ist.

Er sollte frostfrei, aber kühl sein (5–10 °C). Die Luftfeuchtigkeit sollte bei 80–90 % liegen und der Raum muss gut zu lüften sein. Exakt diese Bedingungen hat auch ein richtiger Erdkeller. Er bietet konstante Temperaturen über das ganze Jahr, eine ausreichend hohe Luftfeuchtigkeit und ist deshalb ideal zum Lagern. Allerdings ist der Bau etwas aufwendig und man braucht den Platz dafür.

Waschmaschinentrommeln dienen, im Beet eingegraben, im Winter zum Einlagern von Wurzeln oder Rüben.

Das Einmachen von Gurken ist eine uralte Tradition. Die Gurken werden geschnitten, gewürzt und in Essig und Wasser eingelegt.

DIE ERDMIETE

Einfach und genial sind Erdmieten. Wenn sie gut gebaut sind, haben sie eine Umgebungstemperatur von 5 °C und eine hohe Luftfeuchtigkeit. Erdmieten legt man an schattigen Stellen im Garten an, und zwar ebenerdig oder in Gruben von etwa 40 cm Tiefe. Auf den Boden kommen eine Dränage aus grobem Sand oder Kies und ein Kaninchendraht als Schutz vor Wühlmäusen. Nun schichtet man das Gemüse so auf, dass es nicht gequetscht wird. Man kann die Miete so hoch füllen, dass oberirdisch ein kleiner Hügel entsteht. Zum Schluss deckt man das Gemüse mit einer Plane und einer etwa 30 cm dicken Lage Stroh ab.

EINMACHEN

Unter dem Begriff »Einmachen« versteht man das Pasteurisieren von Obst oder Gemüse. Wir kennen es zum Beispiel von Marmelade, Gelees, Tomatensoßen oder Chutneys.

Zum Einmachen kocht man erst einmal alle Zutaten, schmeckt sie ab und füllt sie so heiß wie möglich in ausgekochte Twist-off-Schraubgläser.

Anschließend werden die Gläser verschlossen und einige Minuten auf den Kopf gestellt. Beim Abkühlen entsteht ein Vakuum und der Deckel zieht sich leicht nach innen.

TROCKNEN

Ohne Wasser können Mikroorganismen (Bakterien, Pilze) nicht existieren. Dies macht man sich beim Trocknen zunutze. Das Gemüse wird gewaschen, abgetrocknet, klein geschnitten und zum Trocknen an der Luft ausgelegt oder man gibt es auf ein Blech im Backofen oder in ein spezielles Dörrgerät.

Beim Trocknen wird Obst, Gemüse, Pilzen oder Kräutern über Stunden oder Tage kontrolliert Wasser entzogen. Die dafür nötigen Temperaturen liegen zwischen 30 und 70 °C. Während des Trocknens muss für einen ständigen Luftaustausch gesorgt sein, damit die Feuchtigkeit abziehen

EINKOCHEN STATT EINFRIEREN

Einkochen ist alles andere als altmodisch, denn es ist, im Gegensatz zum Einfrieren, eine energiesparende Art, Obst und Gemüse zu konservieren. Und es lohnt sich auch für kleine Haushalte. Durch Erhitzen werden Mikroorganismen abgetötet, die zum Verderben der Lebensmittel führen würden. Besonders wichtig sind die richtigen Gläser. Sie müssen robust und penibel sauber sein und funktionierende Verschlüsse haben. Außerdem müssen sie so dickwandig sein, dass die Gläser beim Einfüllen von heißem Inhalt nicht zerspringen.

kann. Besonders schonend ist das Trocknen bei niedrigen Temperaturen, denn Aromen und Nährstoffe bleiben so weitestgehend erhalten. Das getrocknete Gemüse wird luftdicht verpackt und kann lange aufbewahrt werden.

NACHHALTIGER GENUSS: OBSTBÄUME & OBSTSTRÄUCHER

Obststräucher und -bäume finden an vielen Stellen im Garten einen Platz. Diese Gehölze sind besonders nachhaltig, denn sie werden teilweise sehr alt und können entsprechend lang im Garten stehen.

Wer einen großen Garten hat, sollte möglichst viele Obstgehölze pflanzen. Der Pflegeaufwand beschränkt sich auf den regelmäßigen Gehölzschnitt und die Ernte. Allerdings ist es bei Obstbäumen und -sträuchern besonders wichtig, dass der Standort stimmt, schließlich stehen sie Jahrzehnte im Garten. Obstbäume werden gern auf Rasenflächen gepflanzt, im besten Fall entsteht

Beerenobst schmeckt nach Sommer. Selbst die säuerlichen Stachelbeeren sind gefragt. Es gibt sie in verschiedenen Sorten.

eine Obstbaumwiese. Solche Wiesen werden nur zweimal im Jahr gemäht und bieten Insekten und anderen Nützlingen dadurch einen wertvollen Lebensraum (→ Seite 78/79).

OBSTBÄUME

Gesunde Obstbäume ernähren Insekten und werden von zahlreichen Nützlingen besiedelt. Außerdem spenden sie im Sommer Schatten und liefern uns zahlreiche Früchte. Obstbäume gab es in unseren Breiten bis vor etwa 1000 Jahren nur als Wildobst, denn erst im Mittelalter wurde bei uns die Obstbaumveredlung bekannt.

Die Veredlungstechnik wurde vor ca. 2500 Jahren im arabischen Raum begründet und im Mittelalter durch Mönche in unsere Klostergärten gebracht. Seitdem wurden auch die Wuchsformen der Obstbäume weiterentwickelt. Durch die Kombination von Veredlung und Schnitt der Gehölze entstanden Hoch- und Halbstämme sowie Spalierobst und Spindelbüsche. Durch Kreuzung und Veredlung wurden zudem Hunderte Obstsorten gezüchtet, die sich regional stark unterscheiden. Neben Kirschen, Zwetschen, Quitten und Birnen gibt es in erster Linie Apfelsorten, und zwar in einer riesigen Vielfalt, von Kläräpfeln über Mostäpfel bis hin zu Tafeläpfeln und Lageräpfeln. Als sich um die Wende vom 19. zum 20. Jahrhundert Baumschulen etablierten, wurden Obstbäume nicht mehr selbst veredelt, sondern man kaufte veredelte Exemplare.

Äpfel zählen zu unseren wichtigsten Obstarten. Ältere Halb- und Hochstämme bieten viel Lebensraum für Vögel und Insekten.

Die Sortenvielfalt nahm durch diese Entwicklung allerdings erheblich ab.

Fast wichtiger als die Sorte ist die Baumform. Sie ergibt sich aus der Verwendung der verschiedenen Unterlagen bei der Veredelung. Es gibt starkwüchsige, schwachwüchsige sowie Unterlagen, die an verschiedene Böden angepasst sind.

Hochstämme sind die klassische Wuchsform von Obstbäumen auf Obstwiesen und an alten Obstalleen. Halbstämme sind Hochstämmen recht ähnlich, was die Wuchsform der Kronen betrifft. Allerdings bleiben sie niedriger und auch der Kronendurchmesser ist etwas kleiner, weil sie auf schwächere Unterlagen veredelt wurden. Beide Baumformen brauchen viel Platz.

Weil die Gärten heute kleiner sind als früher, sind mittlerweile Spindelbüsche sehr beliebt. Dabei handelt es sich um Tafelsorten, die auf schwachwüchsige Unterlagen veredelt wurden. Spindelbüsche werden nur bis zu 3 m hoch. Ganz ähnlich ist das Veredlungsverfahren von Spalierobst. Es wird in schmalen Beeten an Mauern und Zäunen gepflanzt, wächst recht langsam und wird zweidimensional geschnitten.

BEERENOBST

Obststräucher versorgen uns mit leckerem Beerenobst. Besonders beliebt sind Himbeeren, Brombeeren, Stachelbeeren oder Johannisbeeren. An Kleinsträuchern wachsen Aronia, Preiselbeeren und Heidelbeeren.

Bei Beerenobst ist es besonders wichtig, auf den richtigen Standort zu achten. Himbeeren und Johannisbeeren kommen zum Beispiel mit Halbschatten gut aus. Sie sind langlebig und tragen immer gut, wenn sie einen regelmäßigen Verjüngungsschnitt bekommen. Aronia, Preiselbeeren und Heidelbeeren sind sogenannte Moorbeetpflanzen. Zum guten Wachstum benötigen sie saure, humose Böden und genügend Feuchtigkeit. Wenn der Garten diese Bedingung nicht bieten kann, können diese kleinen Büsche auch sehr gut in Kübel gepflanzt werden.

KAPITEL 6

DER ZIERGARTEN

Es gibt (fast) keinen schöneren Ort als einen Ziergarten, um seine Freizeit zu verbringen und sich zu erholen. Und mit guter Planung lässt sich auch ein abwechslungsreicher Ziergarten nach den Prinzipien der Nachhaltigkeit anlegen und pflegen.

NACHHALTIG VON ANFANG AN

Wildstauden statt hochgezüchteter Prachtstauden, heimische Hölzer statt Tropenholz, Natursteine aus der Region statt weit transportiertes Material: Nach diesen Kriterien entsteht ein nachhaltiger Ziergarten.

Stauden, ein- und zweijährige Blumen, Rosen und Ziergehölze machen einen Ziergarten aus. Durch eine kluge Auswahl der Arten oder Sorten entstehen Gartenbilder, die nicht nur attraktiv, sondern auch ökologisch wertvoll sind und Lebensraum für Insekten und andere nützliche Tiere bieten.

Dass man in einem nachhaltigen Ziergarten überwiegend Wildstauden und -gehölze pflanzt, versteht sich fast von selbst. Doch ob ein Ziergarten nachhaltig ist, entscheidet sich auch bei der Wahl der verschiedenen Materialien für Gartenhäuser, Wegebeläge, Zäune und Co.

HEIMISCHES HOLZ

Im Garten verwendete Hölzer sollten am besten aus heimischer Produktion stammen, so entfallen lange Transportwege und man reduziert die Probleme, die bei der Produktion von Tropenhölzern entstehen. Weichhölzer wie Kiefer oder Fichte sind besonders günstig, sie halten aber nicht sehr lange. Etwas haltbarer sind Lärche oder Douglasie, denn sie enthalten viel Harz und faulen bei Nässe nicht so schnell. Am langlebigsten sind Harthölzer wie Eiche oder Robinie, sie sind aber sehr teuer.

Kiefern- und Fichtenholz wird oft kesseldruckimprägniert angeboten. Bei diesem Verfahren wird Holzschutzmittel tief in das Holz gepresst und so seine Lebensdauer erheblich verlängert. Der Holzschutz ist schwer auswaschbar, witterungsbeständig und soll auch pflanzenverträglich sein. Wer solche chemisch behandelten Hölzer meiden will, kann alternativ unbehandeltes Holz regelmäßig mit Leinölfirnis einstreichen. Zaun- oder Baumpfähle aus Weichhölzern, die ständig in Berührung mit feuchter Erde sind, haben keine lange Lebensdauer, egal ob sie imprägniert oder gestrichen sind. Sie brechen nach wenigen Jahren direkt über der Erdoberfläche ab. Um das zu verhindern, setzt man sie in Metallhülsen aus verzinktem Stahl.

Einfassungen für Beete und Hochbeete müssen übrigens nicht aus neuem Holz sein. Oft lassen sich hier alte Balken, Paletten und Bretter verwenden.

STEINE AUS DER REGION

Steine kommen im Ziergarten vielfältig zum Einsatz: im Steingarten, beim Bau von Trockenmauern und für die Pflasterung der Wege.

Trockenmauern, Kräuterspiralen und Steingärten errichtet man am besten aus heimischem Naturstein, etwa Kalkstein, Sandstein oder Granit. Pflaster und Kies für Wege oder Kiesflächen sollten ebenfalls aus der Region stammen, sonst machen lange Transportwege die Ökobilanz zunichte. Besonders nachhaltig: die Verwendung von Steinen aus nahe gelegenen Abbruchhäusern oder von gebrauchtem Kopfsteinpflaster für Gartenwege.

EINFASSUNGEN UND FOLIEN

Ein sehr langlebiges Material ist Cortenstahl. Durch seine spezielle Produktionsweise bekommt er eine rostige Oberfläche, rostet sonst aber nicht weiter. Dünne Bleche aus Corten lassen sich sehr lange als Beeteinfassungen oder Rhizomsperren nutzen.

Und so schön ein Teich im nachhaltigen Ziergarten ist: Teichfolie ist out, sie ist weder in der Produktion noch in der Entsorgung nachhaltig. Alternativ dichtet man Teiche und Bäche besser mit einer Tonschicht ab. Sie quillt bei Feuchtigkeit auf, bildet eine Sperrschicht und hält so das Wasser.

Balken sind langlebige Beeteinfassungen. Sie dürfen allerdings nicht mit giftigen Holzschutzmitteln behandelt worden sein.

SO LOCKT MAN VÖGEL & INSEKTEN IN DEN GARTEN

Artenvielfalt und Tierschutz sind auch im Garten im Trend. Statt sterilem Grün zieht eine Vielfalt heimischer Pflanzen Tiere an. Wasser und Unterschlupfmöglichkeiten sorgen dafür, dass sie sich dauerhaft zu Hause fühlen.

Welche Bedeutung Natur- und Tierschutz sowie Artenvielfalt in unserer Gesellschaft haben, spiegelt sich auch in der Gartennutzung und -gestaltung wider. Beide haben sich in den letzten Jahrzehnten deutlich verändert. In der ersten Hälfte des 20. Jahrhunderts dominierten Nutzgärten, die aber spätestens ab den 1960er-Jahren an Popularität einbüßten. Obst und Gemüse gab es schließlich reichlich und günstig im Supermarkt. In der Folge wurden viele Nutzgärten in Ziergärten mit pflegeleichten Koniferen verwandelt. Man pflanzte immer mehr fremdländische Ziergehölze und in manchem Beet und mancher Rabatte fanden wahre Orgien aus üppig blühenden Prachtstauden mit gefüllten Blüten statt.

Mit dem Aufkommen der Umweltbewegung wurde gegen Ende des 20. Jahrhunderts ein neuer Trend gesetzt. Heute gibt es wieder mehr Natur- und Nutzgärten und die Kreisläufe der Natur werden bei Anlage dieser Gärten mehr und mehr zum Vorbild. Doch leider nicht überall, denn auch pflegeleichte Gärten gewinnen an Popularität. Häufig werden Vorgärten als Kiesgärten angelegt oder gleich als Parkplätze geplant.

NATURNAHE GÄRTEN ANLEGEN

Streng genommen gibt es keine Naturgärten, denn Gärten entstehen immer durch das Zutun des Menschen und sind von seinem Eingreifen geprägt. Und doch gibt es zahlreiche Möglichkeiten, den Garten naturnah zu gestalten. Um den Garten zum Beispiel für Insekten und Tiere attraktiv zu machen, plant man verschiedene Naturgarten-Elemente ein. Wildwiesen bieten Lebensraum für Insekten und Kleintiere und Wildgehölze ernähren Vögel und Nager. Wasserstellen sind lebensnotwendig für alle Tiere und Trockenmauern sind ein selten gewordener Lebensraum für Mäuse, Spinnen, Insekten, Kröten oder Salamander. Außerdem sollte man auch Spezialstandorte für Wildpflanzengesellschaften einplanen, wie zum

Im naturnahen Garten finden Eichhörnchen genau das, was sie als Nahrung brauchen: energiereiche Früchte und Samen.

Stark duftende Wildpflanzen locken viele Insekten an, die wiederum Vögeln als wichtige Nahrungsquelle dienen.

Beispiel für Frühlingsblüher der heimischen Laubwälder. Sie bieten im zeitigen Frühjahr Nahrung für Insekten.

Natürlich gleicht man diese Elemente mit den Bedürfnissen der Gartennutzer ab. Vielleicht kommen noch Nutzpflanzenbeete und Spielflächen für Kinder auf die Wunschliste. Auch Geräteschuppen, Kompostplätze, Wege und Sitzplätze müssen von Anfang an eingeplant werden. Die Leitidee bei der Planung sollte aber immer sein, dass nur ein abwechslungsreicher Garten mit möglichst vielen (Wild-)Pflanzenarten für Tiere attraktiv ist und dem Gärtner bzw. den Gartennutzern spannende Beobachtungen bietet.

Nach der Planung erfolgt Schritt für Schritt die Umsetzung. An manchen Stellen werden neue Beete angelegt, an anderen dürfen sich vorhandene Pflanzengesellschaften weiterentwickeln. Für neue Beete räumt man die vorgesehene Fläche ab und bereitet den Boden vor (→ Seite 30/31). An den Grundstücksgrenzen pflanzt man vielleicht Laubgehölze als Mischhecken (→ Seite 73/74). Sie blühen im Frühjahr, tragen im Sommer und Herbst Beeren und bieten vor allem Insekten und Vögeln Nahrung

und Unterschlupf. Ist nicht genug Platz für eine Mischhecke, pflanzt man eine Schnitthecke aus Hainbuche oder Ahorn. Sie lässt sich schneiden und beansprucht nicht so viel Raum.

Ein besonderes Augenmerk gilt der Pflanzung von Bäumen. Einheimische Laubgehölze wie Eiche, Buche oder Birke werden in der Regel sehr groß und passen selten in den Garten. Allerdings gibt es von vielen Arten mittlerweile kleinwüchsigere Züchtungen. Ähnlich ist es bei den Obstbäumen. Reicht der Platz, sollte man Hochstämme pflanzen. Sie sind langlebig, bilden große Kronen und dienen Vögeln als Nistplatz, die wiederum Blattläuse und andere Schädlinge in großen Mengen vertilgen (→ Seite 116/117). Ist dies nicht möglich, wählt man schwächer wüchsige Exemplare aus.

Blumenwiesen sind fast schon ein »Muss« im naturnahen Garten. Eine artenreiche Wiese ist Futterlieferant für viele Insekten. Um die Versorgung stetig aufrechtzuerhalten, wird die Wiese in mehreren Etappen gemäht. Bei geschickter Planung blüht das erste Wiesenstück schon wieder, wenn das letzte gemäht wird. Für die Mahd sind insektenfreundliche Balkenmäher am besten geeignet. Ganz wichtig: Standort und Boden müssen bei der Auswahl der Saatmischung stimmen (→ Seite 75). Auch Staudenbeete bereichern einen Naturgarten, vorausgesetzt, man legt den Schwerpunkt auf heimische Wildstauden. Und nicht vergessen: Etwas weniger Ordnung ist im Naturgarten mehr. Verwilderte Ecken, ein Totholzstapel oder ein Haufen aus trockenem Laub üben auf viele Tiere eine magische Anziehungskraft aus.

IMMER IM WANDEL: NATURGÄRTEN

Ein Naturgarten bleibt immer ein Ort der Veränderung. Genau das macht ihn so attraktiv.

• Gehölze werden immer größer und älter und damit zu einem abwechslungsreichen Lebensraum für zahlreiche Tiere. Am besten schneidet man sie nur, wenn es unbedingt erforderlich ist.

• An Wiesen und Staudenbeeten lässt sich die Veränderung besonders gut beobachten. Pflanzen, die in einem Jahr dominieren, können im nächsten Jahr vollständig verschwunden sein. Andere wiederum blühen in jedem Jahr, allerdings immer wieder an anderen Stellen. Sie wandern quasi durch den Garten, indem sie sich selbst aussäen. Damit sich die Pflanzen jedoch ihrem natürlich Rhythmus gemäß entwickeln können, sollte man möglichst wenig eingreifen. So stört beispielsweise das Hacken die natürliche Verbreitung der Pflanzen genauso wie das Abschneiden von Blüten- oder Fruchtständen, bevor die Samen ausgefallen sind. Nur wenn man die Stauden mit ihren Samen auch im Herbst und Winter stehen lässt, können sie das ganze Jahr über Insekten Nahrung und einen Lebensraum bieten. Doch natürlich kann man auf Wiesen und Beeten auch nachsäen oder -pflanzen, wenn einem die Entwicklung der Pflanzengesellschaft nicht mehr gefällt.

Insektenhotels werden mit ganz unterschiedlichen Baumaterialien gefüllt. Sie helfen kleinen Insekten beim Nisten und Überwintern.

LEBENSRAUM TROCKENMAUER

Trockenmauern aus lose aufgeschichteten Steinen sind nicht nur ein attraktives Gestaltungselement im Garten sondern auch ein Refugium für zahlreiche Tiere. Zum Bau sollte man unbedingt Natursteine wie Kalkstein, Sandstein oder Granit aus der Region verwenden. Die größten Steine werden in den unteren Schichten verbaut, die kleineren oben. Ganz kleine Steine nutzt man zum Füllen der Lücken. Die Ritzen dürfen auf keinen Fall mit Mörtel abgedichtet werden, sonst finden Kleintiere wie Eidechsen keinen Unterschlupf. Die Ritzen und die Mauerkrone bepflanzt man mit verschiedenen Polsterstauden. Eine gut gebaute Trockenmauer hält viele Jahre und bietet Tieren und Pflanzen einen wertvollen Lebensraum. Fehlt der Platz für eine Trockenmauer, ist ein locker aufgeschichteter Steinhaufen ein guter Ersatz.

WASSER

Alle Tiere brauchen Wasserquellen, deshalb sollten sie in einem nachhaltigen Naturgarten nicht fehlen. Besonders langlebig ist ein naturnah angelegter Teich mit Sumpfzone und Feuchtwiese. Eine solche Wasserlandschaft bietet Lebensraum für Wildpflanzen, Insekten und andere Tiere.

Ein Teich sollte mindestens 80 cm tief sein, über verschiedene Tiefenzonen verfügen und flach auslaufen, damit Tiere nicht zu Schaden kommen. Idealerweise wird er mit Ton abgedichtet und mit Regenwasser gefüllt. Nach der Anlage entwickelt sich ein Teich fast von allein, er muss nur gelegentlich entschlammt werden, damit er nicht verlandet. Dabei entfernt man zugleich übermäßig wuchernde Wasserpflanzen.

Ein Teich ist ein perfektes Zuhause für Frösche, Molche, Wasserkäfer und Libellen. Sie besiedeln den Teich von ganz allein. Flache Stellen laden Vögel zum Baden ein und bieten Igeln eine sichere Tränke. Reicht der Platz für einen Teich nicht, stellt man eine Vogeltränke im Garten auf. Sie wird auch gerne von Bienen und anderen Insekten genutzt.

Wasser darf im naturnahen Garten nicht fehlen. Ein Teich schafft Lebensraum für Insekten und Amphibien und dient Vögeln als Tränke.

VÖGEL IM GARTEN

In einem Naturgarten fühlen sich zahlreiche Vogelarten wohl. Will man Vögel dauerhaft im Garten ansiedeln, sollte man Nisthilfen bereitstellen. Nistkästen unterscheiden sich vor allem in ihrer Größe und im Durchmesser des Einfluglochs. Dessen Größe entscheidet, ob sich Meisen, Stare oder Sperlinge zur Brut niederlassen. Vogelarten wie Rotschwänzchen bevorzugen dagegen Halbhöhlennistkästen. Nistkästen hängt man am besten im Spätwinter katzensicher in Bäumen auf. Das Einflugloch soll wettergeschützt sein und Richtung Süden oder Südosten weisen.

Genauso unterstützend wie Nisthilfen sind Futterstellen für Vögel. Sie müssen trocken, katzensicher und sauber sein. Um Vögel an eine Futterstelle zu gewöhnen, fängt man bereits im Herbst an zu füttern, am besten mit einer Mischung aus Nüssen, Sonnenblumenkernen, Getreide und getrockneten Beeren. Nicht verfüttert werden dürfen Salz oder reines Fett. Im Garten selbst lässt man im Herbst Sonnenblumen und die Samenstän-

de verschiedener Wildstauden stehen. Auch sollten einige Äpfel am Baum hängen bleiben. Sie sind eine wertvolle Nahrung für Vögel im Winter.

ZUFLUCHT FÜR INSEKTEN

Insektenhotels für Wildbienen, Hummeln und andere Insekten kann man kaufen oder selber bauen. Man installiert sie an sonnigen, windgeschützten Plätzen. Insektenhotels bestehen aus einem stabilen Rahmen, der mit angebohrten Ästchen, Rindenstücken, gebündeltem Schilf oder Stroh und Zapfen gefüllt ist. Ein leicht vorstehendes Dach hält die Brutstätten trocken. Überwinterungskästen für Florfliegen und Marienkäfer sind etwas anders konstruiert und mit Stroh oder Holzwolle befüllt. Als Behausungen für Ohrwürmer füllt man Blumentöpfe mit Heu oder Holzwolle, stülpt sie umgekehrt auf Stöcke und verteilt sie im Beet.

NACHHALTIGE PFLEGE: WENIGER IST MEHR

Nicht nur bei der Anlage, sondern auch bei der Pflege ist man im nachhaltigen Garten sehr gut beraten, wenn man sich an der Natur orientiert. Sie ist auch hier das beste Vorbild.

Viele Gärtner wünschen sich einen schön gestalteten, gepflegten Garten. Dieser Wunsch lässt sich im Prinzip auch mit einem nachhaltig angelegten Garten erfüllen. Der Natur ist es egal, ob Wildstauden in einem Beet nach ästhetischen Kriterien angeordnet sind oder wild durcheinanderwachsen. Von einem sollte man sich im nachhaltigen Garten jedoch verabschieden: von einem übertriebenen Ordnungssinn. Etwas Wildwuchs, Laubhaufen und totes Holz müssen sein, sie sind quasi »Keimzellen« für das Tierleben im Garten.

Ein Beispiel dafür sind Laubgehölze. Ihre Blüten und Früchte ernähren im Frühjahr und Sommer Vögel und Insekten. Im Herbst werfen die Gehölze ihr Laub ab und kommen so gut durch den Winter. Dieses Falllaub ist für den Garten von sehr großem Wert. Wo immer es geht, sollte es über den Winter liegen bleiben, denn es hält den Boden warm, wird zu Humus zersetzt und ernährt in der Folge die Pflanzen. Unter der Mulchschicht unter Gehölzen oder im Wildstaudenbeet bleibt das Bodenleben auch im Winter aktiv, das Laub ist ein sicherer Unterschlupf für Insekten und im Laub kratzende Vögel finden hier wichtige Nahrung.

Nur auf Wiesen und Wegen harkt man das Laub zusammen und nutzt es zum Beispiel als Mulch für Beete. Auch als Winterschutz leistet es gute Dienste. Eine mit einem Ballentuch fixierte dicke Laubschicht schützt Pflanzen vor Frost.

Auf den Kompost darf Falllaub allerdings nur begrenzt: Die Schichten dürfen gepresst nicht stärker als 10 cm sein, bei stark gerbstoffhaltigem Laub von Walnussbäumen, Buchen oder Eichen darf die Schicht maximal 5 cm dick sein. Ein Spezialfall ist selbst kompostierte Lauberde, viele Gärtner schwören auf sie.

Überschüssiges Laub schichtet man wo immer es geht zu Haufen auf. Sie bieten Igeln und anderen Kleintieren ein wohliges Winterquartier.

Fruchtstände sind besonders im Winter attraktiv. Sie dienen Insekten als Unterschlupf und ernähren Vögel mit ihren Samen.

Laub fällt in fast jedem Garten an. Es wird kompostiert, dient als Mulchschicht oder als Winterschutz für empfindliche Pflanzen.

GEHÖLZSCHNITT UND TOTHOLZHAUFEN

Auch im Naturgarten müssen Gehölze gelegentlich geschnitten werden. Die beste Zeit dafür ist der späte Winter, lange vor dem Laubaustrieb. Dieser Gehölzschnitt liefert neue Rohstoffe für den Garten: Äste und Zweige werden in Hoch- oder Hügelbeete eingebaut (→ Seite 104–107). Was übrig bleibt, wird am besten gehäckselt und zum Mulchen verwendet. Größere Äste und Zweige können zu Totholzhaufen aufgeschichtet werden. Sie bleiben im Garten liegen und bieten Vögeln und Kleintieren einen sicheren Unterschlupf.

DEN BODEN BEDECKT HALTEN

Zur Pflege nachhaltiger Gärten gehört es auch, die Erde möglichst immer bedeckt zu halten. Am einfachsten ist das Mulchen (→ Seite 30/31). Nackte Erde wird mit Pflanzenmaterial bedeckt, das vom Bodenleben zu Humus verarbeitet wird. Mulchmaterial fällt bei der Gartenpflege an, etwa in Form von Rasenschnitt. Das Schnittgut wird 5 cm dünn auf das Beet aufgebracht und verrottet schnell.

Ein weiterer Vorteil: Das Schnittgut muss nicht extra kompostiert werden, was bei größeren Rasenflächen oft ein Problem ist. Rasenschnitt darf nämlich maximal 20 cm dick auf den Kompost aufgeschichtet werden, weil er sehr schnell fault.

Auch Laub von Obstbäumen kann man in größeren Mengen zum Mulchen verwenden. Eichen- und Buchenlaub sollte man jedoch nur sparsam einsetzen, es enthält zu viele Gerbstoffe, die das Bodenleben stören und den Boden sauer machen. Auch mit Gründüngungspflanzen kann man den Boden bedeckt halt (→ Seite 32/33).

WEGE NACHHALTIG PFLEGEN

Auch Gartenwege brauchen etwas Pflege. Kieswege werden regelmäßig gehackt und geharkt. So wird der Wildwuchs stark eingedämmt. Auf Pflasterflächen kratzt man die Fugen mit einem Messer aus, falls der Wildwuchs überhandnimmt. Diese Arbeit macht viel Mühe und wenig Spaß, dient aber der Nachhaltigkeit. Schließlich sollten Herbizide tabu sein und durch das Ausbringen von Essig oder Salz werden die Böden sauer oder versalzen. Wenn unbedingt nötig, bekämpft man Wildkräuter mit einem Abflammgerät.

BEETE NICHT ABRÄUMEN

Staudenbeete räumt man im nachhaltigen Garten im Herbst nicht ab, es sei denn, sie werden im Herbst noch neu bepflanzt. Blätter und Fruchtstände bleiben stehen, bis sie von allein umknicken oder abfallen, denn sie bieten im Winter Unterschlupf und Nahrung für Insekten und Vögel. Außerdem können sich die Stauden selbst aussäen und weiter verbreiten. Erst vor dem Austrieb im Frühjahr schneidet man die Stauden zurück und kompostiert die abgetrockneten Pflanzenteile oder man häckselt sie und verteilt sie als Mulch auf den Beeten.

KAPITEL 7

PFLANZENPORTRÄTS

Als besonders nachhaltig gelten Pflanzen, die im Garten verschiedene Funktionen erfüllen. Manche dienen uns als Nahrung oder erfreuen uns mit ihrer Schönheit, andere liefern Futter für nützliche Insekten oder Vögel. Für den nachhaltigen Garten sind heimische Wildpflanzen oder sortenechte Kulturformen am besten geeignet.

Kornblume
Centaurea cyanus
Korbblütler

☀

Kornblumen stammen aus dem südöstlichen Mittelmeerraum und wurden bei uns eingebürgert. Die typischen Ackerbegleitpflanzen sind durch die intensive Bewirtschaftung der Äcker heute eher selten. Beliebt bei Bienen, Hummeln und Schmetterlingen.

Wuchs: Aufrecht; Stängel dünn, kantig, behaart, locker verzweigt; 40–80 cm hoch. Obere Blätter lanzettlich, graugrün, behaart, untere Blätter eingeschnitten bis gesägt.

Blüte: Juni bis September; Körbchenblüte; himmelblau.

Standort: Gut durchlässige, nährstoffarme Böden mit hohem Humusgehalt; bestens für die Kultur in Töpfen geeignet.

Anbau: Aussaat im März bis Juli in Staffeln direkt ins Freiland oder in Töpfe. Regelmäßig gießen, wenig düngen, Verblühtes regelmäßig entfernen, um Bildung neuer Knospen anzuregen.

Verwendung: Die Blüten sind essbar und werden Salaten beigemengt oder zum Schönen von Tees verwendet.

Sorten: 'Blauer Junge': 50–70 cm hoch, leuchtend blau; 'Black Ball': 60 cm hoch, tiefviolett; 'Rote Lola': 80 cm hoch, tiefes Rosa.

Ringelblume
Calendula officinalis
Korbblütler

Die Ringelblume ist eine alte Heilpflanze, die ab Sommer bis zum Frost blüht und Nahrung für Insekten liefert. Sie neigt zur Selbstaussaat und besiedelt in Staudenbeeten jede freie Fläche.

Wuchs: Aufrecht, stark verzweigt, bis 60 cm hoch. Hellgrüne Blätter, länglich, behaart, anfangs in Rosetten.

Blüte: Juni bis Oktober; Strahlenblüten, gelb oder orangefarben.

Standort: Nahrhafter, humoser Gartenboden; zu viel Stickstoff geht auf Kosten der Standfestigkeit; gut für Topfkultur geeignet.

Anbau: Ab April in Töpfe oder direkt ins Freiland säen, auf ca. 30 cm Abstand vereinzeln. Überzählige Sämlinge verpflanzen. Ringelblumen säen sich stark aus und neigen zum Verwildern. Verblühtes abknipsen, um die Bildung neuer Blüten zu fördern.

Verwendung: Heilpflanze zur Wundheilung; essbare Blüten; Gründüngung; wirkt in Mischkulturen gegen Nematoden.

Sorten: 'Bonbonmischung': bis 30 cm; 'Fiesta Gitana': gelb und orange, 30 cm, Schnittblume; 'Pacific-Mischung': gelb bis orange, 40 cm; 'Honey Babe': gelb, orange und apricot, Zwergsorte.

Schmuckkörbchen

Cosmos bipinnatus
Korbblütler

Schmuckkörbchen oder auch Kosmeen stammen ursprünglich aus Süd- oder Mittelamerika und sind bei uns seit Jahrhunderten als Zierpflanzen bekannt. Schmuckkörbchen blühen reich bis zum ersten Frost und liefern Nahrung für Bienen und Schmetterlinge.

Wuchs: Verzweigt, weiche, manchmal wellige Stängel, bis 150 cm hoch; Blätter mehrfach gefiedert, filigran, grün.

Blüte: Juni bis November; körbchenförmige Schalenblüte; rosa, magentarot, weiß oder hellgelb.

Standort: Anspruchslos auf gutem, nährstoffreichen Gartenboden; für die Kultur in großen Kästen oder Kübeln geeignet.

Anbau: Vorkultur oder Direktsaat im Freiland ab April; Abstand im Beet 30–40 cm; zur Blüte weniger düngen; Welkes ausknipsen.

Verwendung: Alte Bauerngartenpflanze, auch für Blumenbeete, Balkon und die Vase geeignet. Die Blüten sind essbar.

Sorten: 'Pink Blush': rosa, mit dunklerem Kranz, 110 cm; 'Sensation Mix': frühblühend, weiß bis magenta, 100 cm; 'Sunset Yellow': cremegelb, 80 cm; 'Unschuld': weiß, 100 cm.

Sonnenblume

Helianthus annuus
Korbblütler

Sonnenblumen stammen aus Nordamerika und sind seit vielen Jahren eingebürgert. Die riesigen Blüten liefern von Sommer bis Herbst reiche Nahrung für Insekten. Die Samen sind Nahrung für Vögel. Sonnenblumen binden große Mengen Kohlendioxid.

Wuchs: Je nach Sorte eintriebig oder verzweigt, kräftiger Blütenstiel, aufrecht, 1–4 m hoch. Die Blätter sind breit-herzförmig bis lanzettlich, rau behaart, Blattränder gesägt, grün.

Blüte: Juli bis Oktober; gelbe Zungenblüten und meist braune Röhrenblüten; die Blütenkörbe werden zum Teil riesig.

Standort: Starkzehrer; benötigen nahrhafte, humose Böden.

Anbau: Ab April direkt ins Freiland säen und später bei Bedarf auf den Abstand von 40–60 cm vereinzeln. Sonnenblumen brauchen zum Wachstum viel Wasser und gut gedüngten Boden.

Verwendung: Für Beete, verzweigte Sorten gut zum Schnitt.

Sorten: 'Sonja': kleinblumig, goldgelb mit dunkler Mitte, bis 1 m hoch; 'Florenza': gelb mit dunkler Mitte, verzweigt, 1,2 m; 'King Kong': gelbe, riesige Blüten, bis 4,5 m hoch.

Großblütige Königskerze ☼

Verbascum densiflorum
Braunwurzgewächse

Die Königskerze ist eine heimische Heilpflanze und wurde früher verräuchert, um böse Zauberkräfte und Dämonen zu vertreiben. Sie ist eine echte Bienenpflanze, blüht sehr reich und verwildert im Garten. Die Blattrosetten bieten den Winter über sicheren Unterschlupf für Insekten sowie deren Eier und Larven.

Wuchs: Aufrecht, 120–180 cm hoch; Blätter groß, verkehrt eiförmig, graugrün, in wintergrünen Rosetten stehend.

Blüte: Juni bis August; Trichterblüte in ährigen Blütenständen, leuchtend zitronengelb mit dunkler Mitte.

Standort: Warme, durchlässige, eher nährstoffarme Böden.

Anbau: Aussaat im Sommer. Ernte der Blüten im Sommer.

Verwendung: Die Königskerze passt wunderbar in Natur-, Heideoder Präriegärten und neigt dort zum Verwildern. Die Volksheilkunde verwendet Blüten gegen Husten und Rheuma.

Arten: Windblumenkönigskerze *(Verbascum phlomoides):* ähnlich groß, wollig behaart; Schwarze Königskerze *(V. nigrum):* 50–120 cm hoch, mehrjährig.

Malve ☼

Malva sylvestris
Malvengewächse

Malvenblüten liefern im Sommer reichlich Nahrung für Hummeln, Bienen und Schwebfliegen. Besonders die geschützte Langhornbiene ist auf ihren Nektar angewiesen und die Blüten sind Schlafplatz von Ohrwürmern und Bienen. Außerdem dient die Malve als Raupenfutterpflanze für verschiedene Falter.

Wuchs: Mit Pfahlwurzel; Blütenstände bis 120 cm hoch; Blätter handförmig gelappt, unterseits behaart, in Rosetten stehend.

Blüte: Juli bis September, teilweise bis in den Spätherbst; einzeln in den Blattachseln stehend; violettrosa mit dunklen Streifen.

Standort: Durchlässige, nahrhafte und etwas kalkhaltige Böden.

Anbau: Vermehrung durch Aussaat, Vorkultur sinnvoll. Malvenrost bei ungünstigem Standort oder feuchter Witterung möglich. Im Frühjahr junge Blätter ernten, im Sommer einzelne Blüten.

Verwendung: Alte heimische Heilpflanze; junge Malvenblätter in Frühlingssalate geben; Blüten als Tee bei Entzündungen der oberen Luftwege. Die Blüten sind essbar.

Arten: Käsepappel *(Malva neglecta):* kriechend, Blüte hellrosa.

Nachtkerze ☀ ◐
Oenothera biennis
Nachtkerzengewächse

Die Nachtkerze stammt aus Nordamerika und ist bei uns ein typischer Neophyt. Sie blüht reich, zählt zu den ausgesprochenen Bienenpflanzen und verwildert im Garten. Die sich in der Dämmerung öffnenden Blüten liefern Nektar für Falter wie Nachtkerzenschwärmer. Die ölhaltigen Samen sind Nahrung für Vögel.

Wuchs: Aufrecht, mit Pfahlwurzel; 50–100 cm hoch; lanzettliche Blätter in am Boden aufliegenden Rosetten stehend; grün.

Blüte: Juni bis September; becherartige Blüten, gelb, in ährigen Blütenständen stehend, süßlich duftend, abends aufblühend.

Standort: Nahrhafte, kalkhaltige, durchlässige, trockene Böden; auch für die Kultur in hohen Kübeln geeignet.

Anbau: Vermehrung durch Aussaat im Sommer. Die Pflanzen überwintern als Rosette. Reichliche Selbstaussaat. Ernte der Blätter und Blüten im Sommer, Wurzeln und Samen im Herbst.

Verwendung: Blätter und Wurzeln als Gemüse.

Arten: *Oenothera glazioviana:* bis 2 m hoch, große Blüten, die sich aus roten Knospen öffnen.

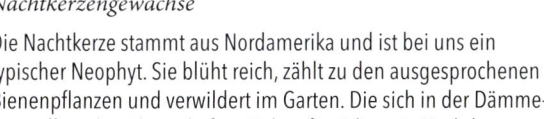

Gewöhnliche Nachtviole ◑
Hesperis matronalis
Kreuzblütler

Die Gewöhnliche Nachtviole gilt als Bienenweide und lockt mit ihrem intensiven Duft Schwebfliegen, Nachtfalter, Bienen und Tagfalter an. Sie ist wichtige Nahrungspflanze für Raupen von Schmetterlingen wie Aurorafalter, Kleiner Kohlweißling und verschiedenen Motten.

Wuchs: Aufrecht, dicht, 60–70 cm hoch; Blätter in Rosetten stehend, länglich oval, gesägt, spitz zulaufend, grün.

Blüte: Mai bis Juli; schalenförmig, in Trauben stehend; violett oder weiß; besonders abends und nachts intensiv duftend.

Standort: Humose, durchlässige, nährstoffreiche Böden.

Anbau: Aussaat im Spätsommer direkt im Freiland; bei Trockenheit gießen. Rückschnitt nach der Blüte wirkt verjüngend und lässt die Pflanze ein weiteres Jahr blühen; neigt zur Selbstaussaat.

Verwendung: Die Blüten sind essbar und werden gern als Deko für Desserts verwendet. Wegen ihrer schweiß- und harntreibenden Wirkung wurde die Nachtviole früher als Heilpflanze verwendet.

Arten: *Hesperis matronalis* var. *albiflora:* blüht einfach weiß.

Akelei
Aquilegia vulgaris
Hahnenfußgewächse

Die Akelei zählt zu den heimischen Wildstauden und blüht mittelfrüh. In einigen Bundesländern gilt die Wildform als gefährdet. Die Blüten der eurasischen Akeleien werden vorwiegend von Hummeln bestäubt. Akeleien verwildern gern im Garten.

Wuchs: Rhizombildend, mit Pfahlwurzeln; bis 70 cm hoch. Blaugrüne Blätter doppelt gefiedert, handförmig, in Rosetten.

Blüte: Mai bis Juni; glockenförmig mit langen Spornen. Die Wildform blüht blau, Gartenformen gelb, weiß, rot, violett oder rosa.

Standort: Humose, feuchte Böden mit hohem Nährstoffgehalt.

Anbau: Vermehrung durch Aussaat im Frühjahr, Vorkultur sinnvoll. Verwildern durch Rhizome und Selbstaussaat.

Verwendung: Akeleien gehören zu den frühblühenden Stauden, die auch etwas Schatten vertragen. Sie wachsen gut in Töpfen und kommen auch auf halbschattigen Balkonen zurecht.

Arten und Sorten: *Aquilega vulgaris:* blüht blau, alte Gartenpflanze; 'Elfenschuh': gibt es in vielen Farben; 'William Guinness Double': präsentiert sich violett mit weißem Rand.

Christrose

Helleborus niger
Hahnenfußgewächse

Christrosen blühen sehr früh. Die duftenden, weißen Blüten absorbieren UV-Licht und locken früh fliegende Bienen und Hummeln an. Da wegen der frühen Blütezeit die Bestäubung durch Insekten nicht immer gesichert ist, bleiben die Narben sehr lange fruchtbar.

Wuchs: Dichtbuschig, 30–50 cm hoch; Blätter wintergrün; sieben- bis mehrteilig; Blättchen elliptisch, gezähnt; dunkelgrün.

Blüte: Dezember bis März; schalenförmige Einzelblüten, weiß.

Standort: Frische, humusreiche, sehr tiefgründige Böden mit einem hohen Kalk- und Nährstoffgehalt.

Anbau: Aussaat im Herbst: Christrosen sind Frostkeimer. Teilung im August. Nach der Vermehrung nicht mehr verpflanzen, Christrosen können viele Jahre am Standort bleiben. Alte, trockene und kranke bzw. mit Flecken versehene Blätter entfernen.

Verwendung: Blumenschmuck für die kalte Jahreszeit.

Arten: *Helleborus niger* 'Praecox': weiß, Dezember bis Februar; *H. niger* ssp. *macranthus:* weiß, rosa Rand, Dezember bis Februar; *H. atrorubens:* rot, März bis April.

Glockenblume

Campanula spec.
Glockenblumengewächse

Glockenblumen-Arten besiedeln verschiedenste Standorte. In Europa kommen sie auf Wiesen, an Waldrändern, Wegrändern oder an Felsstandorten vor. Sie blühen reich, liefern Nahrung für Bienen und andere Insekten und verwildern im Garten.

Wuchs: Horstig; je nach Art und Sorte zwischen 20–100 cm hoch; Blätter rundlich oder lanzettlich.

Blüte: Die Blüten sind normalerweise strahlend hellbau, bei manchen Sorten weiß, rosa, lila oder violett.

Standort: Normale Gartenböden, in Sonne und Halbschatten.

Anbau: Vermehrung durch Aussaat im Frühjahr, Vorkultur sinnvoll. Ältere Pflanzen durch Teilung im Herbst.

Verwendung: Staudenbeete, Gehölzränder, für die Topfkultur.

Arten und Sorten: Niedrig: Karpatenglockenblume *(Campanula carpatica):* 'Blaue Clips': hellblau, große Blüten; 'Weiße Clips': weiß; *C. poschkarskyana:* 'Blauranke', hellblau. Hochwüchsig: Pfirsichblättrige Glockenblume *(C. persicifolia):* 'Grandiflora alba': weiß, 'Grandiflora Coerulea': lila-blau.

Krokus

Crocus sativus
Schwertliliengewächse

Krokusse sind beliebte Frühjahrsblüher, doch es gibt auch Herbstkrokusse. Die frühblühenden Botanischen Krokusse sind wichtige Futterpflanzen für Bienen und Hummeln.

Wuchs: Mehrjährig; mit einjähriger Stängelknolle, die immer wieder Tochterknollen bilden; Aufbau rosettig; Blütenstiele aufrecht; 5–15 cm hoch; Blätter schmal lanzettlich, grün.

Blüte: Je nach Sorte und Art im Frühjahr oder im Herbst blühend. Trichterförmige Einzelblüten in Violett, Gelb oder Weiß.

Standort: Durchlässige Böden für Frühjahrskrokusse, nahrhafte, auch lehmige Böden für Herbstkrokusse.

Anbau: Knollen 6–10 cm tief setzen. Blätter stehen lassen, bis sie eingezogen sind; Staunässe unbedingt vermeiden.

Verwendung: Unter laubabwerfenden Sträuchern und im Rasen. Herbstkrokusse auch im Steingarten.

Arten und Sorten: frühblühend: 'Blue Pearl': blauviolett; 'Fuscotinctus': gelb; 'Mischung': verschiedenfarbig; Herbstkrokus: *C. speciosus:* violettblau; *C. kotschyanus:* rosa.

Hohler Lerchensporn

Corydalis cava
Mohngewächse

Der Hohle Lerchensporn ist ein klassischer Frühjahrsblüher im Laubwald. Schon zeitig liefert er Nektar für langrüsselige Bienen und andere Insekten. Außerdem haben es Insekten wie Ameisen auf ein nahrhaftes Anhängsel des Samens abgesehen. Im Garten wird Lerchensporn unter Gehölze gepflanzt und verwildert.

Wuchs: Dicht buschig, 10–20 cm hoch; Blätter doppelt dreizählig, blaugrün, ziehen im Frühsommer ein.

Blüte: März bis April; röhrenförmige Einzelblüten in Trauben stehend; lilarosa bis weiß.

Standort: Frische/feuchte, eher kalk- und nährstoffreiche Böden.

Anbau: Aussaat im Herbst oder Pflanzung nach der Blüte; neigt auf geeigneten Standorten zur Selbstaussaat.

Verwendung: Frühblühende Wildstaude unter Gehölzen, bildet Teppiche. Die ganze Pflanze, besonders die Knolle, ist giftig.

Arten: *Corydalis lutea:* dunkelgelb, 25–35 cm, Mai bis Oktober; *C. ochroleuca:* weiß mit gelb, 20–30 cm, Mai bis September; *C. solida* var. *transsylvanica:* rot, farnartiges Laub.

Echtes Lungenkraut

Pulmonaria officinalis
Raublattgewächse

Das Echte Lungenkraut ist heimisch und wächst bei uns als Frühblüher in Laubwäldern. Lungenkraut blüht in milden Wintern und geschützten Lagen manchmal schon im Februar und bietet Bienen und Hummeln schon bei ihren ersten Flügen reichlich Nektar.

Wuchs: Buschig; oben verzweigt; borstig behaart; 10–40 cm hoch. Blätter eiförmig oder herzförmig; ganzrandig; zugespitzt; überwiegend behaart; hellgrün.

Blüte: März bis Mai; trichterförmige Einzelblüten in Doldentrauben stehend; rot, weiß oder blauviolett.

Standort: Feuchte, nährstoffreiche, lehmige Böden.

Anbau: Aussaat im Frühjahr; Teilung des Wurzelstocks im Herbst. Ausreichend feucht halten, ist für Kompost- und Laubhumusgaben ausgesprochen dankbar, auf Mehltau achten.

Verwendung: Bodendecker unter Gehölzen. Frische Blätter als Salat, getrocknetes Kraut als Tee bei Lungenerkrankungen.

Arten: Geflecktes Lungenkraut *(Pulmonaria saccharata)* 'Silver Bouquet' und 'Moonshine'; Rotes Lungenkraut *(P. rubra).*

Mohn
☼

Papaver spec.
Mohngewächse

Mohn blüht im Frühsommer. Die auffälligen Blüten werden von Insekten besucht, bestäuben sich aber auch selbst. Klatschmohn (→ Abb.) und Islandmohn säen sich stark aus und verwildern. Vögel lieben die nahrhaften Samen in den Mohnkapseln.

Wuchs: Rosettig, mit Pfahlwurzeln, 30–100 cm hoch. Blätter blaugrün bis grün, meist buchtig gesägt, behaart oder kahl.

Blüte: Juni bis September; einzeln stehend, rot, orange, violett.

Standort: Durchlässige und nahrhafte, etwas kalkhaltige Böden.

Anbau: Vermehrung durch Aussaat (Lichtkeimer!) am Standort. Orientalischer Mohn wird vorgezogen.

Verwendung: Klatschmohn verwildert und füllt Lücken in allen Beeten. Orientalischer Mohn ist eine Prachtstaude im Blumenbeet; Islandmohn auch für die Topfkultur.

Arten: Klatschmohn *(Papaver rhoeas):* Ruderalpflanze; Türkischer Riesenmohn *(P. orientale):* riesige Blüte in Orange bis Rot; Islandmohn *(P. nudicaule):* mehrjährig, weiß, gelb oder orange blühend; verwildert, besonders attraktiv in Mauerritzen.

Schlüsselblume
☼ ☼

Primula spec.
Primelgewächse

Primeln sind heimisch und stehen unter Schutz. Die Hohe Schlüsselblume *(Primula elatior,* → Abb.) kommt in Wäldern, die Echte Schlüsselblume *(P. veris)* auf Wiesen vor. Beide blühen im zeitigen Frühjahr und bieten langrüsseligen Insekten wie Hummeln oder Schmetterlingen Nahrung.

Wuchs: Horstig, bis 20 cm hoch. Blätter eiförmig bis lanzettlich, teilweise runzelig.

Blüte: Primeln blühen in kräftigen Gelb-, Blau-, Rot- und Weißtönen, teilweise in kugeligen Dolden; ab Januar im Handel.

Standort: Feuchte Böden, sehr gut in Töpfen zu kultivieren.

Anbau: Lichtkeimer, Aussaat im Sommer; Blüte im Frühjahr.

Verwendung: Blätter der Wildpflanzen in Salate geben; Tee aus Wurzeln gegen Husten. Topfprimeln sind leuchtende Frühlingsblüher. Wenn sie im Zimmer verblüht sind, können sie nach Ende der Frostperiode in den Garten gepflanzt werden.

Arten: Hohe Schlüsselblume *(P. elatior):* blüht in Dolden, Wildform gelb; Echte Schlüsselblume *(P. veris):* gelb.

Roter Sonnenhut ☼
Echinacea purpurea
Korbblütler

Sonnenhüte kommen aus Nordamerika und gibt es sie in vielen Arten und Sorten *(Echinacea, Rudbeckia)*. Sie gehören in jeden naturnahen Garten und liefern im Hochsommer und Herbst reichlich Nahrung für Bienen und Schmetterlinge. Die Fruchtstände dienen im Herbst und Winter als Nahrung für Vögel.

Wuchs: Horstig; Blütenstiele straff aufrecht; borstig behaart; 60–80 cm hoch; Blätter schmal lanzettlich; ganzrandig, grün.

Blüte: Juli bis August; Körbchenblüten mit purpurnen Zungen.

Standort: Trockene, durchlässige Böden.

Anbau: Aussaat im Frühjahr; Wurzelstock im Herbst teilen; wenig gießen und düngen; Rückschnitt im Herbst oder Frühjahr.

Verwendung: Die Blüten sind essbar und werden Salaten beigemengt oder zum Schönen von Tees verwendet.

Arten und Sorten: *Echinacea purpurea* 'White Swan': weiß blühend; Schmalblättriger Sonnenhut *(E. angustifolia)*: rot blühend; Rauer Sonnenhut *(Rudbeckia hirta)* und Schlitzblättriger Sonnenhut *(R. laciniata)*: beide gelb blühend.

Gewöhnliche Stockrose ☼
Alcea rosea
Malvengewächse

Stockrosen stammen aus dem Mittelmeerraum und sind klassische Pflanzen der Bauerngärten. Die großen, späten Blüten liefern wertvolle Nahrung für Insekten, besonders für Hummeln. Die Samen sind beliebtes Vogelfutter. Stockrosen verwildern stark.

Wuchs: Mehrjährig, an ungünstigen Standorten ein- bis zweijährig; in Rosetten. Blütentriebe straff aufrecht, 150–200 cm hoch; Blätter drei- bis fünflappig, gezähnt, filzig behaart, graugrün.

Blüte: Juli bis September, trichterförmige Einzelblüten in lockeren Trauben, rosa, rot, auch weiß, gelb, violett oder schwarzviolett.

Standort: Tiefgründige, nahrhafte Böden.

Anbau: Aussaat im Frühjahr oder Sommer, die Vorkultur ist sinnvoll; auf Malvenrost achten, befallene Blätter entfernen.

Verwendung: Frische Blüten als Garnierung von Süßspeisen. Die getrockneten Blüten der Sorte 'Nigra' sind Färberpflanzen und Bestandteil von Teemischungen gegen Husten und Bronchitis.

Sorten: 'Champagner': weiß bis apricot; 'Mars Magic': rot; 'Nigra': dunkelrot; 'Polarstern': weiß mit gelbem Auge.

Storchschnabel

Geranium spec.
Storchschnabelgewächse

Storchschnabel blüht den ganzen Sommer reichlich und ernährt Bienen, Schwebfliegen und Tagfalter. An den Nektar des Ruprechtskrauts *(Geranium robertianum)* gelangen nur die langrüsseligen Bienen- und Schmetterlingsarten. Storchschnabel bildet teilweise große Horste und neigt zum Verwildern.

Wuchs: Horstig, je nach Art oder Sorten zwischen 20 und 60 cm hoch; Blätter gelappt und meist behaart.

Blüte: Mai bis August; Schalen in Blau, Weiß, Violett oder Rosa.

Standort: Humose, gern feuchtere Böden, gut auch für die Kultur in Töpfen auf dem Balkon geeignet.

Anbau: Aussaat im Frühjahr, die Vorkultur ist sinnvoll. Alternativ Teilung der Wurzelstöcke im Herbst.

Verwendung: Storchschnabel als Bodendecker oder im Stauden-beet. Ruprechtskraut *(Geranium robertianum)* gilt als Heilpflanze.

Arten: Blutroter Storchschnabel *(Geranium sanguineum)*: kar-minrot, Dauerblüher; Pracht-Storchschnabel *(G. × magnificum)*: violettblau, reich blühend; Ruprechtskraut *(G. robertianum)*: rosa.

Echter Ziest

Stachys officinalis
Lippenblütler

Ziest ist eine heimische Wildpflanze mit relativ wenig Ansprüchen an ihren Standort. Er blüht spät und lange und wird von Hummeln, Pelzbienen und anderen Wildbienen bestäubt. Ziest ist außeror-dentlich beliebt bei Schmetterlingen und Schwebfliegen.

Wuchs: Horstig; Blütenstiele aufrecht, 30–50 cm hoch; Blätter lanzettlich; Blattrand gekerbt; grün.

Blüte: Juli bis August; Lippenblüten in Scheinähren; purpurrosa.

Standort: Frische bis feuchte, schwach saure Böden mit eher geringem Nährstoffgehalt.

Anbau: Aussaat im Frühjahr; Wurzelteilung im Herbst; wenig düngen; vollständiger Rückschnitt im Herbst oder Frühjahr. Im Sommer kann man blühende Sprossspitzen und Blätter ernten.

Verwendung: Ziest wächst in Staudenbeeten und an Gehölzrän-dern und verwildert dort stark; alte Heilpflanze.

Arten: Dichtblütiger Ziest *(Stachys monieri)* 'Hummelo'; Knol-len-Ziest *(S. affinis)*; Woll-Ziest *(S. byzantina)*; Verschiedenfarbiger Ziest *(S. discolor)*.

Gewöhnliche Berberitze ☀ ◐

Berberis vulgaris
Sauerdorngewächse

Die Berberitze ist heimisch und wird in niedrigen Hecken gepflanzt. Die duftenden Blüten sind frühe Pollenspender für Hautflügler und Käfer, die Beeren beliebte Nahrung für Vögel.

Wuchs: Sommergrüner Strauch; 1–3 m hoch. Blätter verkehrt breit eiförmig bis elliptisch, grün.

Blüte: Mai; Glockenblüten in Trauben; gelb.

Frucht: Beeren, rot.

Standort: Alle Böden mit eher geringem Nährstoffgehalt.

Anbau: Pflanzung wurzelnackter Jungsträucher im Herbst oder Töpfe ganzjährig. Pflanzung als Hecke: 2–3 Stück/laufender Meter.

Verwendung: Reife Früchte sind Vitamin-C-haltig und werden zu Marmeladen und Getränken verarbeitet. Achtung: Die ganze Pflanze mit Ausnahme der gekochten Beeren ist schwach giftig.

Arten: Schmalblättrige Berberitze *(Berberis × stenophylla):* reich blühend, blauschwarze Beeren; Rote Zwergberberitze *(B. thunbergii* 'Atropurpurea Nana'): Zierstrauch, rotlaubig, für niedrige Hecken und Einfassungen.

Hainbuche ☀ ◐

Carpinus betulus
Birkengewächse

Das abfallende Laub der Hainbuche zersetzt sich schnell und sorgt für nährstoffreiche Böden. Im Frühjahr ist sie früh belaubt und bleibt es oft über das Jahresende hinaus – dann bleibt das welke Laub an den Zweigen. So bietet sie Vögeln, Insekten und anderen Kleinlebewesen Brutstätte und Lebensraum.

Wuchs: Sommergrüner Baum, 10–20 m hoch; Rinde glatt, grau, Blätter eiförmig bis elliptisch; doppelt gesägt; glänzend grün.

Blüte: April bis Mai; einhäusig; männliche Blüten in Kätzchen, weibliche Blüten in Paaren stehend; unscheinbar, gelbgrün.

Standort: Frische, lehmhaltige, nährstoffreiche Böden.

Anbau: Vermehrung langwierig, daher Pflanzung wurzelnackter Jungpflanzen im Herbst oder Topfpflanzen ganzjährig. Pflanzung als Hecke: 3 Stück/laufender Meter.

Verwendung: Heckengehölz; hohe Schnittverträglichkeit und frosthart. Laub haftet lange an, daher blickdicht auch im Winter.

Sorten: 'Monumentalis': kompakt, langsam wachsend; 'Quercifolia': eichenblättrig, groß wie die Art.

Liguster
☼ ☽

Ligustrum vulgare
Ölbaumgewächse

Liguster ist eine klassische Heckenpflanze für Bauerngärten. Er ist Pollenpflanze für Honigbienen, einige Wildbienen und Schmetterlinge wie Weißlinge, Kleiner Fuchs, Großes Ochsenauge. Er bietet Futter für Raupen des Ligusterschwärmers. Die schwarzen Früchte sind Nahrung für Vögel wie Amsel, Drossel, Dompfaff.

Wuchs: Laubabwerfender oder auch halbimmergrüner Strauch, 1,5–4,5 m hoch; Blätter elliptisch bis breit-lanzettlich, grün.

Blüte: Mai; zwittrig, cremeweiß in Rispen an Triebspitze, duftend.

Frucht: Beeren, blauschwarz, rundlich.

Standort: Sommerwarme, kalkhaltige Ton- oder Lehmböden.

Anbau: Vermehrung durch Stecklinge oder Pflanzung wurzelnackter Jungpflanzen im Herbst oder Topfpflanzen ganzjährig. Pflanzung als Hecke: 3 Stück/laufender Meter.

Verwendung: Attraktives Heckengehölz; wüchsig und dicht. Hohe Schnittverträglichkeit und frosthart.

Arten und Sorten: *Ligustrum vulgare* 'Atrovirens': immergrün; *L. ovalifolium;* relativ große Blätter, wintergrün.

Salweide
☼ ☽

Salix caprea
Weidengewächse

Die Salweide (Kätzchenweide) ist heimisch und kann als Hecke gepflanzt werden. Wegen ihrer frühen Blüte ist sie eine wichtige Futterpflanze für Honigbienen. Frühfliegende Falterarten wie Tagpfauenauge oder Kleiner Fuchs schätzen den frühen Nektar. Die Salweide ist Futterstrauch für Raupen oder Käfer wie Moschusbock.

Wuchs: Baum oder Strauch, 2–10 m hoch; Blätter rundlich-elliptisch, gezähnt oder gekerbt, lang zugespitzt; unterseits hell blaugrün, behaart; oberseits dunkelgrün.

Blüte: März bis April, vor dem Laubaustrieb; zweihäusig; Kätzchen; gelb; später bilden sich Kapselfrüchte.

Standort: Feuchte Böden mit eher hohem Nährstoffgehalt.

Anbau: Vermehrung durch Aussaat, Stecklinge wurzeln kaum. Besser: Pflanzung wurzelnackter Jungpflanzen oder Topfpflanzen. Pflanzung als Hecke: 3 Stück/laufender Meter.

Verwendung: Heckengehölz; wächst schnell und wird in kurzer Zeit dicht. Hohe Schnittverträglichkeit und frosthart.

Sorten: Wird in der Regel als Wildpflanze angeboten.

Eberesche
☀ ◐

Sorbus aucuparia
Rosengewächse

Die Ebereschen zählen für die Insekten- und Vogelwelt zu den wertvollsten und überaus beliebten Gehölzen. Sie haben nektar- und pollenreiche Blüten, die von zahlreichen Insektenarten, Kleinschmetterlingen und Rüsselkäfern besucht werden. Die Früchte (Vogelbeere) sind Nahrung für Drosseln, Rotkehlchen, Kleiber und andere Vögel. Eichelhäher und verschiedene Nagetiere bunkern die Beeren und verbreiten die Pflanze.

Wuchs: Baum; 3–12 m hoch; Durchmesser 6–10 m; Blätter unpaarig gefiedert; unterseits blaugrün; oberseits dunkelgrün.

Blüte: Mai bis Juni; in Schirmrispen stehend; weiß.

Frucht: Apfelfrucht; kugelig; orange bis rot.

Standort: Alle Böden mit eher hohem Nährstoffgehalt.

Anbau: Vermehrung durch Aussaat oder Pflanzung.

Verwendung: Früchte enthalten viel Vitamin C; man kann sie zu Gelee verarbeiten. Nur getrocknet oder gekocht verwenden.

Arten und Sorten: 'Edulis': großfruchtig; *Sorbus koehneana:* weiße Beeren, rote Herbstfärbung, 4 m hoch.

Faulbaum
☀ ◐ ●

Frangula alnus
Kreuzdorngewächse

Der Faulbaum hat von allen heimischen Gehölzen die längste Blütezeit, die nektarreichen Blüten sind wichtiger Pollenlieferant für viele Insekten. Die Blätter ernähren die Raupen des Zitronenfalters, die Früchte dienen vor allem Drosseln und Fasanen als Futter.

Wuchs: Strauchförmig, sommergrün; 2–4 m hoch; Durchmesser 2–3 m; Blätter breit eiförmig bis elliptisch, unterseits hellgrün, oberseits stärker dunkelgrün gefärbt.

Blüte: Mai bis Juli; trichterförmig, einzeln in Büscheln; weiß.

Frucht: Kugelige Steinfrucht, schwarzrot.

Standort: Feuchte, saure Böden mit eher wenig Nährstoffen.

Anbau: Vermehrung als Steckholz oder Pflanzung von Jungpflanzen, die man wurzelnackt oder im Container erwerben kann. Gelegentlicher Schnitt zur Verjüngung.

Verwendung: Vogelschutzhecke. Faulbaumrinde wird in der Volksheilkunde als abführender Tee verwendet. Achtung: Laub, Rinde und Früchte sind giftig.

Sorten: Wird in der Regel als Wildpflanze angeboten.

Schwarzer Holunder

Sambucus nigra
Moschuskrautgewächse

Holunder ist heimisch und wurde früher als Schutzpflanze an Gebäude gepflanzt. Die großen tellerförmigen Blüten sind Pollenspender für Insekten, die Früchte sind beliebte Nahrung für Vögel wie Amseln, Drosseln und Stare.

Wuchs: Strauch; 3–10 m hoch; bis 5 m breit; Blätter unpaarig gefiedert; zugespitzt; unterseits hellgrün; oberseits dunkelgrün.

Blüte: Juni bis Juli; in Doldenrispen stehend; duftend; weiß.

Frucht: Kugelige, beerenartige Steinfrüchte; glänzend schwarz.

Standort: Frische, stickstoff- und humusreiche Böden.

Anbau: Vermehrung durch Steckhölzer oder Pflanzung wurzelnackter Jungpflanzen im Herbst oder Topfpflanzen ganzjährig. Gelegentlicher Schnitt zur Verjüngung. Verbreitung durch Vögel.

Verwendung: Blüten werden entweder zu einem duftenden Sirup verarbeitet oder als Tee bei fiebrigen Erkältungskrankheiten verwendet. Frische Früchte werden zu Saft verarbeitet. Laub, Rinde und (rohe) Früchte sind schwach giftig.

Arten: Zwerg-Holunder *(Sambucus ebulus),* 60–150 cm hoch.

Kornelkirsche

Cornus mas
Hartriegelgewächse

Die Kornelkirsche hat ein intensives Wurzelsystem und kann deshalb erosionsgefährdete Böden befestigen. Sie ist widerstandsfähig gegen Luftverschmutzung. Ihre nektarreichen Blüten sind erste Nahrung für Bienen. Die Kirschen sind bei Kernbeißer, Dompfaff oder Eichelhäher beliebt und werden auch von Mäusen und Siebenschläfern gefressen.

Wuchs: Strauch oder Baum, 6–8 m hoch und breit. Blätter eiförmig bis elliptisch, grün, mit gelboranger Herbstfärbung.

Blüte: März bis April; zwittrige Blüten in kugeligen Dolden.

Frucht: Steinfrüchte, oval, 2 cm lang, rot.

Standort: Trockene, kalk- und nährstoffreiche, durchlässige Böden.

Anbau: Kultur durch Steckhölzer oder Jungpflanzen. Düngung mit Kompost; gelegentlicher Schnitt zur Verjüngung.

Verwendung: Kirschen enthalten ausgesprochen viel Vitamin C und können eingefroren, getrocknet, entsaftet und eingekocht oder aber auch zu Likör verarbeitet werden.

Sorten: 'Jolico': große Früchte, höherer Zuckeranteil.

Hunds-Rose
Rosa canina
Rosengewächse
☀

Die Hunds-Rose ist heimisch und weit verbreitet. Die duftenden Blüten sind Pollenspender für Insekten, Schmetterlinge ausgenommen. Die Hagebutten sind reich an Vitamin C und bei Vögeln im Winter außerordentlich beliebt.

Wuchs: Strauch; 2–3 m hoch und breit; Blätter unpaarig gefiedert; Blättchen gesägt, zugespitzt; dunkelgrün.

Blüte: Mai bis Juni; schalenförmige Einzelblüten zu zwei bis drei stehend; hellrosa bis weiß, duftend.

Frucht: Sammelfrucht in Form einer Hagebutte, orangerot.

Standort: Frische Böden mit eher hohem Nährstoffgehalt.

Anbau: Vermehrung durch Steckhölzer oder Ausläufer. Pflanzung wurzelnackter Jungpflanzen. Gelegentlicher Verjüngungsschnitt.

Verwendung: Die Blüten sind aromatisch und essbar. Das vitaminreiche Fruchtfleisch wird zu Marmelade und Saft verarbeitet. Getrocknete Fruchtschalen sind Bestandteil von Teemischungen.

Arten: Die Rotblatt-Rose *(Rosa glauca)* ist ein Ersatz für die Hunds-Rose. Sie ist weniger wüchsig und bildet keine Ausläufer.

Gewöhnliche Schlehe
Prunus spinosa
Rosengewächse
☀ ◐

Die Schlehe ist heimisch, weit verbreitet und als Nistplatz beliebt. Die frühen Blüten sind Pollenspender für Insekten. Schlehenblüten sind Magneten für Pfauenaugen, die Blätter bieten Raupen Futter. Die Früchte sind beliebte Nahrung für Meisen.

Wuchs: Strauch; 2–4 m hoch; Durchmesser 3–5 m; dornig; Blätter elliptisch bis verkehrt-eiförmig, derbhäutig, dunkelgrün.

Blüte: April bis Mai; schalenförmige Einzelblüten, weiß, erscheinen vor den Blättern.

Frucht: Steinfrucht, blauschwarz, bereift.

Standort: Trockene, alkalische Böden, eher nährstoffreich.

Anbau: Vermehrung durch Ausläufer. Pflanzung wurzelnackter Jungpflanzen oder Containerpflanzen. Ausläufer entfernen.

Verwendung: Blüten in Tees; reife Früchte zu Mus, Saft und Likör. Früchte erst nach Frost roh genießbar. Die Samen sind giftig.

Sorten: 'Reto': ohne Wurzelausläufer; 'Merzig': weniger Dornen, kleine Blätter; 'Nittel': kompakter Wuchs, aromatische Früchte.

Gewöhnliche Traubenkirsche

Prunus padus
Rosengewächse

Die Traubenkirsche ist heimisch und die Blüten sind in erster Linie Pollenspender für Schwebfliegen, Bienen und Falter. Die Blätter sind Raupenfutter (Eulenfalter, Spanner), die schwarzen Früchte sind beliebte Nahrung für Vögel.

Wuchs: Baum; 10–15 m hoch; Durchmesser 6–8 m; Blätter elliptisch bis verkehrt-eiförmig, zugespitzt, unterseits hell blaugrün, oberseits stumpf grün.

Blüte: April bis Mai; in Trauben stehend; weiß.

Frucht: Steinfrucht, zunächst rot, später schwarz.

Standort: Frische bis feuchte, eher nährstoffreiche Böden.

Anbau: Vermehrung durch Stecklinge langwierig, daher Pflanzung von wurzelnackten oder Containerpflanzen.

Verwendung: Die Volksheilkunde verwendet Abkochungen der Rinde bei Husten und bei Durchfall. Achtung: Die ganze Pflanze, besonders Rinde und Samen, ist schwach giftig.

Arten: Spätblühende Traubenkirsche *(Prunus serotina)*: Blüte erscheint erst zwischen Mai und Anfang Juli.

Zieräpfel

Malus spec.
Rosengewächse

Zur Gattung der Zieräpfel gehören Arten und Sorten, deren Wildarten ursprünglich aus Europa, Asien und Amerika stammen. Die Blüten ernähren Bienen und pollenfressende Käfer, die Früchte Vögel und Nagetiere. Zieräpfel sind Pollenspender für Apfelbäume.

Wuchs: Baum; 4–8 m hoch, im Alter bis 6 m breit; Blätter eiförmig bis länglich-oval, grün, teilweise mit rötlichem Austrieb.

Blüte: April bis Mai; Schalenblüten in Büscheln, weiß bis rot.

Blüte: Apfelfrucht, kirsch- oder walnussgroß, gelb oder rot.

Standort: Humus-, nährstoffreiche, etwas schwere, frische Böden.

Anbau: Vermehrung durch Veredlung, besser Pflanzung wurzelnackter Jungpflanzen im Herbst oder Topfpflanzen ganzjährig. Regelmäßiger Schnitt nicht erforderlich.

Verwendung: Die Früchte sind essbar und schmecken herb.

Sorten: 'Golden Hornet': große, goldgelbe Früchte, weiße Blüten; 'Red Sentinel': rote Früchte, rosa Blüten; 'Butterball' (→ Abb.): gelbe Früchte, rosa Blüte; 'Pomzai': kleinwüchsig, orange Früchte.

Blut-Johannisbeere
Ribes sanguineum
Stachelbeergewächse

Die Blut-Johannisbeere kommt aus dem westlichen Nordamerika. Sie wächst dort bevorzugt an Waldrändern. Bei uns gibt es sie in verschiedenen Kulturformen mit unterschiedlichen Blütenfarben. Die nektarreichen Blüten erscheinen zeitgleich mit den Blättern und ziehen Bienen und Hummeln an.

Wuchs: Strauch, bogig aufrecht; 2–2,5 m hoch, bis 2 m breit. Blatt drei- bis fünflappig; rau; unterseits behaart; grün.

Blüte: April bis Mai; in Trauben; nach Sorte kirsch- bis dunkelrot.

Frucht: Beeren; kugelig; schwarz, bereift, spärlich, wenig Aroma.

Standort: Frische, humus- und nährstoffreiche Böden.

Anbau: Vermehrung durch Stecklinge oder Steckhölzer; durch Entfernen der ältesten Triebe verjüngen; sehr schnittverträglich.

Verwendung: Blütentriebe als Vasenschmuck.

Sorten: 'Atrorubens': reich blühend dunkelrot; 'King Edward VII': eher gedrungener Wuchs, kirschrote Blüte; 'Pulborough Scarlet': ausgesprochen starkwüchsig, tiefrote Blüte; 'White Icicle': straff aufrechter Wuchs, weiße Blüten.

Kupfer-Felsenbirne
Amelanchier lamarckii
Rosengewächse

Die Blüten der Felsenbirne sind Pollenspender für Insekten und die Früchte beliebte Nahrung für Vögel. Sie dient Schmetterlingen als Nektarpflanze und ihre Blätter ernähren Raupen.

Wuchs: Strauch; 3–6 m hoch; Blätter elliptisch, fein gesägt, dunkelgrün, Austrieb kupferrot überlaufen; Herbstfärbung gelb bis rot.

Blüte: April bis Mai; in lockeren Trauben stehend; weiß.

Frucht: Apfelartig, purpurrot bis blauschwarz, essbar.

Standort: Humose Böden mit normalem Nährstoffgehalt, schwach sauer, keine Staunässe.

Anbau: Pflanzung von wurzelnackten oder Containerpflanzen. Gelegentlicher Schnitt zur Verjüngung.

Verwendung: Solitärstrauch mit toller Herbstfärbung; die Früchte lassen sich zu Marmelade verarbeiten.

Arten und Sorten: Ährige Felsenbirne (*Amelanchier spicata*): kompakter Wuchs; *A. laevis* 'Snowflake': große Blüten; *A. arborea* 'Robin Hill': rosa bis weiß.

Schmetterlingsflieder ☀

Buddleja davidii
Braunwurzgewächse

Schmetterlingsflieder ist in zahlreichen Kulturformen im Handel und für Insekten besonders wertvoll. Seine Blüten sind Magnet für Tagfalter und Taubenschwänzchen, Hummeln und Bienen, besonders in der blütenarmen Zeit des Hochsommers.

Wuchs: Halbstrauch, winterhart, mit kräftigen Haupttrieben und lockeren Seitenzweigen. Je nach Sorte bis 4 m hoch. Blätter länglich-lanzettlich, werden in milden Wintern nicht abgeworfen.

Blüte: Juli bis zum Frost; Rispen, je nach Sorte weiß, rosa und lila.

Standort: Trockene, karge Böden, keine Staunässe.

Anbau: Vermehrung durch Stecklinge langwierig, daher Pflanzung von Topfpflanzen ganzjährig. Im Frühjahr stark zurückschneiden, da er am neuen Holz blüht.

Verwendung: Solitärpflanze oder in kleinen frei stehend Gruppen als Schmetterlingsmagnet.

Arten und Sorten: *Buddleya davidii* 'Black Night': dunkler Dauerblüher; 'Pink Delight': lange Rispen; 'Royal Red': rot; *B. alternifolia:* hellviolett, reich blühend, stark duftend.

Gewöhnlicher Schneeball ☀

Viburnum opulus
Moschuskrautgewächse

Der Gewöhnliche Schneeball ist in Europa und Asien heimisch. Die Blüten bieten Nahrung für zahlreiche Insekten (außer Schmetterlingen), die Früchte sind im Winter Nahrung für Vögel.

Wuchs: Sommergrüner Strauch; 1,5–4 m hoch; Blätter dreilappig, Blattränder gezähnt, hellgrün, Herbstfärbung orange bis weinrot.

Blüte: Mai bis Juni; Tellerblüten, weiß.

Frucht: Beerenähnliche Steinfrucht, rot.

Standort: Durchlässige Gartenböden, normaler Nährstoffgehalt.

Anbau: Pflanzung wurzelnackter Jungpflanzen im Herbst/Frühjahr oder Topfpflanzen ganzjährig. Pflegeschnitt nicht notwendig, Formschnitt möglich; Schneeball-Blattkäfer-Larven befallen Blätter und können den Strauch kahl fressen; auf Blattläuse achten.

Verwendung: Solitärstrauch oder Blütenhecken in Gärten und Parks.

Arten: Korea-Duft-Schneeball *(Viburnum carlesii)* 'Aurora': niedrig, für kleine Gärten; Runzelblättriger Schneeball *(V. rhytidophyllum):* immergrün.

Borretsch

☼ ☀

Borago officinalis
Raublattgewächse

Borretsch stammt aus dem Mittelmeerraum und wurde bei uns vermutlich erstmals in Klostergärten angebaut. Heute ist er häufig in Bauerngärten anzutreffen. Das ganze Kraut duftet intensiv nach Gurke und zieht Bienen und andere Insekten an.

Wuchs: Einjährig; straff aufrecht; verzweigt; bis 80 cm hoch, rau behaart; Blätter elliptisch; beidseitig rau behaart; grün.

Blüte: Mai bis September; sternförmige Einzelblüten, in Wickeln stehend; veilchenblau, selten rosa.

Standort: Nahrhafte, durchlässige, frische bis feuchte Böden.

Anbau: Aussaat im Frühjahr; Dunkelkeimer; früh vereinzeln, denn Borretsch bildet schnell eine Pfahlwurzel und kann nicht mehr verpflanzt werden; auf Mehltau achten; neigt zur Selbstaussaat. Im Sommer werden Blätter und junge Triebe geerntet.

Verwendung: Borretschkraut eignet sich gut als Würze von Salaten, Quark, Eierspeisen, Spinat und kalten Soßen. Die Blüten sind essbar und dekorieren Buffets.

Sorten: 'Alba': weiß blühend.

Türkischer Drachenkopf

Dracocephalum moldavica
Lippenblütler

Der Türkische Drachenkopf ist Zier-, Würz- und Teepflanze mit fliederfarbenen Blütenwolken, deren Duft an Zitrone erinnert. Seine sehr ausgeprägt geformten Lippenblüten liefern Bienen, Hummeln und Schmetterlingen reichlich Nektar und verwandeln das Beet in ein Paradies für Nützlinge.

Wuchs: Einjährig, aufrecht; 40–60 cm hoch; Blätter lanzettlich, tief eingeschnitten, gesägt, grün.

Blüte: Juni bis September. Lippenblüten in endständigen Ähren stehend; blau bis violett.

Standort: Durchlässige, humose, frische Gartenböden.

Anbau: Aussaat im Frühjahr, Voranzucht möglich; viel gießen; wenig düngen; auf Schnecken und Raupen achten. Blätter und Blüten im Sommer ernten, frisch oder getrocknet verwenden.

Verwendung: Blätter und Blüten frisch zum Würzen, getrocknet als Bestandteil von Teemischungen. Für die Vase geeignet.

Arten: Österreichischer Drachenkopf *(Dracocephalum austriacum)*, Yunnan Drachenkopf *(D. forrestii)*.

Echter Kerbel ☼ ◑

Anthriscus cerefolium var. *cerefolium*
Doldenblütler

Kerbel ist eine einheimische Wiesenpflanze, die spätestens im Mittelalter wahrscheinlich in den Klostergärten in Kultur genommen wurde. Alle Pflanzenteile haben einen typischen Anisgeruch. Die Blüten enthalten viel Nektar und locken Insekten wie Zweiflügler, Hautflügler und Käfer an.

Wuchs: Einjährig, aufrecht bis locker buschig, 40–70 cm hoch; Blätter mehrfach gefiedert; hellgrün.

Blüte: Mai bis August; zusammengesetzte Dolden; weiß.

Standort: Nahrhafte, feuchte Böden, Topfkultur möglich.

Anbau: Aussaat ab März, Folgeaussaaten bis August sinnvoll, da die Kulturdauer kurz; gleichmäßig feucht halten, gelegentlich düngen. Man erntet junge Blätter oder ganzes blühendes Kraut.

Verwendung: In der Küche sind frische Kerbelblätter eine beliebte Beigabe von Suppen, Soßen, Quark und Salaten. Die Volksheilkunde verwendet den Tee oder Presssaft zu Frühjahrskuren.

Arten und Sorten: 'Fijne krul': krausblättrig; Roter Wiesen-Kerbel (*Anthriscus sylvestris* 'Ravenswing'): Bienenweide.

Echter Kümmel ☼ ◑

Carum carvi
Doldenblütler

Der Echte Kümmel ist eine heimische Wiesenpflanze und neigt zum Verwildern. Der Blütenduft zieht Fliegen und Käfer als Bestäuber an. Kümmel gilt als Futterpflanze für den Schwalbenschwanz, seine Blattrosetten bieten im Winter Unterschlupf für Insekten.

Wuchs: Zweijährig, rosettig; Blütentriebe aufrecht; verzweigt; bis 120 cm hoch; Blätter zwei- bis dreifach gefiedert; wintergrün.

Blüte: Mai bis Juli; Kreuzblüten in Dolden; weiß, selten rosa.

Frucht: Spaltfrüchte, sichelförmig.

Standort: Tiefgründige, nahrhafte, frische Böden.

Anbau: Aussaat im Frühjahr oder Spätsommer (Lichtkeimer); Standortwechsel alle zwei Jahre; junge Blätter werden im ersten Jahr geerntet, reife Samen im zweiten Jahr.

Verwendung: Kümmel ist ein vielseitiges Gewürz, Rohstoff für Likör und Branntwein. Kümmeltee hilft bei Völlegefühl, Blähungen.

Sorten: 'Niederdeutscher': guter Ertrag, reichlich ätherische Öle; 'Rekord': sehr würzig; 'Sprinter': einjährig, mit sehr hohem Gehalt an ätherischen Ölen.

Echter Lavendel
Lavandula angustifolia
Lippenblütler

Lavendel darf in keinem Garten fehlen. Er blüht im Hochsommer reichlich und zieht Bienen und Schmetterlinge an. Sein Duft vertreibt Schädlinge wie Blattläuse, daher wird Lavendel häufig in Mischkultur mit Rosen angebaut.

Wuchs: Buschig, verzweigt, unten verholzend; 30–60 cm hoch; Blätter immergrün, länglich, schmal, silbrig; Blattrand eingerollt.

Blüte: Juni bis August; Lippenblüten in Ähren; blauviolett.

Standort: Warme, trockene, durchlässige Böden mit etwas Kalk.

Anbau: Aussaat im Frühjahr; Stecklinge vor der Blüte; Staunässe vermeiden; regelmäßiger Rückschnitt im Frühjahr, Schnitte bis in das alte Holz vermeiden. Winterschutz ist bei rauem Klima unbedingt zu empfehlen.

Verwendung: Junge Blätter als Würze für Fischgerichte, Eintopf und Geflügel; Blüten als Garnierung von Süßspeisen. Blüten als Tee bei Unruhe; ätherisches Öl in der Kosmetikindustrie.

Sorten: 'Blue Cushion': kompakt, blau; 'Hidecote Blue': kompakt, dunkelviolett; 'Munstead': kompakt, frühblühend, intensiv blau.

Salbei
Salvia officinalis
Lippenblütler

Salbei stammt aus dem Mittelmeerraum und gilt als der Klassiker unter den Heilpflanzen. Im Garten vertreibt der starke Duft Blattläuse. Die Blüten bieten Nahrung für Hummeln und Bienen.

Wuchs: Halbstrauch, 40–60 cm hoch; Blätter eiförmig bis elliptisch, beidseitig filzig behaart, graugrün.

Blüte: Juni bis August; Lippenblüten in Scheinquirlen, violettblau.

Standort: Durchlässig, warme, kalkhaltige Böden. Salbei ist für die Topfkultur geeignet.

Anbau: Vermehrung durch Aussaat (Vorkultur sinnvoll), Stecklinge oder auch Absenker. Salbei ist nicht immer ganz winterfest, Rückschnitt im Frühjahr. Bei Bedarf Blätter, Triebspitzen oder auch Blüten ernten und frisch verwenden oder trocknen.

Verwendung: Salbeiblätter zum Würzen von Fleischgerichten. Tee bei Magenbeschwerden. Nicht für den Dauergebrauch!

Arten und Sorten: 'Purpurascens': niedrig, rotes Laub; 'Rosea': relativ kleine Blätter, rosa blühend; Weißer Salbei (*Salvia officinalis* ssp. *minor* 'Alba'): klein, weiß blühend.

Thymian
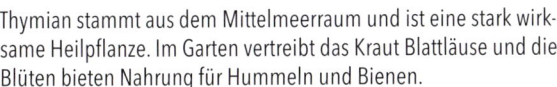

Thymus vulgaris
Lippenblütler

Thymian stammt aus dem Mittelmeerraum und ist eine stark wirksame Heilpflanze. Im Garten vertreibt das Kraut Blattläuse und die Blüten bieten Nahrung für Hummeln und Bienen.

Wuchs: Polsterbildend, bis 40 cm hoch, Halbstrauch, im unteren Teil verholzend; aromatische Blätter rundlich bis eiförmig, unterseits behaart und immergrün.

Blüte: Juni bis September; je nach Sorte weiß oder hellrosa.

Standort: Durchlässige, kalkhaltige, warme Böden und viel Sonne; gut für die Topfkultur geeignet.

Anbau: Vermehrung durch Aussaat (Lichtkeimer!), Absenker oder Stecklinge; Triebe, Blätter und Blüten ernten und frisch verwenden. Zum Trocknen blühendes Kraut schneiden und bündeln.

Verwendung: Zum Würzen von Fleisch, Suppen und Soßen; Tee bei Entzündungen der oberen Luftwege; ätherisches Öl in Erkältungsbalsam oder Rheumasalbe.

Sorten: 'Deutscher Winter': würzig; Französischer Thymian: kleinblättrig, liebliches Aroma; Portugiesischer Thymian: großblättrig.

Ysop

Hyssopus officinalis ssp. *officinalis*
Lippenblütler

Ysop stammt ursprünglich aus dem Mittelmeerraum und gilt bei uns in wärmeren Gegenden als Neophyt. Er blüht im Hochsommer und ist dann ein unwiderstehlicher Magnet für Bienen, Hummeln und Schmetterlinge. Der intensive Laubduft hält im Beet Schädlinge wie Blattläuse oder Schnecken fern. Ysop ist eine alte Heilpflanze und wurde bei Verdauungsbeschwerden angewendet.

Wuchs: Dichtbuschig, unten verholzend, 30–60 cm hoch. Blätter wintergrün, lanzettlich; behaart, mit Öldrüsen, grün.

Blüte: Juli bis August; Lippenblüten in Ähren stehend; blau.

Standort: Sonnig; kalkhaltige, durchlässige, trockene Böden.

Anbau: Aussaat im Frühjahr, Stecklinge oder Absenker im Sommer. Wenig gießen; mit viel Kompost düngen; Rückschnitt im Frühjahr bis ins alte Holz möglich. Blätter bei Bedarf ernten und frisch verwenden oder blühendes Kraut trocknen.

Verwendung: Ysop ist vielseitiges Gewürz; sparsam verwenden. Ysop ist häufig Bestandteil von Kräuterlikörrezepturen.

Sorten: 'Rosea': rosa blühend; 'Alba': weiß blühend.

Minze

☼ ◑

Mentha spec.
Lippenblütler

Alle Minzesorten sind Kulturformen. Sie blühen üppig und bringen selten keimfähiges Saatgut hervor. Die Scheinähren sind im Sommer Magneten für Insekten. Die Bestäubung erfolgt meist durch kurzrüsselige Insekten wie Fliegen.

Wuchs: Ausläufertreibend, 60–80 cm hoch; Blätter sind eiförmig bis elliptisch, manchmal rundlich, dunkelgrün, teilweise rötlich überlaufen und gelegentlich auch behaart.

Blüte: Fast alle Minzesorten blühen im Juli oder August in rosa- bis violettfarbenen Scheinähren.

Standort: Nahrhafte, feuchte Böden. Für Topfkultur geeignet.

Anbau: Vermehrung durch Stecklinge oder Ausläufer; Rhizomsperren dämmen Ausläufer ein. Bei Bedarf Triebe und Blätter ernten und frisch verwenden oder trocknen.

Verwendung: Minzblätter frisch oder getrocknet zum Aromatisieren von Süßspeisen oder als Tee bei Verdauungsbeschwerden.

Sorten: 'Kentucky Spearmint': fruchtige Teeminze; 'Polymentha': scharf, kräftiger Tee; 'Schokominze': süßlich, für Süßspeisen.

Oregano

Origanum vulgare
Lippenblütler

Der heimische Oregano oder Dost verwildert an trockenen Standorten gern. Die Blüten werden von Honigbienen, Hummeln, Schwebfliegen und Schmetterlingen (Großes Ochsenauge, Schachbrettfalter) besucht. Ihr Nektar enthält bis zu 76 % Zucker.

Wuchs: Ausläuferbildend, bis 50 cm hoch; Blätter eiförmig, auf beiden Seiten flaumig behaart.

Blüte: Rosafarben, in Scheinähren, Juni bis September.

Standort: Durchlässige, trockene Böden, für Topfkultur geeignet.

Anbau: Aussaat im Frühjahr direkt im Freiland oder Teilung im Herbst; neigt zum Verwildern. Junge Blätter und Triebe im Sommer ernten und frisch verwenden. Für Vorräte blühende krautige Pflanzenteile ernten und trocknen.

Verwendung: Als Gewürz für Salate, Pizza, Pasta und Kräuterlikör. Als Tee bei Verdauungsbeschwerden.

Arten: Französischer Majoran *(Origanum onites)* 'French': mild; Griechischer Oregano *(O. vulgare* ssp. *viridulum)*: aromatisch, weiß blühend; *O.* × *majoricum*: mild, winterfest.

Schafgarbe ☼
Achillea millefolium
Korbblütler

Schafgarbe ist eine heimische Wiesenpflanze mit vielerlei Nutzen. Die Blütenblätter stehen waagerecht und bieten leicht Nahrung für Bienen und andere Insekten. Das Kraut gilt als Pflanzenstärkungsmittel, als Kaltauszug stärkt es die Abwehr.

Wuchs: Ausläufertreibend, bis 80 cm hoch; Blätter fiederschnittig mit zahlreichen schmalen Blättchen, grün.

Blüte: Juni bis September; weiße, teilweise rosafarbene Körbchenblüten in flachen Doldenrispen stehend.

Standort: Wiesenpflanze; nahrhafte, gut durchlässige Böden.

Anbau: Vermehrung durch Aussaat im Frühjahr oder Teilung der im Herbst; Kraut spätestens im Frühjahr zurückschneiden. Junge Blätter im Frühjahr ernten, blühendes Kraut im Sommer.

Verwendung: Junge Blätter in Frühlingssalate, Kräuterquark oder –butter geben; Schafgarbentee bei Bauchschmerzen.

Arten und Sorten: Schafgarbe *(Achillea millefolium)*: 'Apfelblüte': rosa; 'Cerise Queen': rot; Goldgarbe *(A. filipendulina)*: 'Altgold': dunkelgelb; 'Credo': schwefelgelb, großblumig.

Schnittlauch ☼ ◑
Allium schoenoprasum
Liliengewächse

Der Schnittlauch ist heimisch und kommt wild in Flussauen und auf Feuchtwiesen vor. Die Blüten sind eine beliebte Nahrungsquelle für Schmetterlinge, Bienen, Hummeln und Schwebfliegen. In Mischkulturen vertreibt Schnittlauch Möhrenfliegen und reduziert die Infektion von Grauschimmel und Falschem Mehltau.

Wuchs: Aufrecht, 20–30 cm hoch; Blätter röhrig, wintergrün.

Blüte: Juni bis Juli; kugelige Dolden, hellviolett.

Standort: Nährstoff-, humus- und kalkhaltige, frische Böden.

Anbau: Aussaat im Frühjahr, Teilung des Wurzelstockes im Herbst. Ausreichend gießen und düngen, alle zwei bis drei Jahre verjüngen. Ernte von Blättern und Blüten im Frühjahr.

Verwendung: Frischer Schnittlauch ist ein leckeres Gewürz für Rührei, Quark oder Salat. Die Blüten sind essbar und werden in Salate gegeben. Schnittlauch wirkt appetitanregend.

Sorten: 'Nero', 'Nelly': dickere Blätter; 'Corsian White'; 'Elbe': weiße Blüten; 'Profusion': weiß, ausgesprochen blütenreich. Tipp: Weiße Sorten bilden kaum Samen aus.

Baum-Spinat
Fagopyrum cymosum
Knöterichgewächse

☼

Der Baumspinat oder Wilde Buchweizen ist ein mehrjähriges Blattgemüse und kann lange am Standort stehen. Wie alle Gänsefußgewächse ist er eine interessante Futterpflanze für Raupen verschiedener Schmetterlinge. Er blüht bis September und stellt für Bienen eine wichtige Futterquelle für den Wintervorrat dar.

Wuchs: Horstig; rankend; ausläuferbildend; bis 200 cm lang; Blätter spießförmig-dreieckig; lang zugespitzt; grün.

Blüte: Juli bis September; in Doldenrispen stehend, weiß.

Standort: Nahrhafte; humose, feuchte Böden.

Anbau: Aussaat im Frühjahr; Wurzelteilung im Herbst. Ausreichend gießen und düngen; Rankhilfe geben. Junge Blätter werden im Frühjahr und Sommer geerntet. Die Samen können gut für die Anzucht von Sprossen verwendet werden.

Verwendung: Die geschmackvollen und nahrhaften Blätter werden gekocht als Spinat gegessen.

Arten: Ähnlich ist der Riesen-Gänsefuß *(Chenopodium giganteum):* einjährig, bis 3 m hoch; junge Blätter oft rot gefärbt.

Guter Heinrich
Chenopodium bonus-henricus
Gänsefußgewächse

☼ ◑

Der Gute Heinrich – er ist auch unter dem Namen Wilder Spinat bekannt – stammt aus Mitteleuropa und ist Pionierpflanze auf nährstoffreichen, eher feuchten schweren Böden. Er gilt als Futterpflanze für die Raupen verschiedener Falter wie Blütenspanner, Gemüseeule, Meldeneule oder den Melden-Blattspanner. Die Blüten werden vom Wind bestäubt.

Wuchs: Horstig, aufrecht, 30–60 cm hoch; Blätter spießförmig, wellig; grün.

Blüte: Juli bis September; Scheinähren; grünlich-weiß.

Standort: Sandig-lehmige, humose, gut mit Wasser versorgte Böden mit hohem Nährstoffgehalt.

Anbau: Aussaat von August bis Oktober, Samen keimen bei niedrigen Temperaturen von etwa 5–10 °C am besten; Teilung der Wurzelstöcke im Frühjahr. Reichlich gießen und düngen; vollständiger Rückschnitt im Herbst oder Frühjahr; auf Blattläuse achten.

Verwendung: Junge Blätter, Blüten und Sprosse als Spinatersatz.

Sorten: In der Regel wird die Wildart angebaut.

Grünkohl (Braunkohl) ☀ ◐

Brassica oleracea var. *sabellica*
Kreuzblütler

Grünkohl blüht im zweiten Standjahr und bietet dann reichlich Nahrung für Insekten. Er bleibt den Winter über im Beet stehen und hält Nährstoff- und Wasserkreisläufe aufrecht. Mischkultur mit Möhre, Erbse, Tomate, Sellerie, Mangold, Rote Bete, Sellerie.

Wuchs: Zweijährig; mit Pfahlwurzel; Blätter graugrün, fest und kraus, tief gelappt mit fleischiger Mittelrippe.

Blüte: Im Frühjahr des zweiten Jahres; gelbe Kreuzblüten in lockeren Trauben.

Standort: Nahrhafte, durchlässige und humose Böden.

Anbau: Aussaat im Mai, Voranzucht sinnvoll; Pflanzung bis spätestens Anfang August (40 × 50 cm). Grünkohl überwintert im Freiland; Mulchen ist hilfreich; bei Temperaturen unter -8 °C mit Frostschutzvlies abdecken; Ernte nach dem ersten Frost.

Verwendung: Ideales Wintergemüse, wird meist herzhaft gekocht; blanchierte Blätter in Salat, roh in Smoothies.

Sorten: Niedrig: 'Lerchenzunge'; halbhoch: 'Grüner Krauser', 'Roter Krauser'; hoch: 'Ostfriesische Palme', 'Rote Palme'.

Schnitt-, Blatt-Sellerie ☀ ◐

Apium graveolens var. *secalinum*
Doldenblütler

Sellerie blüht im zweiten Standjahr. Seine Blütendolden bieten reiche Nahrung für Insekten. Die Blätter bieten im Winter Unterschlupf für Insekten. Mischkultur mit Bohnen, Erbsen, Dill, Ringelblumen, Kohl, Tomaten.

Wuchs: Zweijährig, in Kultur oft einjährig; dichtbuschig, 30–50 cm hoch; Blätter ein- bis zweifach gefiedert bis gelappt, dunkelgrün.

Blüte: Juli bis September; Dolden; gelblich-weiß.

Standort: Nahrhafte, humose, durchlässige, feuchte Böden.

Anbau: Aussaat ab März in Schalen, Direktaussaat ab Mai (Lichtkeimer). Gleichmäßig feucht halten; Sellerie ist empfindlich gegen Spätfröste. Geerntet werden frische Blätter vor der Blüte.

Verwendung: Beliebtes Gewürz für Suppen, Soßen oder Kartoffelgerichte; frisch, getrocknet oder auch tiefgefroren verwenden.

Sorten: 'Aromatischer': einfacher Anbau, bedingt frosthart; 'Zwolse Keul': dichter Wuchs, krause Blätter. Stangensellerie *(Apium graveolens* var. *dulce)*: 'Plein blanc Pascal': hellgrüne Blattstiele; 'Roter Stiel': rote Blattstiele (beide zum Bleichen geeignet).

Möhre (Karotte)

Daucus carota ssp. *sativus*
Doldenblütler

Möhren sind durch Züchtungsarbeit u.a. aus der Wilden Möhre entstanden. Sie blühen im zweiten Standjahr und ernähren dann Insekten wie Zweiflügler, Hautflügler und Käfer. Mischkultur mit Erbsen, Radieschen, Rettich, Dill, Pfefferminze.

Wuchs: Zweijährig, in Kultur einjährig; krautige, rosettige Pflanze mit Pfahlwurzel; Blätter fein gefiedert.

Blüte: Mai bis Juni, weiße Dolden; Blüten und Früchte erscheinen im zweiten Jahr, zur Saatguternte muss die Pflanze überwintern.

Standort: Tiefgründige, humusreiche Böden; Schwachzehrer, benötigen ausreichend Kali.

Anbau: Aussaat ab März in Reihen mit ca. 20 cm Abstand; keimen langsam, daher Reihen zum Beispiel mit Radieschen markieren; auf 3–5 cm verziehen; mulchen und gleichmäßig feucht halten.

Verwendung: Roh für Salat, gekocht als Gemüse. Möhrensaft wirkt regulierend beim empfindlichen Magen.

Sorten: Früh: 'Amsterdam', 'Duwiker', 'Pariser Markt'; mittelfrüh: 'Miranda'; spät: 'Colorada'; 'Pfälzer Gelbe', 'Purple Haze'.

Pastinake

Pastinaca sativa
Doldenblütler

Die Pastinake ist ein altes Gemüse und auch eine Heilpflanze. Sie blüht im zweiten Jahr und ernährt dann verschiedene Insekten. Der Anbau des Wurzelgemüses hält den Boden locker. Mischkultur mit Erbsen, Möhren, Rettich, Dill, Sellerie, Salat, Ringelblumen.

Wuchs: Zweijährig, mit Pfahlwurzel; Blätter unpaarig gefiedert, wintergrün, stehen in Rosetten.

Blüte: Im zweiten Standjahr (Mai) erscheinen 60–120 cm hohe Dolden mit gelben Blüten.

Standort: Nahrhafte, etwas kalkhaltige, lockere und nicht zu trockene Böden. Boden vor Kultur tiefgründig lockern und regelmäßig gut abgelagerten Kompost ausbringen.

Anbau: Aussaat ab März ins Freiland; Reihenabstand 40–60 cm. Pastinaken keimen langsam, später Sämlinge auf Abstand von etwa 10 cm ausdünnen. Ernte ab Herbst bis in den Winter hinein.

Verwendung: Pastinaken werden als Rohkost gegessen, als Gemüse gedünstet oder als Suppengewürz verwendet.

Sorten: 'Aromata', 'Dicke Dirn', 'Halblange Weiße', 'White King'.

Radieschen, Rettich ☼
Rapahanus sativus var. *sativus*
Kreuzblütler

Radieschen oder Rettich ist eine alte Klostergartenpflanze. Die Blüten ernähren Insekten und der Anbau von Rettich hält den Boden locker. Mischkultur mit Salat, Erbsen, Möhren, Bohnen, Kohl, Mangold, Pfefferminze.

Wuchs: Einjährig; krautige, rosettige Pflanze mit Speicherknolle, Blätter gelappt, rau behaart.

Blüte: Je nach Aussaattermin Blüte im Sommer; Kreuzblüten, weiß bis rosa; bei Blüte ist die Knolle nicht mehr genießbar.

Standort: Tiefgründige, humusreiche Böden, viel Kompost.

Anbau: Aussaat direkt im Freiland; ab März/April frühe Sorten, ab Mai Sommersorten; ab August Herbst-/Wintersorten; Einzelkornsaat; Radieschen auf 5–7cm, Rettich auf 10–20 cm. Gleichmäßig feucht halten; rechtzeitig ernten, sonst werden sie holzig.

Verwendung: Rettich und Radieschen roh auf Brot oder in Salate.

Sorten: Radieschen: Frühlings- und Herbstanbau: 'Eiszapfen', 'Marieke'; Sommer: 'Parat', 'Rudi', 'Sora'; Rettich: 'Münchener Bier', weiß; 'Runder Schwarzer Winter', schwarz; 'Rex': weiß.

Topinambur ☼ ◐
Helianthus tuberosus
Korbblütler

Topinambur stammt ursprünglich aus Nord- und Mittelamerika und gilt bei uns als Neophyt. Er blüht im Spätsommer und bietet in der etwas blütenärmeren Zeit Nahrung für Insekten. Die dicht wachsenden Stauden bieten im Winter Unterschlupf für Tiere.

Wuchs: Mehrjährig, aufrecht, bis 3 m hoch. Blätter eiförmig, bis 25 cm lang, rau behaart, grün.

Blüte: August bis November; Körbchenblüten an verzweigten Blütenständen, gelb mit dunklem Auge.

Standort: Nährstoffreiche, humose Gartenböden.

Anbau: Topinambur wird ausschließlich vegetativ vermehrt, das heißt, die Knollen werden im Frühjahr geteilt und im Abstand von 75 × 30 cm gepflanzt. Anfangs wässern. Einmal angewachsen, erübrigen sich Pflegemaßnahmen. Die Pflanze ist völlig winterhart und kann den ganzen Winter geerntet werden.

Verwendung: Die riesige Staude wird im Garten gern als Sichtschutz gepflanzt. Als Rohkost und Gemüse schmackhaft.

Sorten: 'Gigante', 'Gute Gelbe', 'Topstar'.

Erbse
Pisum sativum
Schmetterlingsblütler

Erbsen zählen zu den Stickstoffsammlern. Sie reichern den Boden mit Nährstoffen an und bereiten ihn auf den Anbau von Starkzehrern vor. Erbsenblüten haben viel Nektar und können von einigen Bienenarten bestäubt werden. Ansonsten sind sie Selbstbefruchter. Mischkultur mit Kohl, Möhren, Rettich, Salat.

Wuchs: Einjährig, tief wurzelnd; Stängel niederliegend oder kletternd 20–200 cm lang; Blätter paarig gefiedert mit Blattranken.

Blüte: Mai bis Juni; weiß bis rosa; Hülsen je nach Sorte zum Zeitpunkt der Reife grün, gelb oder bräunlich.

Standort: Durchlässige, humusreiche Böden. Höhere Sorten benötigen Kletterhilfe, um sich festzuhalten.

Anbau: Ab März etwa 5 cm tief im Freiland legen, Reihenabstand 40 cm; nach der Keimung etwas anhäufeln.

Verwendung: Schalerbsen trocknen, Markerbsen grün ernten und frisch essen, Zuckererbsen jung ernten und mit Schoten dünsten.

Sorten: Schalerbsen: 'Allerfrühste Mai', 'Kleine Rheinländerin'; Markerbsen: 'Ambassador'; Zuckererbsen: 'Ambrosia', 'Norli'.

Gartenbohne
Phaseolus vulgaris
Schmetterlingsblütler

Bohnen zählen zu den Stickstoffsammlern. Sie bereiten den Boden auf den Anbau von Starkzehrern vor. Sie sind meist Selbstbestäuber, werden aber auch von Hummeln angeflogen. Mischkultur mit Dill, Kohl, Kürbis, Salat, Sellerie, Tomaten.

Wuchs: Einjährig, buschig, stark verzweigt; Buschbohne 40–60 cm hoch, Stangenbohne 2–4 m.

Blüte: Juni bis Juli; weiß bis lilafarben, je nach Sorte; Hülsenfrüchte je nach Sorte in verschiedenen Farben.

Standort: Durchlässige, humusreiche, warme Böden. Stangenbohnen benötigen zum Klettern ein Gerüst.

Anbau: Ab April im Freiland legen, 5–6 Bohnen pro Pflanzstelle; keine Stickstoffdüngung; Bohnenkraut schützt vor Läusen.

Verwendung: Bohnen frisch ernten; nicht roh essen, rohe Bohnen sind schwach giftig! Einkochen, einfrieren oder auch trocknen.

Sorten: Buschbohnen: 'Saxa': grüne Hülsen; 'Helios': gelbe Hülsen, schwarze Bohnen. Stangenbohnen: 'Neckarkönigin': robust, hoher Ertrag; 'Blauhilde': mit blauen Hülsen, ertragreich.

Bärlauch

Allium ursinum
Amaryllisgewächse

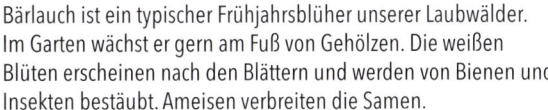

Bärlauch ist ein typischer Frühjahrsblüher unserer Laubwälder. Im Garten wächst er gern am Fuß von Gehölzen. Die weißen Blüten erscheinen nach den Blättern und werden von Bienen und Insekten bestäubt. Ameisen verbreiten die Samen.

Wuchs: Mehrjährig, horstig, 20–30 cm hoch; Blätter lanzettlich; ganzrandig, grün.

Blüte: Mai bis Juni; sternförmige Einzelblüten in halbkugeligen Dolden stehend, nach Knoblauch duftend, weiß.

Standort: Kalkhaltige, nahrhafte, frische bis feuchte Böden.

Anbau: Aussaat im Sommer (Frostkeimer!), Zwiebelteilung nach der Blüte; wenig gießen, nicht düngen; Herbstlaub als Winterschutz stehen lassen. Im Frühjahr Blätter vor der Blüte ernten.

Verwendung: Bärlauchblätter schmecken nach Knoblauch und werden roh oder gedünstet zum Würzen von Suppen, Salaten, Gemüse und Soßen verwendet. Die Blätter eignen sich hervorragend zur Herstellung von Pesto. Die Blüten sind essbar.

Sorten: Meist wird nur die Art angeboten.

Winterheckenzwiebel

Allium fistulosum
Amaryllisgewächse

Die Winterheckenzwiebel ist ein winterhartes Zwiebelgewächs und im Frühjahr mit das erste Grün, das wir im Garten ernten können. Die großen, weißen Blüten werden gern von Bienen und Schmetterlingen besucht. Winterheckenzwiebel können viele Jahre an ihrem Standort stehen bleiben und beerntet werden.

Wuchs: Mehrjährig, horstbildend, aufrecht, 30–60 cm hoch; Blätter röhrenförmig, im oberen Bereich grün.

Blüte: Mai bis Juni; kugelige Dolden, weiß.

Standort: Nahrhafte, humose und durchlässige Böden, die wenig mit Stickstoff gedüngt werden.

Anbau: Die Aussaat kann ab März in Töpfen zur Vorkultur oder ab April im Freiland direkt in Reihen in großen Abständen erfolgen. Vereinzelt oder gepflanzt wird auf den Abstand von 30 cm. Jungpflanzen regelmäßig gießen. Laufend beernten.

Verwendung: Blätter schmecken dünn geschnitten auf Brot, werden wie Küchen- oder Frühlingszwiebeln zum Kochen verwendet.

Sorten: Meist wird nur die Art angeboten.

Bienenfreund ☀

Phacelia tanacetifolia
Raublattgewächse

Phacelia oder Bienenfreund ist eine weit verbreitete Gründüngungspflanze. Die Wurzeln lockern den Boden, die Blüten sind eine Pollen- und Nektarquelle für Bienen, Hummeln, Schmetterlinge und Schwebfliegen.

Wuchs: Einjährig, aufrecht, 70 cm hoch; Blätter farnartig gefiedert, unbehaart, grün.

Blüte: Juni bis zum Frost; zwittrige Einzelblüten in einseitig und oft schneckenförmig eingerollten Blütenständen stehend; blau.

Standort: Alle durchlässigen Gartenböden.

Anbau: Aussaat ab Frühjahr. Ausreichend feucht halten. Wird ausschließlich als Gründüngung angebaut.

Verwendung: Perfekte Gründüngungspflanze, denn sie ist mit keiner Gemüseart verwandt und kann als Zwischenfrucht überall verwendet werden. Sie hat ein dichtes Wurzelsystem und nutzt die Nährstoffvorräte im Boden gut aus. Die Blätter beschatten den Boden und unterdrücken Wildkräuter.

Sorten: 'Amerigo', 'Angelia'.

Echter Buchweizen

Fagopyrum esculentum
Knöterichgewächse

Buchweizen ist eine alte Feldfrucht für magere Böden. Er ist ausgesprochen anspruchslos, wenig wärmebedürftig, wächst schnell, blüht üppig und gilt als Futterpflanze für Bienen und andere Insekten. Die kantigen Samen sind beliebtes Vogelfutter.

Wuchs: Einjährig, aufrecht, 50–70 cm hoch. Blätter spießförmig, dreieckig, lang zugespitzt, grün.

Blüte: Juni bis September; kleine Einzelblüten in Doldenrispen stehend, weiß bis blassrosa.

Standort: Magere, gut durchlässige Gartenböden.

Anbau: Aussaat ab Frühjahr. Ausreichend feucht halten. Blühendes Kraut im Sommer ernten, Früchte im Spätsommer.

Verwendung: Perfekt für magere Böden. Wegen seiner kurzen Kulturzeit gut als Zwischenfrucht geeignet. Buchweizen wird als Nahrungsmittel und als Heilpflanze verwendet. Das Kraut ist schwach phototoxisch. Berührt man die Pflanze unter starker Sonneneinstrahlung, kann das zu Verbrennungen führen.

Sorten: 'Anita': weiß blühend; 'Lyra': höher, Blüte leicht rosa.

Gelbe Lupine ☼

Lupinus luteus
Schmetterlingsblütler

Lupinen werden häufig als Pionierpflanzen ausgesät. Mit ihren weit hinabreichenden Pfahlwurzeln durchlüften sie den Boden tief. Lupinen sind ideale Gründüngungspflanzen. Wegen ihrer reichen Blüte gilt die gelbe Lupine als Futterpflanze für Bienen und viele andere Insekten.

Wuchs: Einjährig, aufrecht, 80–120 cm hoch; Blätter zusammengesetzt, fünf bis neun Blättchen, diese länglich bis verkehrt-eiförmig, zugespitzt, behaart, grün.

Blüte: Je nach Aussaattermin Mai bis September; Schmetterlingsblüten in Trauben oder Ähren stehend, gelb.

Standort: Gut durchlässige Gartenböden.

Anbau: Aussaat von Frühjahr bis Sommer. Boden feucht halten.

Verwendung: Auch Nahrungs- und Futtermittelpflanze. Lupinen reichern Stickstoff im Boden an. Sie kommen als Gründüngung vor der Pflanzung von Starkzehrern zum Einsatz.

Arten: Weiße Lupine *(Lupinus albus),* Schmalblättrige Lupine *(Lupinus angustifolius).*

Weißer Senf ☼

Sinapis alba
Kreuzblütler

Senf ist eine alte Kulturpflanze aus Kleinasien und dem östlichen Mittelmeerraum. Er ist eine schnell wachsende Gründüngung und Futterpflanze für Bienen und andere Insekten. Die Scharfstoffe in der Senfpflanze schützen vor Pilzkrankheiten.

Wuchs: Ein- bis zweijährig, aufrecht, verzweigt, bis 120 cm hoch. Blätter länglich bis eiförmig, selten geteilt, rau behaart, grün.

Blüte: Juni bis September; Kreuzblüten in lockeren Doldentrauben stehend, leuchtendes Goldgelb.

Standort: Nahrhafte, etwas kalkhaltige Böden.

Anbau: Aussaat im Frühjahr, bei zweijähriger Kultur im Herbst. Boden feucht halten, Standort in jedem Jahr wechseln. Blätter und Samen bei Bedarf ernten.

Verwendung: Effektive Gründüngungspflanze für alle Böden, falls davor oder danach nicht Kohl angebaut wird. Senf wird als Heilpflanze verwendet. Die Samen sind Rohstoff für Speisesenf. Frische Blätter als Würze von Salaten und Quark.

Sorten: Als Gründüngung wird die Wildform verwendet.

Gewöhnlicher Gundermann

Glechoma hederacea
Lippenblütler

Gundermann ist bei uns heimisch und vielseitig zu finden. Die Lippenblüten bilden reichen Nektar und werden vor allem von Hummeln und Pelzbienen bestäubt. Häufige Besucher sind auch Schwebfliegen, Käfer, Ameisen und Schmetterlinge wie Aurora-falter, Zitronenfalter, Rapsweißling.

Wuchs: Mehrjährig, mattenartig, ausläuferbildend, 10–20 cm hoch; Blätter rundlich, Blattrand gekerbt, wintergrün.

Blüte: Mai bis Juli; Lippenblüten paarig stehend, blauviolett.

Standort: Feuchte, schwere, fruchtbare, kalkhaltige Böden.

Anbau: Aussaat im Herbst (Kaltkeimer); Stecklinge im Sommer; Ausläufer im Frühjahr oder Herbst. Feucht halten, regelmäßig düngen; bei Bedarf reduzieren. Blühendes Kraut kann man ernten.

Verwendung: Junge Blätter in kleineren Mengen im Frühlings-salat. Gundermann ist eine alte Heilpflanze und wird als Tee bei leichten Atemwegsentzündungen und zur Waschung schlecht heilender Wunden verwendet.

Sorten: Zum Verwildern auf Wiesen eignet sich nur die Wildform.

Wilde Karde

Dipsacus fullonum
Kardengewächse

Die Wilde Karde stammt aus dem Mittelmeerrraum. Sie kommt an Ufern, Wegen und auf Weiden vor. Die Blüten blühen nach und nach in Ringen von der Mitte her auf. Der Nektar ist für Wild- und Honigbienen, Hummeln und Schmetterlinge erreichbar, die Karde kann sich auch selbst bestäuben.

Wuchs: Zweijährig, rosettig; Blütenstiel aufrecht, verzweigt sich, 70–150 cm hoch, stachelig; Blätter lanzettlich, groß; rau behaart, wintergrün. Die Blattflächen bilden Auffangbecken für Wasser und hindern damit Ameisen am Aufstieg.

Blüte: Juli bis August; stachelige, walzenförmige Blütenstände; großteils violett, selten einmal weiß gefärbt.

Standort: Durchlässige, humose, nährstoffreiche Böden.

Anbau: Aussaat im Sommer; Regelmäßig wässern und düngen. Trockene Fruchtstände zur Selbstaussaat stehen lassen.

Verwendung: Die Volksheilkunde verwendet die Wurzeln.

Arten: Die Weber-Karde *(Dipsacus sativus)* wurde im vorindustriel-len Zeitalter zum Kämmen von Wolle verwendet.

Rot-Klee ☀

Trifolium pratense
Hülsenfrüchtler

Rot-Klee ist auf der Nordhalbkugel zu Hause. Er ist eine Wiesen-pflanze und gilt schon seit Jahrhunderten als Heilpflanze. Er blüht üppig und dient als Futterpflanzen für Hummeln und andere Bienenarten. Rot-Klee speichert mithilfe von Knöllchenbakterien Stickstoff im Boden und ist ein Bodenverbesserer.

Wuchs: Zwei- bis mehrjährig, aufrecht; 20–30 cm hoch. Blätter drei-, manchmal vierteilig, Einzelblättchen rundlich bis elliptisch, ganzrandig, grün, weiß gefleckt, wintergrün.

Blüte: Juni bis Juli und nach Rückschnitt noch einmal im September; endständige Köpfchen, purpurrot bis rosa.

Standort: Tiefgründige, nährstoffreiche, frische Böden.

Anbau: Aussaat im Frühjahr, breitet sich stark aus.

Verwendung: Im Sommer blühendes Kraut als Futterpflanze.

Arten: Hasen-Klee *(Trifolium arvense)*: rosarot, einjährig, Futter-pflanze für Bienen, Hummeln, Schmetterlinge, Sandwespen und Fliegen; Weiß-Klee *(Trifolium repens)*: mehrjährig; weiß blühend, kriechend; Futterpflanze für Bienen und andere Insekten.

Gewöhnliche Knoblauchsrauke ☀

Alliaria petiolata
Kreuzblütler

Die Knoblauchsrauke ist eine Pflanzenart der Laubwälder, gedeiht aber auch gut in Hecken, auf leicht schattigen Wiesen, an Mauern und an Wegen. Wenn sie sich im Garten wohlfühlt, breitet sie sich stark aus. Die Blüten bieten ihren Nektar frei zugänglich an und laden Bienen, Fliegen, Schwebfliegen und Käfer als bestäubende Insekten ein. Die Blüten locken beispielsweise den Aurorafalter an und die Blätter dienen dessen Raupen als Futterpflanze.

Wuchs: Zwei- bis mehrjährig, horstig, ausläuferbildend; Blüten-stände aufrecht; 30–80 cm hoch, Blätter herzförmig, gezähnt, grün.

Blüte: Mai bis Juni; kreuzförmige Einzelblüten in Trauben, weiß.

Standort: Durchlässige, nährstoffreiche Böden.

Anbau: Aussaat im Frühjahr, ausreichend gießen und düngen; neigt zur Selbstaussaat. Vor der Blüte Blätter und Stängel ernten.

Verwendung: Die jungen Blätter schmecken leicht nach Knob-lauch und werden zu Frühlingssalaten gegeben. Die Volksheilkun-de verwendet den Tee gegen Entzündungen.

Sorten: Zum Verwildern auf Wiesen: nur die Wildform.

Echtes Mädesüß

Filipendula ulmaria
Rosengewächse

Das Echte Mädesüß ist bei uns heimisch und ist vor allem in Auwäldern, auf feuchten Wiesen und an Gräben und Bächen zu finden. Seine intensiv duftenden Blüten locken im Hochsommer vor allem Bienen, pollenfressende Fliegen und Schwebfliegen an. Auch Käfer zählen zu seinen Bestäubern.

Wuchs: Mehrjährig, horstig; Blütenstiele aufrecht; ausläuferbildend; 60–100 cm hoch. Blätter unpaarig gefiedert, Blattränder gesägt, unterseits silbrig behaart, dunkelgrün.

Blüte: Juni bis August; sternförmige Einzelblüten in Trichterrispen stehend, cremeweiß.

Standort: Feuchte, schwach saure, nährstoffreiche Böden.

Anbau: Aussaat im Frühjahr; Wurzelteilung im Herbst; ausreichend gießen, viel düngen; vollständiger Rückschnitt im Frühjahr. Blätter und Blüten können im Sommer geerntet werden.

Verwendung: Frische Blätter als Beigabe von Salaten und Suppen. Blüten sind essbar; Tee als Schwitzkur bei Erkältung.

Sorten: Zum Verwildern auf Wiesen ist nur Wildform geeignet.

Gewöhnlicher Natternkopf

Echium vulgare
Raublattgewächse

Der gewöhnliche Natternkopf ist heimisch und kommt auf trockenen bis halbtrockenen Ruderalstellen, auf steinigen oder sandigen Plätzen und auf Trockenrasen vor. Seine Blüten werden vor allem von Bienen, Schwebfliegen und einigen Faltern bestäubt. Bienen lernen, dass die rosa Blüten reicher an Nektar sind als die blauen.

Wuchs: Zwei- bis mehrjährig; buschig, Stängel aufrecht, gefleckt; 25–90 cm hoch; Blätter lanzettlich, schmal, grün.

Blüte: Mai bis September; ährenartige Blütenstände, erst rosa, später violettblau.

Standort: Trockene, tiefgründige, nährstoffarme, warme Böden.

Anbau: Aussaat im Frühjahr oder Spätsommer; wenig gießen und düngen; sät sich leicht aus, Blüten vor der Samenreife abschneiden, falls das nicht erwünscht ist.

Verwendung: Der Natternkopf ist eine alte Heilpflanze, die heute nicht mehr verwendet wird. Die Pflanze kann Kontaktallergien auslösen und bei Verzehr können Magenverstimmungen auftreten.

Sorten: Zum Verwildern auf Wiesen ist nur Wildform geeignet.

Purpurrote Taubnessel

Lamium purpureum
Lippenblütler

Die Purpurrote Taubnessel kommt in Unkrautgesellschaften der Äcker, Gärten und Weinberge vor, aber auch auf Schuttplätzen und an Wegrändern. Die frühblühenden Lippenblüten sind wichtige Nahrung für Hummeln und andere Hautflügler. Die Früchte tragen ein fettreiches Anhängsel, das Ameisen verbreiten.

Wuchs: Mehrjährig, horstig, kriechend; Blütenstiele aufrecht, 20–45 cm hoch; Blätter oval oder pfeilförmig, Blattrand gezähnt, im Gegensatz zur Brennnessel keine Brennhaare, grün.

Blüte: April bis September; Lippenblüten in Scheinquirlen stehend; rosarot bis purpurfarben.

Standort: Feuchte, durchlässige, nährstoffreiche Böden.

Anbau: Aussaat; Wurzelteilung im Herbst; ausreichend gießen und düngen, junge Blätter im Frühjahr ernten.

Verwendung: Junge Blätter und Blüten zur Zubereitung von Wildkräutersalat oder Frühlingsquark verwenden.

Arten: Die Weiße Taubnessel *(Lamium album)* wird in der Naturheilkunde zur Unterstützung der Wundheilung verwendet.

Wiesen-Schaumkraut

Cardamine pratensis
Kreuzblütler

Wiesen-Schaumkraut ist auf der ganzen Nordhalbkugel verbreitet und wächst auf feuchten Wiesen. Seine attraktiven Blüten sind sehr nektarreich und ein beliebtes Futter für zahlreiche Insekten, besonders für Bienen und für den Aurorafalter. Die Pollen werden von Sandbienen und Schwebfliegen geerntet. Wiesen-Schaumkraut beherbergt die Wiesenschaumzikade. Sie erzeugen weißen Schaum zum Schutz ihrer Larven.

Wuchs: Mehrjährig, rosettig; Blütenstiele aufrecht, 30–50 cm hoch. Blätter unpaarig gefiedert, Blättchen oval; Endblättchen dreilappig, rau, graugrün.

Blüte: April bis Juni; kreuzförmige Einzelblüten in Trauben stehend, duftend, weiß.

Standort: Feuchte Böden mit hohem Nährstoffgehalt.

Anbau: Aussaat im Frühjahr, Lichtkeimer; Wurzelteilung im Herbst; feucht halten. Junges Kraut wird im Frühjahr geerntet.

Verwendung: Frische Blätter als Zusatz von Salaten.

Sorten: Zum Verwildern auf Wiesen: nur die Wildform.

Acker-Schachtelhalm ☀ ◐

Equisetum arvense
Schachtelhalmgewächse

Acker-Schachtelhalm ist heimisch und besiedelt Äcker, feuchte Wiesenränder und Böschungen und ist eine wichtige Zeigerpflanze für verdichtete und staunasse Böden. Acker-Schachtelhalmjauche enthält Kieselsäure und wird als Stärkungsmittel zur Abwehr von Pilzkrankheiten verwendet.

Wuchs: Aufrechte, dünne sterile grüne Laubtriebe, quirlig verzweigt, in Etagen angeordnet, 10–50 cm hoch. Die Sporen tragenden fertilen Sprosse sind hellbraun, sie erscheinen vor den sterilen Sprossen und sterben nach der Sporenreife ab. Die Pflanzen bilden lange Rhizome.

Blüte: Keine Blütenpflanze.

Standort: Feuchte, verdichtete Böden mit wenig Nährstoffen.

Anbau: Vermehrung durch Wurzelsprossen im Frühjahr; ausreichend feucht halten, nicht düngen; wegen starker Ausläuferbildung im Garten nur mit Rhizomsperre kultivieren.

Verwendung: Wird als Jauche- oder Heilpflanze verwendet.

Sorten: Nur die Wildform wird genutzt.

Gemeiner Beinwell ☀ ◐

Symphytum officinale
Raublattgewächse

Gemeiner Beinwell ist heimisch und kommt auf stickstoffreichen Böden vor. Er blüht reich, doch der Nektar ist nur für langrüsselige Wildbienen wie Hummeln zu erreichen. Beinwell wird gern zum Mulchen und für den biologischen Pflanzenschutz verwendet. Die Jauche ist Biodünger zur Stärkung der Pflanzen.

Wuchs: Mehrjährig, buschig, ausläufertreibend; mit fleischigen Wurzeln; Blütenstiele locker aufrecht, 90–110 cm hoch, Blätter lanzettlich, lang zugespitzt, borstig behaart, dunkelgrün.

Blüte: Juni bis September Röhrenblüten in Trauben stehend, rotviolett bis gelblich weiß.

Standort: Feuchte bis sehr feuchte Böden mit hohem bis sehr hohem Nährstoffgehalt.

Anbau: Aussaat im Frühjahr; Wurzelteilung im Herbst; feucht halten; vollständiger Rückschnitt im Frühjahr; auf Rost achten.

Verwendung: Zur Behandlung von Verstauchungen und Prellungen verwendet. Die Pflanze ist schwach giftig! Blätter nicht essen.

Sorten: Nur Wildform wird als Jauche- oder Heilpflanze genutzt.

Große Brennnessel ☼ ◐

Urtica dioica
Brennnesselgewächse

Die Große Brennnessel ist heimisch und eine Zeigerpflanze für stickstoffreiche Böden. Sie wird windbestäubt, dient aber zahlreichen Schmetterlingen wie Admiral, Kleinem Fuchs oder Tagpfauenauge als Futterpflanze. Brennnesseljauche enthält viel Stickstoff und wird als Dünger oder Pflanzenschutzmittel gegen Läuse und Spinnmilben verwendet.

Wuchs: Mehrjährig; straff aufrecht, mit Brennhaaren bedeckt, 80–120 cm hoch. Blätter länglich-eiförmig, grob gesägt, mit Brennhaaren bedeckt, grün.

Blüte: Juni bis Oktober; zweihäusig; unscheinbar, in rispenartigen Blütenständen stehend.

Standort: Frische, humus- und stickstoffreiche Böden.

Anbau: Aussaat im Frühjahr; Wurzelstock im Herbst teilen; bei starker Ausbreitung reduzieren; Ernte des Krauts vor der Blüte.

Verwendung: Brennnesselblätter, -triebe und -blüten gelten als Wildgemüse und Heilpflanze.

Arten: Kleine Brennnessel *(Urtica urens)*.

Gemeiner Rainfarn ☼

Tanacetum vulgare
Korbblütler

Der Gemeine Rainfarn ist in Europa und Asien zu Hause und ist auf Wiesen verbreitet. Er blüht im Hochsommer und sein Nektar ist für Insekten aller Art leicht zugänglich. Die stark duftenden Blätter und Blüten enthalten insektenabweisende Wirkstoffe und wurden früher ausgestreut, um Ungeziefer abzuhalten. Rainfarnjauche dient als Spritzmittel gegen Milben und bei Pilzkrankheiten.

Wuchs: Mehrjährig, horstig, ausläuferbildend; Blütenstiele aufrecht; 60–100 cm hoch. Blätter unpaarig gefiedert, Blättchen länglich-lanzettlich; eingeschnitten gesägt; dunkelgrün.

Blüte: Juli bis weit in den September hinein; Körbchenblüten in Doldenrispen stehend, gelb.

Standort: Durchlässige Böden mit normalem Nährstoffgehalt.

Anbau: Aussaat im Frühjahr; Wurzelteilung im Herbst; Rückschnitt im Frühjahr oder Herbst. Blüten und Kraut im Sommer ernten.

Verwendung: Rainfarn ist eine alte Heilpflanze, wird heute homöopathisch verwendet. Achtung: Die Pflanze ist schwach giftig!

Sorten: Nur Wildform wird als Jauche- oder Heilpflanze genutzt.

SERVICE & ADRESSEN

ADRESSEN

GÄA-Vereinigung ökologischer Landbau e.V.
Brockhausstraße 4
01099 Dresden
www.gaea.de

Prinzessinnengarten
St. Jacobi Friedhof Neukölln
Herrmannstraße
12053 Berlin
https://prinzessinnengarten.net/
kollektiv/

Himmelbeet Gemeinschafts-garten
Ruheplatzstraße 12
13347 Berlin
www.himmelbeet.de

Institut für Partizipatives Gestalten (IPG)
Sonja Förster und Sascha Rohr
Moltkestraße 6a
26122 Oldenburg
www.partizipativ-gestalten.de

Abtei Fulda
Benediktinerinnenabtei zur Hl. Maria
Nonnengasse 16
36037 Fulda
www.abtei-fulda.de/gartenbau/

Dreschflegel e.V.
In der Aue 31
37213 Witzenhausen
www.dreschflegel-saatgut.de

VEN
Verein zum Erhalt der Nutzpflan-zenvielfalt e.V.
Walburger Straße 2
37213 Witzenhausen
www.nutzpflanzenvielfalt.de

Permakultur Institut e.V.
Im Garten 11
51503 Hoffnungsthal
www.permakultur-institut.de

Forschungsring für Biologisch-Dynamische Wirtschafts-weise e.V.
Brandschneise 5
64295 Darmstadt
www.forschungsring.de

Naturgarten e.V.
Kernerstraße 64
74076 Heilbronn
www.naturgarten.org

Arche Noah
Österreichische Gesellschaft für Erhaltung der Kulturpflanzen-vielfalt & ihre Entwicklung
Obere Straße 40
A-3553 Schiltern
www.arche-noah.at

Bioterra
Schweizerische Gesellschaft für biologischen Land- & Gartenbau
Dubsstraße 33
CH-8003 Zürich
www.bioterra.ch

BODENPROBEN

LUFA Nord-West
Jägerstraße 23-27
26121 Oldenburg
www.lufa-nord-west.de

AGROLAB Agrar und Umwelt GmbH - Sarstedt
Breslauer Straße 60
31157 Sarstedt
Deutschland
www.agrolab.com

VDLUFA
Verband Deutscher Unter-suchungs- und Forschungs-anstalten e.V.
LUFA Speyer
Obere Langgasse 40
67346 Speyer
www.vdlufa.de

SAATGUT

Quedlinburger
Vertriebsgesellschaft Quedlin-burger Saatgut mbH
Dieselstraße 1
06449 Aschersleben
www.quedlinburger-saatgut.de

Rühlemann (Kräuter)
Rühlemann's Kräuter & Duftpflanzen
Auf dem Berg 2
27367 Horstedt
www.kraeuter-und-duftpflanzen.de

Biolandhof Jeebel
Jeebel 17
29410 Salzwedel
www.biogartenversand.de

Bingenheimer Saatgut AG
Kronstraße 24
61209 Echzell
Deutschland
www.bingenheimersaatgut.de

HILD samen gmbh
Kirchenweinbergstraße 115
71672 Marbach am Neckar
www.hildsamen.de

Syringa Duftpflanzen und Kräuter
Bachstraße 7 (Büro)
Untere Gräben (Gärtnerei)
D-78247 Binningen
www.syringa-pflanzen.de

Staudengärtnerei Gaißmayer
Jungviehweide 3
89257 Illertissen
www.gaissmayer.de

ReinSaat KG
Am Horner Wald 69
A-3572 St. Leonard
www.reinsaat.at

Sativa Rheinau AG
Klosterplatz 1
CH-8462 Rheinau
www.sativa-rheinau.ch

INTERNETADRESSEN

Gärtnern
www.bio-gaertner.de
www.biogartenfuellhorn.de
www.bodenwelten.de
www.kleingaertnerin.de
www.mein-schoener-garten.de
www.burkhard-bohne.de
www.garten-des-lebens.de

Effektive Mikroorganismen (EM)
www.bio-bahnhof.de
www.em-chiemgau.de
www.emiko.de
www.em-kaufhaus.de
www.em-sued.de
www.multikraft.com
www.pro-top.de

Nützlinge
www.amw-nuetzlinge.de
www.neudorff.de
www.nuetzlinge.de
www.schneckenprofi.de
www.gruenteam-versand.de

Terra Preta
www.multikraft.com
www.triaterra.de
www.pflanzenkohle24.de

Permakultur
www.permakultur-akademie.de
www.permakultur-institut.de
www.trasition-initiativen.de

Wollvlies
www.finkhof.de
www.wolllust-schurwollversand.de
www.daemwool.at
www.wollreich.ch

LITERATUR

Simon Akeroyd: **Selbstversorgung für Einsteiger.** Dorling Kindersley, München

Burkhard Bohne: **Garden Your City.** Kosmos Verlag, Stuttgart

Burkhard Bohne: **Kräuter.** Kosmos Verlag, Stuttgart

Burkhard Bohne: **Wintergemüse anbauen.** Gräfe & Unzer Verlag, München

Monty Don: **Genial Gärtnern. Biologisch und naturnah.** Dorling Kindersley, München

Masanobu Fukuoka: **Der große Weg hat kein Tor.** pala Verlag, Darmstadt

Andrea Heistinger: **Handbuch Bio-Gemüse. Sortenvielfalt für den eigenen Garten.** Arche Noah. Löwenzahn-Verlag, Innsbruck

Sepp Holzer: **Sepp Holzers Permakultur.** Praktische Anwendung für Garten, Obst- und Landwirtschaft. Leopold Stocker Verlag, Graz

Ilona Koglin und Mark Rohde: **Gärtnern für eine bessere Welt.** Kosmos Verlag, Stuttgart

Marie-Luise Kreuter: **Der Biogarten.** BLV/Gräfe und Unzer Verlag, München

Folko Kullmann: **Gärtnern mit dem Hochbeet.** Gräfe & Unzer Verlag, München

Joachim Mayer: **Alte Gemüse neu entdeckt.** Gräfe und Unzer Verlag, München

Martin Rasper: **Vom Gärtnern in der Stadt.** oekom Verlag, München

Margit Rusch: **Anders gärtnern Permakulturelemente im Hausgarten.** Ökobuch-Verlag, Staufen im Breisgau

Ute Scheub, Heiko Pieplow, Hans-Peter Schmidt: **Terra Preta. Die schwarze Revolution aus dem Regenwald.** oekom Verlag, München

Karin Schlieber: **Prinzip Permakultur.** Gräfe & Unzer Verlag, München

Dr. Anne Katharina Schocke: **Die erstaunlichen Kräfte der Effektiven Mikroorganismen EM.** Knaur, München 2017

Wolf-Dieter Storl: **Bekannte und vergessene Gemüse.** AT-Verlag, München

Wolf-Dieter Storl: **Der Selbstversorger: Mein Gartenjahr.** Gräfe & Unzer Verlag, München

Wolf-Dieter Storl: **Die »Unkräuter« in meinem Garten.** Gräfe & Unzer Verlag, München

Schwester Christa Weinrich OSB: **Biologisch Gärtnern.** av Buch, Wien

Schwester Christa Weinrich OSB **Geheimnisse aus dem Klostergarten.** Kosmos Verlag, Stuttgart

REGISTER

Halbfett gesetzte Seiten-
zahlen verweisen auf
Abbildungen.

A
Abfälle, organische 43
Abräumen 127
Absenker 63, 64
Abzugslöcher 87
Achillea filipendulina 'Alt-
gold' 153
– *millefolium* 153, **153**
Ackerbegleitpflanzen 76
Ackerfuchsschwanz 37
Ackerhohlzahn 37
Ackerminze 37
Ackerrose 77
Ackersenf 37
Adlerfarn 37
Adonisröschen 37
Akelei 72, 134, **134**
– 'Elfenschuh' 134
– 'William Guinness Double'
134
Alcea rosea 138, **138**
Alliaria petiolata 163, **163**
Allium fistulosum 159, **159**
– *schoenoprasum* 153,
153
– *ursinum* 159, **159**
Amaranth 67
Amelanchier arborea 'Robin
Hill' 146
– *laevis* 'Snowflake' 146
– *lamarckii* 79, 146, **146**
– *spicata* 146
Ampfer 37
Anbauzeit verlängern 108,
109
Anthriscus cerefolium var.
cerefolium 149, **149**
– *sylvestris* 'Ravenswing' 149
Anzuchterde **28**, 29
Anzuchtkästen 87, 89
Apfel 'Berlepsch' 75
– 'Boskop' 75
– 'Goldparmäne' 75
– 'Kaiser Wilhelm' 75
Apfelbäume **117**
Apium graveolens var. *dulce*
155
Aquilegia vulgaris 134, **134**
Arche Noah 65
Arten, heimische 72
Artenvielfalt 122
Asseln 113
Ausläufer 64, 70, **70**
Aussaat 60, **60**, 61, **61**, 62,
62

B
Bäckerkisten **88**, 89
Ballentücher 91, 92, 109,
126
Bärenklau 37
Bärlauch 74, 77, 159, **159**
Beete, naturnahe 72
Beinwell, Gemeiner 37, 110,
111, 166, **166**
Beinwelljauche 39
Beizmittel 57
Berberis stenophylla 140
– *thunbergii* 'Atropurpurea
Nana' 140
– *vulgaris* 140, **140**
Berberitze, Gewöhnliche
140, **140**
-, Schmalblättrige 140
Besenginster 37
Besenheide 77
Bibernelle, Große 77
Bienen 113
Bienenfreund 160, **160**
– 'Amerigo' 160
– 'Angelia' 160
– 'Ball' 160
– 'Rote Lola' 160
Bindematerial 91
Bingelkraut 37
Bioerde 29, 30
Biokohle 42, 42
Biolandbau 29
Biosaatgut 57
Biosiegel 18, 19
Birken 73, 77
Birne 'Gute Luise' 75
– 'Williams Christ' 75
Blattläuse 112
Blechdosen **88**
Blumenampel 88
Blumenbeete erneuern 79
Blumeninseln im Rasen 79
Blumenwiese 75, **75**, 123
Blütensträucher 73
Blutpflaume 79
Bockshornklee 67
Boden 11, 23, 26, 27, 28,
29, **30**, 30, 31, 32, 35, 38,
42, 76, 77, 127
Bodenleben 31, 32, 38
Bodenprobe 28, 36, 37
Bohnen **99**
Bokashi 41
Borago officinalis 148, **148**
Borretsch 148, **148**
– 'Alba' 148
Botrytis 111
Brassica oleracea var. *sabelli-
ca* 155, **155**

Braunkohl 155, **155**
Brennnessel 37, 111
-, Große 167, **167**
-, Kleine 167
Brennnesseljauche 39, 110
Brokkoli 67
Brunnen 45, 47
Buche 78
Buchweizen, Echter 33, 67,
160, **160**
-, Echter 'Anita' 160
-, Echter 'Lyra' 160
Buddleja alternifolia 147
– *davidii* 147, **147**
– *davidii* 'Black Night' 147
– *davidii* 'Pink Delight' 147
– *davidii* 'Royal Red' 147
Buschbohnen 'Helios' 158
– 'Saxa' 158
Buschwindröschen 77

C
Calendula officinalis 130,
130
Campanula 135, **135**
– *carpatica* 135
– *persicifolia* 135
– *poschkarskyana* 'Blauran-
ke' 135
Cardamine pratensis 165,
165
Carpinus betulus 140, **140**
Carum carvi 149, **149**
Centaurea cyanus 130, **130**
*Chenopodium bonus-henri-
cus* 154, **154**
– *giganteum* 154
Christrose 134, **134**
Cloches 91, 109, **109**
CO_2-Kreislauf **10**, 11
Corcus sativus 135, **135**
Cornus mas 143, **143**
Cortenstahl 121
Corydalis cava 136, **136**
– *lutea* 136
– *ochroleuca* 136
– *solida* var. *transsylvanica*
136
Cosmos bipinnatus 131, **131**
Crocus kotschyanus 135
– *sativus* 135
– *speciosus* 135

D
Daucus carota ssp. *sativus*
156, **156**
Dipsacus fullonum 162, **162**
– *sativus* 162
Distel 37
Dost 72
Drachenkopf, Österreichi-
scher 148

-, Türkischer 148, **148**
-, Yunnan- 148
Dracocephalum austriacum
148
– *forrestii* 148
– *moldavica* 148, **148**
Dreifelderwirtschaft 11, 13
Düngen 38, 39, 40, 41

E
Ebenenkomposter 41, **41**
Eberesche 77, 142, **142**
– 'Edulis' 142
Echinacea angustifolia 138
– *purpurea* 138, **138**
Echium vulgare 164, **164**
Ehrenpreis 37, 77
Eichhörnchen **122**
Einfassungen 121, **121**
Einfrieren 114, 115
Einkaufen, nachhaltig 16
Einkochen 114, 115
Einlagern 114
Einlegen, milchsauer 114
Einmachen 114, **115**
Eisenhut 72
Elektromäher 84
Energie sparen 92, 93
Equisetum arvense 166, **166**
Erbsen 67, 158, **158**
-, Markerbsen 'Ambassador'
158
-, Schalerbsen 'Allerfrühste
Mai' 158
-, Schalerbsen 'Kleine Rhein-
länderin' 158
-, Zuckererbsen 'Ambro-
sia' 158
-, Zuckererbsen 'Norli' 158
Erde 26, 27, 28, 29, 30, 31
Erdmiete 115
Erdrauch 37
Erosion 32
Essigbaum 77
Essigrose 77
Etiketten 90, **90**
EU-Öko-Verordnung 18, 19

F
F1-Hybriden 58, 63
Fadenwürmer 32
Fagopyrum cymosum 154,
154
– *esculentum* 160, **160**
Falllaub 126, **127**
Färberkamille 37, 77
Faulbaum 142, **142**
Federborstengras 77
Feinboden 26
Feldahorn 73
Feldsalat 108
Felsenbirne, Ährige 146

-, Kupfer- 74, 146, **146**
Felsenmispel 77
Fettwiesen 75
Feuchtwiesen 75
Filipendula ulmaria 164, **164**
Fingerhut 25, 73
-, Roter 37
Fingerkraut 37
Flachwurzler 99
Fledermauskästen 113
Fliege, Weiße 112
Florfliegen 113, 125
Folientunnel 92
Fotosynthese 24
Frangula alnus 142, **142**
Franzosenkraut 37
Freischneider 85
Frostgare 30
Frostkeimer 60
Fruchtfolge 11, 13, 100
Fruchtstände **126**
Frühbeet 92
Frühbeetkasten **93**, 109
Frühlingsblüher 7, 77, 79
Fuchsschwanz 37
Futterhäuschen 113
Futterstellen 125

G

Gänseblümchen 37
Gänsefingerkraut 37
Gänsefuß 37
-, Riesen- 154
Gärgut (aus Biogasanlagen) 39
Garten nachhaltig umgestalten 78, 79
Gärten, naturnahe 122, 123
Gartenbohne 158, **158**
Gartengeräte 82, **82**, 83, **83**, 84, 85, 86, 87, 95
Gartenschere 83
Gartenschlauch 83
Gärtnererden 28
Gehölze 53, 73, 78
Gehölzschnitt 127
Geißbart 77
Gemüse 76, 99
-, frostharte 108
– lagern 114, **114**, 115
Gemüsebeet hacken **101**
Gemüsesamen ernten 67
Gentechnik, Grüne 59
Geranium x magnificum 139
– *robertianum* 139
– *sanguineum* 139
Getreidearten 67
Gewächshaus **92**, 93, 109
Giersch 37
Gießen 48, 100, 101
Gießkanne 83
Ginster 77

Glashauben 91
Glatthafer 77
Glechoma hederacea 162, **162**
Glocken 109
Glockenblume 72, 77, 135, **135**
-, Pfirsichblättrige 'Grandiflora alba' 135
-, Pfirsichblättrige 'Grandiflora Coerulea' 135
Glockenheide 77
Goldgarbe 'Altgold' 153
– 'Credo' 153
Grabespaten 83
Gräser 77
Grauschimmel 111
Gründüngung 31, 32, 33, 39, 49, 98
Gründüngungspflanzen 32, 33, 127
Grünkohl 155, **155**
– 'Grüner Krauser' 155
– 'Lerchenzunge' 155
– 'Ostfriesische Palme' 155
– 'Roter Krauser' 155
– 'Rote Palme' 155
Gundermann, Gewöhnlicher 162, **162**
Gurken 114

H

Hacken 30, 101
Häcksler 84
Hahnenfuß 77
-, Kriechender 37
Hainbuche 78, 140, **140**
– 'Monumentalis' 140
– 'Quercifolia' 140
Halbstämme 116, 117
Handprobe 27, **27**, 28, 36
Handsäge 85
Harke 83
Hartriegel 74
Haselnuss 73
Hauptnährelemente 35, 38
Hauswurz 77
Hecke 73, 78, 85
Heckenrose 74, 77
Heidekraut 37
Heidelbeere 37
Heinrich, Guter 154, **154**
Helianthus annuus 131, **131**
– *tuberosus* 157, **157**
Helleborus atrorubens 134
– *niger* 134, **134**
– *niger praecox* 134
– *niger* ssp. *macranthus* 134
Herbstkrokus 135
Hesperis matronalis 133, **133**

– *matronalis* var. *albiflora* 133
Hirtentäschel 37
Hochbeet 13, 14, 89, **102**, 102, 103, 104, **104**, 105, **105**
Hochstämme 74, 116, 117
Holunder 74
-, Schwarzer 143, **143**
Holz 121
Holzasche, Patentkali 39
Holzkohle 42
Hornklee 77
Hornmehl 39
Hornspäne 36, 39, **39**
Huflattich 37
Hügelbeet 13, 102, 103, **103**, 106, **106**, 107, **107**
Hühnermistpellets 39
Hummeln 113, 125
Humus **19**, 20, 38, 42, 43
Hundskamille 37, 77
Hybridsaatgut 57, 58
Hyssopus officinalis ssp. *officinalis* 151, **151**

I/J

Igel 113
Inkarnatklee **33**
Insektenhotel **124**, 125
Jäten 101
Joghurtbecher **88**, 89
Johannisbeere, Blut- 146, **146**
– 'Atrorubens' 146
– 'King Edward VII' 146
– 'Pulborough Scarlet' 146
– 'White Icicle' 146
Johanniskraut 77

K

Kalium 35, 36, 39
Kalk 38, **38**, 39
Kalkmagerrasen 75
Kaltauszug 111
Kälteschutz 91, 108, 109
Kalthaus 93
Kalzium 36
Kamille 37, 73, 111
Kapillarröhrchen 30, 49
Karde, Weber- 162
-, Wilde 73, 162, **162**
Karl der Große 12
Karotten 67, 156, **156**
Kartoffelrose **76**, 77
Käsepappel 132
Kästen, mobile 109
Kätzchenweide 141, **141**
Keimfähigkeit 66

Keimlinge 67
Keimprobe 62, 63
Kerbel, Echter 149, **149**
– 'Fijne krul' 149
-, Wiesen- 76, 77
-, Wiesen-, Roter 149
Kiefern 37, 77
Kiesflächen 121
Klappertopf 37
Klatschmohn **12**, 37, 76, 77, 137, **137**
Klee, Hasen- 163
-, Rot- 163, **163**
-, Weiß- 77, 163
Klettenlabkraut 37
Kletterhilfen 91
Klima 23
Klone 63
Klostergarten **13**
Knoblauch 111
Knoblauchsrauke, Gewöhnliche 163, **163**
Knochenmehl 39
Knöllchenbakterien 32
Knollengemüse 114
Knöterich 37
Kohl 67, 114
Kohlendioxid 24
Kohlfliege 112
Kohlhernie 33, 111
Kohlweißling 112
Kokosfasern 28, 29
Kompost 28, 39, 40, **40**, 41, 98
Kompostbehälter 40
Kompostmiete 40
Kompostwürmer 41
Königskerze 37, 73, 76, 77
-, Großblütige 132, **132**
-, Schwarze 132
Kornblume 73, 76, 130, **130**
– 'Black Ball' 130
– 'Blauer Junge' 130
– 'Rote Lola' 130
Kornelkirsche 73, 143, **143**
– 'Jolico' 143
Korngröße 26
Kornrade 77
Körnungsklasse 26
Kralle 101
Kräuter im Topf **29**
Kreuzblütler 33, 100
Kreuzungszüchtung 58
Krokus 135, **135**
– 'Blue Pearl' 135
– 'Fuscotincuts' 135
– 'Mischung' 135
Kröten 122
Küchenabfälle 40
Kugeldistel 76, 77
Kultivator 30, 83, 101

Kümmel, Echter 76, 77, 149, **149**
– 'Niederdeutscher' 149
– 'Rekord' 149
– 'Sprinter' 149
Kunststoffschalen 87
Kunststoffvlies 91
Kürbis 114

L

Labkraut, Echtes 77
Lamium album 165
– *purpureum* 165, **165**
Laubbläser 85
Laubgehölze 73, 78, 123
Laubharken 85
Laubhaufen 123, 126
Laubhecken 78
Laubmulch 127
Lavandula angustifolia 150, **150**
Lavendel, Echter 110, 111, 150, **150**
– 'Blue Cushion' 150
– 'Hidecote Blue' 150
– 'Munstead' 150
Leberblümchen **11**, 37
Leguminosen 100
Lehm, sandiger 27, 28
Lein 73
Leinkraut 37
Leitungswasser 45
Lerchensporn, Hohler 74, 77, 136, **136**
Leuchten 94
Licht 23, 24, 25
Lichtkeimer 60
Lichtnelke, Rote 77
Liguster 141, **141**
– 'Atrovirens' 141
Ligustrum ovalifolium 141
– *vulgare* 141, **141**
Linsen 67
Löwenmaul, Feld- 77
Löwenzahn 37, 77
Lungenkraut, Echtes 77, 136, **136**
-, Geflecktes 'Moonshine' 136
-, Geflecktes 'Silver Bouquet' 136
-, Rotes 136
Lupine, Gelbe 33, 161, **161**
-, Schmalblättrige 161
-, Weiße 161
Lupinus albus 161
– *angustifolius* 161
– *luteus* 161, **161**

M

Mädesüß, Echtes 37, 164, **164**

Magerrasen 75
Magerwiesen 76
Magnesium 36
Mähen 85
Maiglöckchen 77
Majoran, Französischer 152
Malus spec. 145, **145**
Malva neglecta 132
– *sylvestris* 132, **132**
Malve 73, 132, **132**
Mangold 108
Margerite 72, 77
Marienkäfer 113, 125
Marienkäferhäuschen 113
Marienkäferlarve **112**
Märzenbecher 74, 79
Mauerpfeffer 37, 76, 77
Mäuse 122
Mehltau, Echter 111, 112
-, Falscher 112
Melde 37
Mentha spec. 152, **152**
Miete aus Waschmaschinentrommeln **114**
Mikroorganismen, Effektive (EM) 43, **43**
Mineraldünger 38
Minze 152, **152**
– 'Kentucky Spearmint' 152
– 'Polymentha' 152
– 'Schokominze' 152
Mischkultur 13, **15**, **19**, 99, 100, **100**
Mist 39
Mistbeet 92
Mistbeetkasten 109
Mittelzehrer 98, 99, 100
Mohn **65**, 137, **137**
Möhre **57**, 67, 100, 108, 114, 156, **156**
– 'Amsterdam' 156
– 'Colorada' 156
– 'Duwiker' 156
– 'Miranda' 156
– 'Pariser Markt' 156
– 'Pfälzer Gelbe' 156
– 'Purple Haze' 156
-, Wilde 77
Möhrenfliege 100, 112
Mulchbeet 103
Mulchen 13, **15**, 31, **31**, 101, 108
Mulchmaterial 31
Mulchschicht 31, 33, 48, 49, 101, 126
Mulchvlies aus Schafwolle 48, 49
Multitopfplatten 87
Mutterboden 28
Mutterkraut 37

N

Nachkultur 99
Nachtkerze 133, **133**
Nachtviole, Gewöhnliche 133, **133**
Nacktschnecken 112
Nadelgehölze, immergrüne 74
Nährstoffbedarf 100
Nährstoffe 35, 36, 38, 39
Nährstoffkreislauf 98, **98**, 99
Narzissen 79
Natternkopf, Gewöhnlicher 164, **164**
Nebennährstoffe 38
Nematoden 32
Nieswurz, Stinkende 37
Nistkästen 113, 125
Nitrat 36
Nützlinge 113

O

Obstbäume 73, 74, 75, 116, 117, 123
Obstbaumveredlung 13
Obststeigen 89
Obststräucher 116, 117
Ochsenzunge 76, 77
Oenothera biennis 133, **133**
– *glazioviana* 133
Ohrwurmbehausungen 113
Ohrwürmer 113, 125
Ökostrom 94
Ölrettich 33
Oregano 152, **152**
-, Griechischer 152
Origanum × majoricum 152
– *onites* 'French' 152
– *vulgare* 152, **152**
– *vulgare* ssp. *viridulum* 152

P/Q

Papaver nudicaule 137
– *orientale* 137
– *rhoeas* 137, **137**
Papiertöpfe 87
Pastinaca sativa 156, **156**
Pastinake 108, 156, **156**
– 'Aromata' 156
– 'Dicke Dirn' 156
– 'Halblange Weiße' 156
– 'White King' 156
Permakultur 14, 15, 102, 103
Petersilie 108
Petersilienwurzeln 108
Pfaffenhütchen 74
Pferdemist 39
Pflanzen abhärten 55
-, biologisch angebaute 54, 55
-, einjährige 53, 67
-, heimische **54**

– im Internet 55, 56
-, konventionell angebaute 54
-, stärken 110
-, vermehren 62, 63, 64, 65, 66, 67
-, zweijährige 53, 67
Pflanzenjauche 39 110, **110**, 111
Pflanzenkauf 54, 55, 56, 57
Pflanzennährstoffe 34, 35, 36, 37
Pflanzenschutz, biologischer 110, 111, 112, 113
Pflanzentauschbörsen 55
Pflanzenwahl 72, 73, 74, 75, 76
Pflanzgefäße 86, **86**, 87, **87**
-, Upcycling **88**, 89
Pflanzschaufel 83
pH-Wert 23, 36, 37
Phacelia **32**, 33
– *tanacetifolia* 160, **160**
Phaseolus vulgaris 158, **158**
Phosphor 35, 36, 38, 39
Pilzkrankheiten 99, 110, 111, 112
Preiselbeere 37
Primula elatior 137, **137**
– *veris* 137
Prunus cerasifera 'Nigra' 79
– *padus* 145, **145**
– *serotina* 145
– *spinosa* 144, **144**
Psium sativum 158, **158**
Pulmonaria officinalis 136, **136**
– *rubra* 136
– *saccarata* 136
Pumpen 94, 95, **95**
Quecke 37

R

Radieschen 67, 109, 157, **157**
– 'Eiszapfen' 157
– 'Marieke' 157
– 'Parat' 157
– 'Rudi' 157
– 'Sora' 157
Rainfarn 110, 111, 167, **167**
Rankgerüste 91, **91**
Rapahanus sativus var. *sativus* 157, **157**
Raps 33
Rasen 75
-, Blumeninseln im 79
Rasenmäher 84, **84**
Rasenschnitt 127
Rechen **85**
Recycling-Kunststoff 90
Regentonne 46, **46**

Regenwasser 45, 46
Regenwürmer 113
Regionalsorten 57, 58
Rettich 157
– 'Münchener Bier' 157
– 'Rex' 157
– 'Runder Schwarzer Winter'
    157
Rhododendron 77
Ribes sanguineum 146, **146**
Riesenmohn, Türkischer 137
Rindermist 39
Ringelblume 33, 73, 130,
    130
– 'Bonbonmischung' 130
– 'Fiesta Gitana' 130
– 'Honey Babe' 130
– 'Pacific-Mischung' 130
Rittersporn, Acker- 77
Rodespaten 83
Rohrkolben 77
Rosa arvensis 77
– *canina* 77, 144, **144**
– *gallica* 77
– *glauca* 144
– *rugosa* 77
Rose 73, 77
-, Hunds- 144, **144**
-, Rotblatt- 144
Rostkrankheiten 112
Rote Bete 114
Rotteprozess 40, 41
Rucola 108
Rudbeckia hirta 138
– *laciniata* 138
Ruprechtskraut 139

S
Saatbeet 30
Saatgut 56, **56**, 57, 62, 63
– aufbewahren **67**
– reinigen **64**, 66
– selbst gewinnen 65, 66
-, sortenechtes 58
Saatgutbörsen, regionale 57
Saatgutgewinnung 56, 57,
    58, 64
Salbei 110, 111, 150, **150**
– 'Purpurascens' 150
– 'Rosea' 150
-, Weißer 150
Salix caprea 141, **141**
Salomonsiegel **77**
Salvia officinalis 150, **150**
– *officinalis* ssp. *minor* 'Alba'
    150
Salweide 141, **141**
Sambucus ebulus 143
– *nigra* 143, **143**
Samen ernten 66, **66**, 67
Samenkapseln **65**
Sand 26

Sandböden 77
Sauerampfer 37, 76, 77
Sauerklee 37
Sauzahn 30, 83
Schachtelhalm, Acker- 37,
    39, 111, 166, **166**
Schädlinge 99, 110, 112,
    113
Schafgarbe 72, 111, 153,
    153
– 'Apfelblüte' 153
– 'Cerise Queen' 153
Scharbockskraut 37
Schaumkraut, Wiesen- 165,
    165
Schilfmatten 109
Schlehe, Gewöhnliche **72**,
    74, 144, **144**
– 'Merzig' 144
– 'Nittel' 144
– 'Reto' 144
Schluff 26
Schlupfwesen 113
Schlüsselblume 37, 72
-, Echte 137
-, Hohe 137, **137**
-, Wald- 77
Schmetterlinge 113
Schmetterlingsflieder 147,
    147
Schmuckkörbchen 131, **131**
– 'Pink Blush' 131
– 'Sensation Mix' 131
– 'Sunset Yellow' 131
– 'Unschuld' 131
Schneeball, Gewöhnlicher
    147, **147**
-, Korea-Duft- 'Aurora' 147
-, Runzelblättriger 147
Schneeglöckchen 74, 77,
    79
Schneeheide 77
Schnellkomposter 40
Schnittlauch **16**, **17**, 153,
    153
– 'Corsian White' 153
– 'Elbe' 153
– 'Nelly' 153
– 'Nero' 153
– 'Profusion' 153
Schutzvlies **108**
Schwachzehrer 98, 99, 100
Schwarzwurzeln 108
Schwebfliegen 113
Schwefel 36
Schwermetalle 38
Schwertlilien 77
Scilla 79
Seerose 77
Segge 77
Sellerie, Blatt- 155, **155**
-, Schnitt- 155, **155**

– 'Aromatischer' 155
– 'Zwolse Keul' 155
Senf, Weißer 33, 67, 161,
    161
Sense 85, **85**
Siegel, staatliche 18, 19
Sinapis alba 161, **161**
Singvögel 113
Solarleuchten **94**
Sommer-Adonisröschen
    37, 77
Sommerflieder 74
Sommerheide 77
Sonnenblume 131, **131**
– 'Florenza' 131
– 'King Kong' 131
– 'Sonja' 131
Sonnenhut, Rauer 138
-, Roter 138, **138**
-, Roter 'White Swan' 138
-, Schlitzblättriger 138
-, Schmalblättriger 138
Sonnenröschen 37
Sonnentau 37
Sorbus aucuparia 142, **142**
– *koehneana* 142
Sorten 57
-, alte 59, 64, 72
-, regionale 59, 72
-, samenfeste 64
Sortenreinheit 58, 59
Spalier 116
Spinat 108, 109
Spinat, Baum- 154, **154**
Spindelbusch 116, 117
Spindelmäher 84, **84**
Sprossen 67
Spurenelemente 35, 37, 39
Stachelbeeren **116**
Stachys affinis 139
– *byzantina* 139
– *discolor* 139
– *monieri* 139
– *officinalis* 139, **139**
Standort **22**, 23, 24, **24**, 25,
    25, **45**,
    76, 77
Stangenbohnen 'Blauhilde'
    158
– 'Neckarkönigin' 158
Stangensellerie 'Plein blanc
    Pascal' 155
– 'Roter Stiel' 155
Starkzehrer 33, 98, 99, 100
Stauden **24**, 53, **53**, 72
Staudenbeete 79, 124
Staunässe 26
Steckhölzer **63**
Stecklinge 63, 68, **68**, 69, **69**
Steinbrech 77
Stickstoff 35, 36, 39
Stiefmütterchen 37

Stockrose, Gewöhnliche
    138, **138**
– 'Mars Magic' 138
– 'Nigra' 138
– 'Polarstern' 138
– 'Champagner' 138
Storchschnabel 37, 72, 139,
    139
Stoßhacke 101
Stützpfähle 91
Substrate 28
Sumpfdotterblume 77
Sumpfschwertlilie 77
Süßkirsche 'Burlat' 75
– 'Regina' 75
Symphytum officinale 166,
    166

T
Tagetes 33
Tanacetum vulgare 167,
    167
Taubnessel 37
-, Purpurrote 165, **165**
-, Weiße 165
Teich 76, 124, **124**
Teichfolie 121
Teilung 63, 71, **71**
Teleskopschere 85
Terra Preta 28, 42, **42**, 43
Thymian 76, 110, 111, 151,
    151
– 'Deutscher Winter' 151
-, Französischer 151
-, Portugiesischer 151
Thymus vulgaris 151, **151**
Tiefwurzler 99
Tierschutz 122
Tomaten 114
Tomatenblätter 111
Tomatensaatgut ernten 66,
    66, 67
Ton 26
Tonkinstäbe 91
Töpfe, kompostierbare 87
Topferde 29
Topfkultur **17**
Topinambur 108, 157, **157**
– 'Gigante' 157
– 'Gute Gelbe' 157
– 'Topstar' 157
Torf 28, 29
Totholzhaufen 113, 123, 127
Transportkarre 83
Traubenkirsche, Gewöhnli-
    che 145, **145**
-, Spätblühende 145
Trifolium arvense 163
– *pratense* 163, **163**
– *repens* 163
Trinkwasser 45
Trockenmauer 124

Tröpfchenbewässerung 48
Tulpen, botanische 79

U/V

Uferpflanzen **23**, 76
Umgraben **26**, 30
Unterlagen 117
Upcycling 15
Urban Gardening 15, 16, 89
Urtica dioica 167, **167**
– *urens* 167
VEN 59, 64
Verbascum densiflorum 132, **132**
– *nigrum* 132
– *phlomoides* 132
Verdunstungsschutz **45**
Veredlung 116, 117
Vergissmeinnicht, Sumpf- 77
Verjüngungsschnitt 117
Vermehrung 62, 63, 64, 65, 66, 67, 68, **68**, 69, **69**, 70, **70**, 71, **71**
VERN 59
Viburnum carlesii 'Aurora' 147

– *opulus* 147, **147**
– *rhytidophyllum* 147
Vlies 92
Vögel 122, 125
Vogelmiere 37
Vogeltränke 124
Volldünger 38
Vorkultur 99

W

Waldmeister 74, 77
Wasser 23, 44, 45, 46, 47, 48, 49, 124, 125
Wasserfenchel 77
Wasserminze 77
Wasserpflanzen 76
Wasserqualität 45
Wasserversorgung 45
Wege 121, 127
Wegebeleuchtung 94
Wegerich, Breit- 37
Wegwarte 37
Weidenröschen 77
Weißdorn 74, **74**
Wermut 111
Wicke 33, 37
Wiesen 75, 79, 124

Wiesenknopf 37
Wiesensalbei 37, 77
Wildbienen 125
Wildblumen 72
Wildgehölze 121
Wildkräuter 30
Wildpflanzen 72, 73, **123**
Wildpflanzengesellschaften 122, 123
Wildstauden 121, 123
Wildstaudenbeet 76
Wildsträucher 74, 78
Windblumenkönigskerze 132
Winterheckenzwiebel 159, **159**
Winterlinge 79
Wolfsmilch 37
Wollgras 77
Wurmkiste 41
Wurzelähchen 100
Wurzelausläufer 64
Wurzelgemüse 114
Wurzelteilung 63

Y/Z

Ysop 151, **151**
– 'Alba' 151

– 'Rosea' 151
Zeigerpflanzen 28, 36, 37
Ziehhacke 101
Zierapfel 145, **145**
– 'Butterball' 145
– 'Golden Hornet' 145
– 'Pomzai' 145
– 'Red Sentinel' 145
Ziergehölze 73
Ziest 37
Ziest, Dichtblütiger 'Hummelo' 139
-, Echter 139, **139**
-, Knollen-139
-, Verschiedenfarbiger 139
-, Woll- 139
Zisterne 47, **47**
Zucchini 114
Zuschlagstoffe 28, 30, **30**
Zwergberberitze, Rote 140
Zwergglockenblume 37
Zwetsche 'Hauszwetsche' 75
– 'Katinka' 75
Zwiebel 100, 111
Zwiebelfliege 100, 112
Zwischenfrucht 31, 33

BILDNACHWEIS

GARTENLUST PUR.

ISBN 978-3-8338-6194-9

ISBN 978-3-8338-5894-9

ISBN 978-3-7742-6349-3

ISBN 978-3-8338-6953-2

 Auch als eBook erhältlich.

ISBN 978-3-8338-6870-2

ISBN 978-3-8338-3937-5

Mehr von GU auf **www.gu.de** und **f** facebook.com/gu.verlag

IMPRESSUM

DER AUTOR

Burkhard Bohne ist ausgebildeter Gärtnermeister und seit 1990 Technischer Leiter des Arzneipflanzengartnes der TU Braunschweig. Er arbeitet zudem als freiberuflicher Autor für verschiedene Tageszeitungen und Gartenmagazine, ist Autor einiger Gartenbücher, Mitglied der Arbeitsgemeinschaft der Technischen Leiter Botanischer Gärten e.V. (AGTL) und arbeitet als Gartenplaner mit dem Schwerpunkt Kräuter- und Nutzgärten. 2011 gründete er die erste Kräuterschule Braunschweigs, und seit 2016 betreibt er die Kräuterschule Berlin.

DANK

Ich freue mich sehr über dieses wunderbare Buch. Es ist durch wirklich effektives Teamwork entstanden. Mein herzlicher Dank gilt allen Beteiligten. Cornelia Nunn hat als Redakteurin das Projekt geleitet und mit ihren guten Ideen und kritischen Anmerkungen dafür gesorgt, dass das Buch gut strukturiert und immer weiter verbessert wurde. Barbara Kiesewetter hat als Lektorin die Texte in eine wunderbare Form gebracht und durch gezielte Nachfragen die Inhalte präzisiert. Mein herzlicher Dank gilt auch der Bildredaktion, dem Grafikerteam sowie der Verlagsleitung, alle zusammen haben dieses Projekt ermöglicht.

 www.facebook.com/gu.verlag

© 2019 GRÄFE UND UNZER VERLAG GMBH, München. Alle Rechte vorbehalten. Nachdruck, auch auszugsweise, sowie Verbreitung durch Bild, Funk, Fernsehen und Internet, durch fotomechanische Wiedergabe, Tonträger und Datenverarbeitungssysteme jeder Art nur mit schriftlicher Genehmigung des Verlages.

Projektleitung: Cornelia Nunn
Lektorat: Barbara Kiesewetter
Korrektorat: Andrea Lazarovici
Bildredaktion: Esther Herr, Natascha Klebl (Cover)
Umschlaggestaltung und Layout: independent MedienDesign, Horst Moser, München
Herstellung: Susanne Fuhrmann
Satz: Ludger Vorfeld
Reproduktion: Longo AG, Bozen
Druck und Bindung: aprinta Druck, Wemding

Printed in Germany

Umwelthinweis:
Dieses Buch ist auf PEFC-zertifiziertem Papier aus nachhaltiger Waldwirtschaft gedruckt.

ISBN 978-3-8338-7128-3

2. Auflage 2020

QUALITÄTS
G|U
GARANTIE

LIEBE LESERINNEN UND LESER,

wir wollen Ihnen mit diesem Buch Informationen und Anregungen geben, um Ihnen das Leben zu erleichtern oder Sie zu inspirieren, Neues auszuprobieren. Wir achten bei der Erstellung unserer Bücher auf Aktualität und stellen höchste Ansprüche an Inhalt und Gestaltung. Alle Anleitungen und Rezepte werden von unseren Autoren, jeweils Experten auf ihren Gebieten, gewissenhaft erstellt und von unseren Redakteuren/innen mit größter Sorgfalt ausgewählt und geprüft.

Haben wir Ihre Erwartungen erfüllt? Sind Sie mit diesem Buch und seinen Inhalten zufrieden? Haben Sie weitere Fragen zu diesem Thema? Wir freuen uns auf Ihre Rückmeldung, auf Lob, Kritik und Anregungen, damit wir für Sie immer besser werden können. Und wir freuen uns, wenn Sie diesen Titel weiterempfehlen, in Ihrem Freundeskreis oder bei Ihrem online-Kauf.

Sollten wir Ihre Erwartungen so gar nicht erfüllt haben, tauschen wir Ihnen Ihr Buch jederzeit gegen ein gleichwertiges zum gleichen oder ähnlichen Thema um.

KONTAKT
GRÄFE UND UNZER VERLAG
Leserservice
Postfach 86 03 13
81630 München
E-Mail: leserservice@graefe-und-unzer.de
Telefon: 00800 / 72 37 33 33*
Telefax: 00800 / 50 12 05 44*
Mo-Do: 9.00–17.00 Uhr
Fr: 9.00–16.00 Uhr (*gebührenfrei in D,A,CH)

GRÄFE
UND
UNZER

Ein Unternehmen der
GANSKE VERLAGSGRUPPE